现代高校图书馆服务与数据素养教育实践研究

高保雪 邢 奕 荣 幸 ◎著

中国书籍出版社
China Book Press

图书在版编目（CIP）数据

现代高校图书馆服务与数据素养教育实践研究 / 高保雪，邢奕，荣幸著. -- 北京：中国书籍出版社，2024.8. -- ISBN 978-7-5068-9970-3

Ⅰ.G258.6

中国国家版本馆 CIP 数据核字第 2024Z11A41 号

现代高校图书馆服务与数据素养教育实践研究
高保雪　邢　奕　荣　幸　著

图书策划	邹　浩
责任编辑	吴化强
责任印制	孙马飞　马　芝
封面设计	博建时代
出版发行	中国书籍出版社
地　　址	北京市丰台区三路居路 97 号（邮编：100073）
电　　话	（010）52257143（总编室）　　（010）52257140（发行部）
电子邮箱	eo@chinabp.com.cn
经　　销	全国新华书店
印　　厂	晟德(天津)印刷有限公司
开　　本	710毫米×1000毫米　1/16
印　　张	14.75
字　　数	238千字
版　　次	2025 年 1 月第 1 版
印　　次	2025 年 1 月第 1 次印刷
书　　号	ISBN 978-7-5068-9970-3
定　　价	78.00元

版权所有　翻印必究

前言

在信息爆炸和数字化快速发展的今天，高校图书馆作为知识传承与创新的重要基地，其服务模式和教育职能正经历着前所未有的变革。《现代高校图书馆服务与数据素养教育实践研究》一书，全面深入地探讨了现代高校图书馆服务的演变、现状、挑战以及数据素养教育的重要性和实施策略，旨在为图书馆工作人员、教育工作者以及相关领域的研究者提供理论指导和实践参考。

本书首先对高校图书馆服务的基础理论、职能和工作现状进行了概述，明确了图书馆在信息服务和知识传播中的核心作用。接着，书中详细介绍了图书馆服务的多维模式，包括知识服务、个性化信息服务、学科服务和社会化服务，展示了图书馆服务的广泛性和深入性。

在服务模式创新方面，本书紧跟时代发展，特别强调了人工智能、数字化和智能化在图书馆服务创新中的应用，为图书馆服务的现代化提供了新的思路和方法。同时，书中还探讨了智慧化建设的挑战与对策，深入讨论了数据素养教育的重要性和实施的可能性。

数据素养教育作为信息时代大学生必备的能力之一，本书通过比较国内外高校图书馆在数据素养教育方面的实践，提出了当前信息素养教育面临的问题，并提供了相应的解决策略和建议。书中不仅关注了数据素养教育的理论体系构建，还深入分析了大数据背景下高校图书馆信息服务的转型与数据素养提升策略。

高校图书馆服务的创新发展和数据素养教育的有效实施，对于提升大学生的信息素养、培养创新思维和实践能力具有重要的社会效益。同时，图书馆服务的转型升级也能够为社会经济发展提供更多的知识支持和智力资源，具有显著的经济意义。

在本书的撰写过程中，我们广泛收集和参考了国内外高校图书馆服务和数据素养教育的研究成果和实践经验，力求做到理论与实践相结合，深入浅出地展现现代高校图书馆服务与数据素养教育的新进展。然而，由于图书馆服务和数据素养教育领域知识更新迅速，加之作者学识有限，书中的某些观点和论述可能存在不足之处。我们真诚地期待广大读者和同行专家提出宝贵的意见和建议，以便我们不断改进和完善。

目 录

第一章　现代高校图书馆服务概述 ········· 1

第一节　高校图书馆服务基础理论 ········· 1
第二节　高校图书馆服务职能 ········· 5
第三节　高校图书馆服务工作现状与对策 ········· 14

第二章　现代高校图书馆服务的多维模式 ········· 22

第一节　高校图书馆知识服务 ········· 22
第二节　高校图书馆个性化信息服务 ········· 32
第三节　高校图书馆学科服务 ········· 43
第四节　高校图书馆社会化服务 ········· 59

第三章　现代高校图书馆服务模式的创新 ········· 67

第一节　现代高校图书馆服务创新的理论基础与必要性 ········· 67
第二节　现代高校图书馆服务的新模式 ········· 72

第四章　现代高校图书馆服务技术与平台创新 ········· 88

第一节　人工智能在高校图书馆中的应用 ········· 88
第二节　高校图书馆数字化建设 ········· 98
第三节　高校图书馆微服务平台 ········· 105

第五章　现代高校图书馆智慧化建设 ········· 119

第一节　智慧图书馆的概念与框架 ········· 119

第二节　高校图书馆智慧化建设实践 …………………………… 126

　　第三节　高校智慧图书馆的智慧服务 …………………………… 139

第六章　现代高校图书馆数据素养教育概述 ………………………… 144

　　第一节　数据素养的基本理论 …………………………………… 144

　　第二节　科学数据素养教育的意义 ……………………………… 149

　　第三节　高校图书馆数据素养教学体系 ………………………… 153

　　第四节　高校图书馆数据素养的教学模式 ……………………… 158

第七章　国内外高校图书馆数据素养教育实践 ……………………… 166

　　第一节　国外高校图书馆数据素养教育实践 …………………… 166

　　第二节　现代高校图书馆数据素养教育问题及对策 …………… 175

　　第三节　面向大学生数据素养教育的情境优化 ………………… 182

第八章　大数据背景下的高校图书馆信息服务转型与数字素养提升 … ……………………………………………………………………… 189

　　第一节　图书馆大数据的技术与发展战略 ……………………… 189

　　第二节　大数据背景下高校图书馆信息服务的变革 …………… 197

　　第三节　大数据时代高校图书馆信息服务转型策略 …………… 205

　　第四节　大数据时代高校图书馆数据素养教育提升策略 ……… 219

参考文献 …………………………………………………………………… 225

第一章 现代高校图书馆服务概述

第一节 高校图书馆服务基础理论

一、高校图书馆服务概述

（一）高校图书馆服务的概念

高校图书馆服务是在高校范围内，运用图书馆资源满足特定读者对文献信息需求的行为和过程。图书馆作为教学辅助部门，其职能之一就是为教学科研人员提供优质高效的服务，最大限度地满足读者对文献信息的需求。读者是否满意是检验图书馆服务质量高低的标准，其服务效益是在自身资源的服务过程中形成的。提升高校图书馆服务效益的主要目的是，提升图书馆的服务质量，满足高校对教学、科研和管理的需求。每个高校都有自己的办学特色，而且院系设置、专业方向很明确，这就使得高校图书馆数字资源的建设自始至终都围绕着学校的专业构成来开展，因此资源具有很强的专业性、针对性，这一点与包罗万象的信息不同。高校图书馆的服务功能也围绕特定读者的学习、工作和科研、管理需求而开展。

（二）高校图书馆服务的特征

1. 以读者为中心，以满足读者需求为目标

"一切为了读者。"读者是高校图书馆服务的核心，是服务质量的最终评价者。高校图书馆服务是满足读者知识需求的活动，以读者为中心，以满足读者需求为目标，高校图书馆的一切服务活动都要以此为根本出发点，了解读者的动态性知识需求，研究读者的知识需求规律，强调利用自身的资源和能力，直接介入

读者解决问题的过程，根据实际问题为读者提供全面、准确的知识信息，提供经过加工、重组后的知识产品。

针对不同读者的问题，提供的解决方案不同；即使同一问题的读者也会根据问题解决过程中各阶段的不同特点和外在因素的变化而产生不同的方案。可以说，服务是针对不同读者提出的特定问题和具体要求而量身定做的知识产品，能够为用户提供知识并创造价值，通过深层次的服务，一方面使知识的价值得以实现，使服务成为有价值的服务；另一方面，也提高了服务的针对性，将图书馆丰富的知识资源和工作人员专业的服务能力相结合，帮助读者快速获取知识并将知识应用到实际中去，使读者得到满意的服务。

2. 面向知识内容，实现知识价值

高校图书馆服务是面向知识内容的服务。知识经济时代，显性的知识信息对高校师生的教学科研的作用并不大，这些知识信息大量且无序，如不对其进行有序整理、浓缩提取，纵使为读者提供了大量的信息，对其效用也不大，因此，高校图书馆服务工作需深入到文献知识的单元，开展深层次的信息加工，形成各种决策性的规范报告，以满足读者需要。同时，高校图书馆应高度重视读者所需信息中隐含的知识内容，根据读者提出的问题和问题环境进行需求分析，动态地收集、分析、选择信息，分析相关信息内容结构之间隐含的知识关系，深层次地开发、加工、重组出有用的知识，形成适合读者解决问题的方案，提供给读者。不仅使知识本身的价值得以实现，也使检索、分析、加工、重组知识的服务过程的价值得以实现，继而实现知识价值。

3. 面向解决方案，贯穿读者信息活动的始终

在现代信息环境下，信息资源分布的不均衡和信息难以获取得到了极大的改善，信息检索与传递等传统的信息服务在读者活动中的影响逐渐淡化，读者关注的是如何获取解决当前面临问题的知识内容，并将这些知识内容进行创新，形成相应的解决方案。高校图书馆服务正是迎合了这一需求，面向解决方案，贯穿用户解决问题全过程，它关心并致力于帮助读者形成解决问题的方案，而解决方案的形成过程又是一个对信息和知识不断查询、分析、组合的过程。知识服务从了解、分析、研究读者问题开始，有针对性地搜集相关信息，围绕读者信息活动的

目标，自始至终不断提供读者解决问题所需要的知识。

4. 服务内容个性化

高校图书馆服务站在读者的角度，以读者为中心，面向科研过程，面向教学、研究，面向读者的具体问题，通过采用适合读者个体的多样化服务过程和个性化服务行为，设计开发个性化信息产品，开展学科化、专业化知识服务，支持读者基于个人需求的服务选择，为读者量身定做满足其需求的知识信息，帮助读者解决实际问题。同时，个性化服务也给高校图书馆工作人员提供了更大的创新空间，他们不再构建单一标准的产品，而是根据每一次学科知识服务的具体情况，动态地查询、选择、分析，利用相关知识，设计、创新知识产品形态以及服务组织、安排、协调方式等内容，为用户提供创新服务。所以，服务关注的焦点不是向读者提供其所需的信息，而是通过服务解决用户面临的问题，以满足读者灵活多样的需求为目标。

5. 服务具有集成性

高校图书馆开展服务需要围绕用户具体的需求，通过系统集成、服务集成、知识集成、人才集成等手段，将人力资源、信息资源和技术资源有机地整合起来，有效快捷地解决读者复杂的问题或知识需求，提升读者对服务认可度。它强调各个图书馆之间形成服务联盟，通过建立一种柔性的开放式组织结构，采取虚拟化的运作方式，集成不同的系统、资源、服务，联合起来共同提供服务。在这种综合集成性服务中，图书馆工作人员作为实施服务的主体，既要整合各种资源，又要协调好各种关系，同时担负着为读者提供服务的责任。所以，高校图书馆的集成性服务既提高了服务的灵活性和智能性，又增强了服务的功效。

二、高校图书馆服务定位

（一）服务定位及高校图书馆服务定位

定位提供了服务差异化的机会。企业的产品和服务在顾客心目中的满意度直接影响到顾客的购买决定。服务定位是一个需要行业经过一定时期的发展和演变，通过市场的反馈，对现状进行总结和反思，做出调整，然后再传达给目标市场的过程。在商业竞争中，客户的满意度一直是商家考虑的重中之重，良好的服务是必不可缺的重要元素，因此，服务定位是商业竞争中的必备利器，只有做好科学的服务定位，才能敏感地感受到顾客的需求，使企业立于不败之地。

作为非营利性机构的高校图书馆虽然性质与商业企业不同，但本质都是为服务群体提供服务。近年来，随着时代的发展，一些高等院校的图书馆已经制订了发展规划，进行了全面定位，包括角色定位、目标定位、馆舍定位、馆藏定位、人员定位等。

（二）高校图书馆服务定位的内容

高校图书馆服务定位的内容主要包括以下几个方面：

1. 馆藏的建设

高校的发展要植根于社会，为地方服务。随着经济的快速发展，越来越多的人需要更多地学习，需要获取更多的知识和信息，他们需要积极主动地去寻求信息和知识，大学校园内的图书馆恰好可以满足大多数读者对信息和资料的需要，这种合作可以成为一种双赢。

2. 文献查询功能的使用

文献查询功能与图书馆提供的传播知识和信息的服务有着本质的区别，这两项服务是高校图书馆为社会提供的两种途径的服务，其中文献查询功能是在开放图书借阅环境的条件下，市民进入图书馆查询和取阅资料，而图书馆传播知识和信息的服务，需要图书馆主动走进社会，向公众提供知识和信息。图书馆如果想发展文献查询功能，就需要更加积极主动地开放大部分的图书资料，以备公众查询和阅览；也可以根据公众的需求，组织高校图书馆的专业管理人员，就公众感兴趣的研究课题进行深入的现状研究和文献综述的整理，并根据公众的要求进行详细的讲解。

3. 交流平台的搭建

在经济快速发展的背景下，只有通过更加主动并且积极地获取知识，收集信息，学习技术，才能在激烈的市场竞争和危机中保全自己又脱颖而出，这就需要公众之间互相交流,加强信息的流通,调整产业结构,扩大产业规模。高校图书馆可以利用自身优势,开展学习培训的项目,扩展学习氛围,这样不但满足了公众对信息和知识的需求,也为公众提供了信息和知识交流的渠道,也为公众的学习搭建了平台,这样也为公众之间的合作项目提供了时间和空间。

第二节 高校图书馆服务职能

一、高校图书馆服务职能的影响因素

(一)高等教育的服务性

高等教育本质上是一种教育服务,它的产生和发展是社会进步的必然结果。如果说人类社会发展的历史是从愚昧走向教化、从野蛮走向文明的过程,可以说,高等教育在这一过程中发挥着推动人类文明不断创新、发展的重要作用。

高校图书馆是高等教育的重要组成部分,在为高等教育服务的过程中,图书馆不断彰显出自己的重要价值,并逐渐形成了作用于人类社会进步的基本职能,为高校的人才培养、科学研究和社会服务发挥着教育职能、情报信息职能、科研服务职能和社会服务职能。

(二)高校自身的发展需要

1. 高校在终身教育中的地位要求提升高校图书馆的教育服务和信息服务职能

随着终身教育理念的深入,学习型社会建设成为我国政府和社会共同推动的工程。在终身教育体系中,高校具有举足轻重的作用,高校越来越成为区域的文化中心。高校图书馆作为服务社会的重要文化机构,必须充分发挥其教育职能和信息服务职能。

高等学校图书馆是学校的文献信息资源中心,是为人才培养和科学研究服务

的学术性机构，是学校信息化建设的重要组成部分，是校园文化和社会文化建设的重要基地。高校图书馆是人类知识的存储中心，在履行教育职能和信息服务职能时必须配合高校为培养德、智、体、美全面发展的人才服务，为社会的进步和经济文化的整体发展服务。

2. 高校的社会服务职能要求拓展高校图书馆的社会服务职能

高校图书馆有着丰富的文献信息资源，是全人类共同的财富，理应由全社会共享。社会全体公民的纳税是公共知识中心图书馆赖以存在的经济基础，公共知识管理事业是国家对全社会的智力投资。公共知识中心应当无条件地向一切用户平等地开放，保证社会大众拥有平等地获取与利用知识的权利。

3. 高校与现代科学技术、现代生产的紧密结合要求加强高校图书馆的科研服务职能

现代高等教育已经成为国家创新体系的重要组成部分，高校只有与现代科学技术、现代生产紧密结合，才能实现高等教育的创新功能，才能促进高等教育与社会发展的双向良性互动。这就需要高校图书馆扩大投资，及时引进最新的图书资料，加强现代化建设，从而充分发挥其为教学科研服务的职能。

（三）信息化、网络化的时代要求

高等院校图书馆随着信息产业的发展越来越与社会接轨，由被动接待读者转变为主动面向社会发展读者、吸引读者，树立满足社会需求是图书馆事业生存和发展的动力这一思想。服务读者工作与社会需求相适应，在为本校读者提供最优质服务的基础上，利用馆藏资源优势，积极走入社会，宣传馆藏，了解社会需求，开发和推荐信息产品，向社会提供优质服务，为社会的繁荣发展作出贡献。

网络文化带来的教育信息化趋势，要求高校图书馆由原来被动地为教学、科研服务，转变为主动地参与学校的教学与科研。图书馆可利用自身的信息资源和技术优势，创办独具特色的主题网站，直接参与学校的思想政治教育、心理健康教育、文化素质教育和大学生闲暇教育。图书馆还可以直接参与教学和科研活动，利用多媒体视频，播放优秀的中外影视作品，组织学生开展影视评论，开阔视野，从中汲取丰富的精神文化营养；还可以利用电子阅览室，积极开展各种与

网络主题相关的活动，培养学生的创新能力和科学精神，努力创建深厚的图书馆学术文化氛围。同时，高校图书馆还应当与学校各院系保持合作，开发网络课件，开展远程教育，更好地服务社会，从而形成生动的、具有多重选择的、无时空限制的、以个性化为主的协作型教育模式，使图书馆真正成为全面推进素质教育的平台。

（四）大学生成长的必然需求

从中学步入大学，是人生旅途中重大的转折。中学时期主要学习文化基础知识，升入大学之后，无论是心理、学习课程、学习目标还是学习方法均有很大的转变。在国家规定的培养目标下，将个人的前途与国家的发展需要、就业导向等结合起来。为此，大学生一定要构建合理的知识和智能结构，要全面加强自身修养，成为国家需要的专业人才。大学生在大学学习生活中，除了课堂学习之外，最离不开的就是图书馆，因为图书馆蕴藏着古今中外大量的文献资料，蕴藏着各行各业的百科知识，拥有各类工具书、综合性图书、报刊以及分门别类的各种音像制品。

为了培养大学生的综合素质，使他们成为德才兼备的专业人才，高校图书馆必须发挥教育职能，在学生专业教育、基础知识教育和综合教育等方面下功夫，使他们适应未来的社会需求。除此之外，大学生还要学会利用图书馆，了解图书馆藏书结构，熟悉图书馆学科分类体系，掌握工具书的使用方法、图书馆机读目录的检索方法以及网络信息检索技能，养成在图书馆学习的良好行为习惯。

二、高校图书馆服务职能的变迁

（一）组织模式

传统高校图书馆的组织模式是一个由文献的收集、标引、流通、检索、咨询等工作组成的线型模式，这种模式中各个环节关系松散，不能充分满足读者的信息需求，不能为读者提供最大的帮助。现代信息技术的介入，使高校图书馆向读者提供的不仅仅是馆藏信息，还有通过各种途径和现代化技术手段获取的信息。

针对这种全球信息流，高校图书馆的组织模式必须从线型转向网络型。这种网络信息模式以综合协调部门为主点，一个知识体系工作单元为支点进行网状连接，信息流经主点和各节点进行协调后，按知识分类体系分流，提供给各节点。节点数量的多少主要依据文献量、信息量和读者的需求量来决定，各节点加工处理的只是若干学科或相关的文献信息。这种工作体系弱化了传统的文献信息加工处理程序，提高了文献信息服务工作的全面性和系统性，使图书馆工作人员与文献信息之间的联系更为密切，有利于提高工作人员的业务水平和专业素质，加强了图书馆内部工作的联系，有利于提高图书馆的工作效率，强化了读者同工作人员以及图书馆各项工作的联系，大大提高了用户需求的满意率。

（二）管理模式

多年来，传统高校图书馆的管理模式一直受功能结构和学科结构理论的影响，要么将图书馆部门按采访、分编、典藏、流通等划分管理，要么按学科门类分开管理。在信息化、网络化条件下，高校图书馆采取综合协调、节点分流的有序管理模式。所谓综合协调，就是设立一个综合协调部门，负责全馆的决策、计划、控制、协调、考核、公关、经济等工作，其中包括经费的使用、节点的划分、工作人员的配备、图书馆设备的购买与统一管理、组织馆内工作人员的业务培训、做好读者教育和分流工作、与其他信息机构交流合作等。所谓节点分流，则是按照知识体系划分的各个工作单元设立节点，将信息流按节点分流。每个节点的工作人员必须把满足用户需求作为首要任务，全面完成从文献收集、加工、整理到检索、咨询、用户需求的满足等各项具体工作，保证服务工作的全面性、系统性和科学性。

（三）业务模式

1. 采访模式从四处联络到足不出户

传统的采访工作靠书报圈点、人工联络来获取出版信息、了解用户文献需求、收集意见反馈，然后向书店付款定购。网络条件下高校图书馆的采访工作则可以足不出户地在网上采购各类文献，直接与书商及用户联系，征求意见，咨询问题，甚至可以通过电子商务进行经费的支付和存取预算。

2. 编目模式从重复劳动到联机外包

传统的编目工作都是各馆采用不同的分编法独立进行的。新型的高校图书馆以联机编目或编目外包等形式，主要进行无序化网上信息资源的整理和揭示，从而改变过去独立作战、重复劳动的局面，确保网上资源的准确性和可用性。

3. 流通模式从实体借阅到信息传递

传统高校图书馆的流通方式是书刊等文献实体的借还，在信息化、网络化时代，高校图书馆的流通方式更多的是通过网络传输用户所需的文献信息。

4. 阅览模式从在馆借阅到"图书馆—办公室—家庭"三者相结合

传统的借阅方式是读者到图书馆阅览室凭证借阅书刊、杂志和声像资料等。随着校园网及地区性网络的建成，图书馆馆藏书目数据、全文和检索光盘等信息已上传至网络，读者不必进入图书馆就可以在办公室和家中检索、阅读、下载自己需要的信息。

5. 咨询模式从孤立简单到全面深入

传统的咨询模式主要是在图书馆内开展孤立简单的问答式、教学式和发布式的参考咨询。在信息化、网络化时代，高校图书馆的参考咨询更加注重通过网络为用户提供深入的全方位的信息咨询服务，咨询内容不再是一般性问题，更多的是帮助读者学会如何利用电子文献、如何选择数据库、如何在网上搜索并下载信息文献、如何操纵远程软件等，并开展以综述、评论、专题报告、预测报告、动态分析等三次文献为核心的高级咨询服务。

（四）馆藏模式

1. 馆藏概念从书刊收藏到网络收藏

在信息化、网络化时代，传统高校图书馆追求大而全，小而全的实物馆藏失去意义，"本馆馆藏"的概念淡化，读者可在网上查阅、利用本馆未收藏的大量文献。对于丰富的网络资源，只要有能力获取并让读者利用，就能成为本馆馆藏。

2. 馆藏载体从纸质实体到多介质和多媒体

随着现代科技的迅猛发展，千百年来印刷型文献一统天下的局面被打破，图书馆收藏和流通的不再只是印刷型实体文献，磁介质的视听资料、光介质的缩微资料、电子读物以及多媒体文献等机读文献的收藏迅速增加。信息载体的多样化使高校图书馆的馆藏范围不断拓展。

3. 馆藏策略从静态固定到动态虚拟

信息载体的多样化，改变了高校图书馆的馆藏结构，丰富了馆藏资源，使高校图书馆的收藏从静态的实物收藏转变为动态的文献收藏以及网络虚拟收藏。

4. 馆藏理论从强调拥有到注重检索

对传统图书馆馆藏影响最大的是宏观的藏书建设理论。这一理论强调"拥有"，即通过图书馆收藏和馆际协调，达到较高的文献保障能力。随着现代信息传递技术的迅速发展，理论界提出了文献保障应从强调拥有馆藏转向注重检索并通过提高文献信息可获知能力与可获得能力来提高信息保障能力的思路，对网络条件下高校图书馆馆藏建设具有重要的指导意义。

（五）服务模式

1. 服务理念从"馆藏中心"到"自动中心"

高校图书馆传统的服务工作是以图书馆为中心的"读者—图书馆—读者"型服务模式，体现的是一种简单的需求指向，提供的是以馆藏资源为主体的文献实体。在信息化、网络化条件下，高校图书馆读者服务工作是以读者为中心的"自动型"服务模式，实现的是一种全方位的智能化信息服务，提供的是经过深加工的有序化、浓缩化、精细化的"信息块"和信息存取途径。在这种模式下，高校图书馆应主动适应网络环境，从内容到形式、从技术到管理，不断进行定位调整和信息重组，强化信息导航功能，使读者服务工作从以本馆为主走向本馆以外的其他节点，使读者服务社会化、个性化。同时，高校图书馆从仅仅提供文献实体的被动服务扩展到提供检索途径，对知识信息进行整合和有序转移，并提供培养用户信息能力的"馆外化"教育内容的主动服务。

2. 服务形式从单一化到多样化

高校图书馆传统的读者服务主要是书刊的借还、实体文献的查检、简单的参考咨询，服务形式单一。随着信息环境的变化，高校图书馆新颖多样的信息服务形式不断应运而生，如动态服务、双向服务、横向服务、层次服务、柔性服务等。

三、拓展高校图书馆服务职能的措施

（一）开展多种服务方式

1. 举办展览

举办展览活动是拓展图书馆服务职能的一项重要措施。它是宣传社会主义"两个文明"建设成果、对读者进行教育的一种形式，并能定期向读者提供新书目以及专题资料索引。

2. 更好地开展信息咨询服务

信息咨询服务是现代化图书馆的一项主要职能，是图书馆信息服务的高级服务形式，也是图书馆的基本服务项目。其目的是提供目录导引或解答用户的咨询问题，运用计算机检索帮助用户查找所需信息。咨询服务工作开展的质量是衡量图书馆的社会地位和影响作用的标志。信息咨询服务属于知识密集、技术含量高、社会效益显著的综合性服务行业，以深层次开发文献信息产品为基点，主要开发具有高度准确性、真实性和具有较高的科学价值，以及具有长远效益的信息产品。

因为充足的信息资源是信息咨询服务的物质基础，所以要建立各类信息咨询机构，专门负责文献的代查、代译、开办培训、资料复印、检索、信息发布、成果转让等工作。建立图书馆信息服务网，加强馆际交流与合作，互通有无，充分利用图书馆的资源，最大限度地实现资源共享；改变过去等人上门的被动服务，积极主动地为社会服务，为读者获取所需资料提供便利；各种信息机构可以编制二次文献的数据库，扩大用户可利用资源的程度，科学地处理"藏"与"用"

的矛盾，从而使图书馆逐渐成为文献信息服务中心，大幅度地提高图书馆馆藏资源的利用率；提高咨询服务水平，满足读者对各类信息的需求，还应想办法扩大服务对象范围，增强市场竞争力。为宣传媒体提供常规性的专栏资料，并收取合理的费用。

3. 开展定题服务

所谓定题服务，是指图书馆的信息服务人员根据教学、科研、生产的实际需要，选定有关重点研究课题或亟待解决的关键性问题为目标，深入地、全程地提供对口性文献资料，为用户服务，直到研究课题完成，或者关键性问题得到解决，这种服务也称跟踪服务，其特点在于主动性、针对性和时效性。

高校图书馆的信息服务人员在开展定题服务时，首先要深入实际，主动了解教学、科研或生产的进展情况，在了解用户课题需求的基础上，选定服务课题，主动与用户沟通，运用自身的业务知识对馆藏文献充分了解之后，进而去开发信息资源。采取编制专题文摘、专题索引及专题综述、述评、专题参考资料等形式，主动地、定期地、有选择地将该课题需要的最新信息、准确数据提供给用户使用，帮助用户解决问题。这种服务形式，能够起到积极的先导作用，避免用户走弯路；而且既节约了该特定用户查找信息的时间，又有效地利用了文献，提高了服务质量。

4. 建立信息服务网络

任何一个图书馆拥有的馆藏文献都是有限的，提供的信息产品也是有限的，因此只有利用现代化的网络技术及图书馆之间的协作优势，才能更好地提供全文本、超文本及多媒体的信息服务；信息服务网络能使用户在查询中央联合目录数据库时，从系统的任何一处查询网上的内容，使所有入网的用户可以不去图书馆，就能够通过自己的终端检索所需文献，使图书馆的信息资源得到充分利用。

5. 开展创新服务和特色服务

创新服务主要是指图书馆的现代服务，也就是说图书馆参与科技研究，把最新的信息以最快、最准的形式提供给科技人员，这种参与的结果能直接或间接地创造出相应的社会经济价值，也能展示图书馆人员自身的价值。特色服务就是图书馆的服务形式、服务内容、服务效果的完美统一。开展特色服务是指图书馆在做好常规服务的同时,根据现实的需要与可能,选定某一专题或领域作为自己的优势,在一、二、三次文献的收集、加工和利用上进行整体规划,形成特色,这样就能集中优势,对某一服务领域进行重点开发,提供独具特色的信息服务,以满足信息用户的特定需求。

(二)建立合理的规章制度

建立岗位考核、奖惩制度、业务档案、业务统计等相关制度。调整岗位结构,根据各自的特长设岗定量,充分发挥全馆人员的积极性,加强图书馆的管理,对业务操作规程实行必要的检查,以便更好地完善其规章制度,合理地调拨和安排人力、物力,努力做到人尽其才、物尽其用。

(三)提高图书馆工作人员的服务水平和服务能力

首先,优质的服务是深化图书馆的改革工作、促进图书馆事业发展的一项重要措施。由于图书馆的读者服务处于第一线,每天要接待很多的读者,不但要为他们提供各项服务,而且要组织、宣传、推荐图书和指导读者阅读,工作非常繁忙。因此,既要树立"读者第一""服务至上""全心全意为读者服务",以及"急读者之所急,想读者之所想"的思想,又要加强图书馆工作人员的业务水平,强化服务意识,使馆员不仅具有图书馆学、情报学等专业知识,还具有一定的外语水平和一定程度的其他相关学科的知识。

其次,为了适应信息时代的发展,应该尽快培养一批名副其实的信息咨询、信息检索、网络分析等专业人才。部分用户缺乏应用现代网络技术进行查新检索的知识与技巧,容易造成误检和漏检,因此应以举办业余讲座、短期培训班等形式对用户进行分期分批的培训工作,重点向他们介绍检索方法和技巧,创造条件积极主动地与用户交谈,与用户共同制定检索策略,使其获得满意的检索结果,这不仅有利于提高用户的检索水平,提高检索的速度和质量,还能提高图书馆的服务层次和质量,以便其更好地向各类用户提供优质的信息服务,适应社会的需要,赢得用户的信任和支持。

总之，高校图书馆实行多种服务模式并存、灵活有序的综合运行机制，能够有效提升工作人员的素质，更新其知识结构、提高其服务技能水平，积极主动地提供高效优质服务，能够使图书馆服务工作适应市场经济的需求，在广度、深度上有所发展，进而可以充分利用图书馆资源，使图书馆的服务工作迈上一个新台阶。

第三节　高校图书馆服务工作现状与对策

一、高校图书馆服务工作现状

（一）高校图书馆难以充分适应读者需求

现今网络信息化高度发展，作为知识与科技创新之源的高校，图书馆要适应网络信息化新形势，借助现代信息化设备和媒介，提升管理效能，为读者提供更高效的服务。全国很多高校图书馆近年购买了大量先进的设备与数据库，但是使用效果却差强人意，有些甚至成为摆设。同时，电子设备更新迭代速度快，一些省属高校办学经费不足，图书馆原有设备老化、软件陈旧，不能及时更新换代等问题，导致读者使用体验不佳。

随着社会迅猛发展，图书馆之外能够提供文献信息服务的单位与部门越来越多，可供读者选择的渠道也越来越多。比如一些书店、大数据服务商、信息咨询机构等，他们迎合市场需要，实行企业化运作，兼之资金雄厚，竞争意识强；无论是硬件设备还是服务水平，均对图书馆形成较大冲击。网络数字资源的高度发展，更是对传统纸质图书服务为主的图书馆构成致命冲击，再加上许多读者出于经济利益与方便原则的考虑，大量购买或者免费获得数字资源、电子图书，导致他们改变了获取文献资料的途径，不再依赖于图书馆。相比从前，读者到图书馆获取资源的行为大量减少。大多数学生到学校图书馆往往是到阅览室或自习室学习，更为普遍的情况是为考研究生、出国等复习自修。随之而来的当然也是图书馆资源利用率的下降，读者满意度的下降。

再看图书馆内部，因为社会转型的冲击，一些工作人员难以适应时代变化，也直接导致服务质量下降。社会转型是一种危机，转型不仅是对社会事件的关注和社会问题的解决，也意味着旧秩序的破坏和新秩序的建立，一种平衡态将过渡到另一种平衡态，社会将以变革的方式过渡到深刻变化的环境。我们正处于日新月异的信息化社会，图书馆作为国家文化事业的重要组成部分，其发展直接受到大环境的影响。图书馆的大龄员工，适应新形势能力较低，改变提升自己的动力不足；而年轻员工则存在专业知识欠缺，工作经验不足的问题。这些都对图书馆充分服务好师生科研与教学工作产生负面影响。

（二）难以满足师生的多样化需求

高校图书馆的读者广泛，包括教师、科研人员、学生、社会人员等。为读者开展个性化服务非常重要和迫切。个性化服务的实质是以用户需求为中心的服务，具体表现为个性化信息服务和个性化定制服务，既包括服务时空的个性化，也就是要突破时空的限制，得到充分的服务，而且由读者来决定获取服务的具体方式。同时，也包括服务对象的个性化以及服务内容、方式与目标等的个性化。这些要求对一些地方高校图书馆而言，目前还难以充分做到。

同时，当代社会人们的阅读形式也发生了很大变化，传统纸质文献阅读比率在下降，电子阅读、网络阅读大幅上升。从长远来看，以纸质印刷品文献为主的阅读形式，会逐渐被数字化信息传播形式所取代。而由于互联网技术与量子化电子计算机的发明，这种情形会快速发展。因此，图书馆为了跟上时代步伐，不被彻底抛弃，就必须做出相应的变革，向开放型、综合型、多样化、个性化文献信息服务的方向发展。

（三）服务质量不适应新要求

高校图书馆是服务于师生的，是对一个个具体的人的服务，显然单有先进设备是远远不够的。就算图书馆购买再多设备、再多资源，没有人的努力与创造，没有高质量的服务，这些设备也很难充分有效地发挥作用。图书馆只有把高水平专业服务贯彻到每一个环节，先进设备与资源才能发挥最大价值。但现实情况往往是，图书馆花很大代价购买的电子产品，由于缺乏有效利用，导致网络资源信息开发利用率低下，造成了巨大浪费，对实现图书馆服务质量提升产生不利影响。

同时，一小部分图书馆人员综合素质有待提高，除了专业知识欠缺外，更多的情况是工作态度不认真、职业操守较低。所以我们看到，近年来高校图书馆设备先进了，环境改变了，但是管理服务却远远跟不上。个别员工被动应付，甚至消极怠慢，漠视读者需求，造成读者的厌恶甚至投诉。这些都是高校图书馆服务中存在的问题。

二、图书馆改进提升服务质量的对策

（一）加大设施投入，营造优美宜人的环境

高校图书馆在充分满足读者文献资料需要的同时，也要提供先进舒适的阅读环境，通过营造优美宜人的环境来给师生读者提供优质服务。一方面，图书馆应该及时完善基础设施，及时更新不适应读者要求的老旧设备；另一方面，要加强软件建设，尤其是数据库的建设，不断更新数据库资源。图书馆要与时俱进，打造洁净、典雅、宁静、优美的环境，从而使读者徜徉其中，在获得知识与服务的同时，心灵也得到滋养。有些图书馆通过设立读书吧、咖啡厅，提供全新的阅读体验；还有的建设古典园林式庭院，在墙壁悬挂书法、绘画作品，形成浓郁书香氛围，让读者受到传统文化与艺术的熏陶；或在大厅、廊道、库房等处布置盆景绿植。这些措施都可以极大改善阅读环境，增强人文气息，提升图书馆的审美性、舒适性。优美的环境与现代化的设施相得益彰，不仅可以使得读者获得更好的阅读体验，而且也是图书馆提升服务质量的重要方面。

（二）增加文献资源，拓展服务内容

随着社会发展与科技进步，文献资源增加的速度非常快，而高校师生非常注重文献的时效性。有些技术与专业知识一两年甚至几个月就有更新与发展，如果

高校图书馆上架的还是十几年前的书籍，提供旧数据库，那么就不能高效地帮助他们学习和做好科研。所以，定期及时更新文献资源、拓展服务势在必行。只有不断地跟上时代步伐，文献资料数据库与社会科技发展同步，才能充分吸引读者，满足教学科研的需要。另外，图书馆服务的拓展也很重要，要逐步从单一的图书馆服务，拓展为多样化的嵌入式、泛在式的图书馆服务。读者可以打破时空限制，随时随地地获得图书馆的服务；要从印本文献服务，拓展为网络资源服务；从文献信息服务拓展到知识服务；要从馆员中介服务，拓展到读者自助服务，进而使得图书馆从纯粹的文献查找借阅，变成知识管理与服务中心。

当然，拓展服务、泛在服务还要与服务规范结合起来。比如各图书馆都是开架阅览借阅，这种极大方便读者的重要举措在方便读者的同时，也容易形成一些问题，降低使用效率。如插架图书排列混乱无序，甚至丢失以及图书被频繁翻阅产生破损，这就需要管理人员规范开架服务，及时整架和上架新书，以提高书刊利用率。要定期对缺失、破损书刊进行统计与数据分析，在做好相应的补充与修补的同时，有针对性地对排架方式、副本数量、阅览规则等做出相应变动，以避免此种情形的发生。当然，还有强化防范丢失措施和违规处罚办法。更重要的是馆员工作要尽心尽责，认真用心。

为了应对电子文献的普及，书店与信息咨询机构的高质量服务，图书馆要敢于与之竞争，发挥自己的纸质文本的版本优势与无可替代的学术价值，挽回追求学术研究的读者。要发挥资源优势，为读者提供便捷、有效的服务。化被动为主动，强化竞争意识，高质量做好文献信息资源的开发、搜集、检索、分析、组织、收藏、存取、传递工作，加快数字化、网络化建设步伐，确保在竞争中立于不败之地。

（三）加强图书馆服务功能的宣传与推送

很多高校图书馆在服务宣传与信息推送方面，既不够重视，也做得不够好，还影响了服务质量。宣传不到位，会导致很多读者对图书馆功能特色等缺乏认知，或者极为陌生，难以迅速掌握利用图书馆的方法，影响其利用图书馆的积极性和效率。要充分发挥图书馆文献资料的作用，图书馆不能总是被动地等待读者，应该多加宣传与推送，为读者提供更好的、更精准而贴心的服务。比如，针对新生、新入职教师，开展如何利用图书馆查找文献的讲座与演示活动。

另外，通过对图书馆藏书规模、分类、检索、收藏以及电子资源的利用方法等的介绍与推广，读者可以快速掌握获得所需要的文献与资源的方法，从而激发他们利用图书馆的热情。为适应网络信息时代的需要，高校图书馆可以尝试创建"微信公众号"，读者通过公众号，可以随时了解图书馆的情况，随时通过网络搜索到学习与研究所需要的文献资料，切实优化时间分配，可在任何时空远程享受图书馆信息化带来的便利。图书馆根据教师和学生的研究与学习需要，定期为他们推送文献资源信息，重点是向科研人员精准推送学术新发现与新成果。这些都可以帮助师生形成自觉地利用图书馆获得文献资料及相关服务的习惯。

（四）充分满足读者个性化需要

图书馆服务需要充分、有效地满足读者个性化需求。因此，图书馆需要着力构建个性化服务的现代模式，由现场咨询，到馆借阅、文献代查、复印、刻录等，再到互联网服务、专题服务、特色服务与上门服务。馆藏服务方面，可以建立教师个人研究室、特色专藏室。从而建立集咨询、检索与创新功能于一体的现代化服务方式，让师生们体验到优质的、全面的服务。当前，新技术与新科学的更新较快，为了满足读者需要，图书馆还可以根据院系科研与教学的实际，有针对性进行图书倾斜性采购，建立特色研究和一流专业建设文献服务室，也是一种创新服务的方式。

另外，高校图书馆馆藏文献资料数字资源等的建设，要真正体现对学校人才培养、教学科研、服务社会、文化传承等功能的支持与支撑，紧紧围绕各个高校的目标定位、战略发展、特色办学方向来开展服务。同时，既要做到为书找人，又要做到为人找书，尽可能充分发掘馆藏资源的价值，提高信息整合创新能力以及图书馆各分馆、各馆室的服务效率，而不是只注意服务时间与环境等浅显单一的功能。

此外，图书馆还要慎重对待文献资料的采购问题。如今的图书出版市场，新书出刊的速度很快，带来良莠不齐的情况。比如，互联网、电子产品等类的书刊种类繁杂，技术更新很快，许多图书内容雷同现象较为严重。同时每年都会有大量的期刊退出，这些期刊并非每一种都是高质量或者都有益于师生科研与学习的，有些期刊办刊质量下降，或内容重复，或缺乏学术性，或纯粹是娱乐性质，并不能满足师生研究学习的需要，如果不加辨别地采购，势必造成财力的巨大浪费。这就要求管理好采购环节，把好采购关，节约有限资金，将师生最需要的文献资料与数据库采购进来也是提高图书馆个性化服务的有效手段。

（五）有效提升信息资源的共享度

针对高校教学科研方向以及院系众多、专业复杂等现状，高校图书馆要致力于打造智慧读书体系，适应信息化、人工智能飞速发展的形势，最大限度改进图书馆服务的渠道与质量。图书馆服务从传统服务向现代服务转变，需要时间与实践完善。由于各高校图书馆条件尤其是经费的影响与制约，一所图书馆很难具备所有的文献信息资源。同时，馆中工作人员情况不同，能力各异，也不可能满足所有专业化、个性化的读者需要。

为了有效改善提高服务水平，图书馆就要重视馆际合作。多个高校图书馆本着合作共享的原则，在平等、互惠、互利的基础上，进行馆际深度合作，利用互联网实现资源共享互通有无，弥补各自文献信息资源不足的欠缺，真正提高服务师生科研教学的水平与质量。如何提高高校图书馆信息资源的共享水平，发挥图书馆信息资源的价值，是目前高校图书馆亟待解决的问题。建议可以探索区域高校图书馆的联合，各高校图书馆之间可以进行适当的学科、科研数据的开放共享，或者跨区域高校联盟的联合，甚至国际高校图书馆的联合，总之打破空间限制，尽可能形成具有个性特色的图书馆资源共享模式，从而更好地为师生服务。高校图书馆要跟上时代的步伐，以适应读者需要为目标，馆员要不断加强学习、更新观念，及时跟上信息化时代的步伐。

三、高校图书馆社会价值的实现路径

（一）组织形式多样富有特色的读者活动

组织学者、读者活动是图书馆吸引读者进入图书馆的重要方法，图书馆可以在一年中，组织不同类型的、特色鲜明的读者活动。第一，开设图书馆人文讲坛，举办学术与社会公益讲座，既要邀请本校专家学者，也要邀请全国乃至国际学者，在图书馆开设高质量、高水平的学术讲座。选题上要贴近师生、贴近实际，尤其要集中于国内外热点、国学经典、科技普及、歌舞艺术等方面，各类前沿的人文讲座，从而彰显高校图书馆的特色与优势。讲座活动重在持之以恒，而且要形成系列与特色。第二，组织开展诸如国学知识大赛、读书知识竞赛、古诗词诵读大赛、茶艺大赛等。可以与各院系联合举办，主要面向全校研究生与本科生，吸引他们进入图书馆，借书看书，远离网络游戏与碎片化阅读，促进他们的专业成长，为他们将来的就业与发展，打下牢固的基础。

（二）定期开展丰富的特色专题展览

利用图书馆的特色与专长，精心策划，在图书馆走廊、大厅等场所，举办丰富的专题展览，图文并茂，突出趣味性与学术性，吸引、服务读者。

（三）创新服务高校重点学科、特色学科的方法

高校图书馆最重要的职能就是服务科研，尤其是各级各类重点学科、特色学科、学科群的科研工作。可以在院系设立图书流动站，定期送书上门，尤其是将新买的专业图书送到学者与研究生等读者手中，为他们就地办理借还手续，解决他们因工作繁忙不愿前往图书馆的后顾之忧。要围绕高校的特色做好此项工作，比如师范类大学，就要突出师范院校的特色，打造教师教育特色图书与数据资源库，为相关研究与教学人员提供专门的服务。还可以致力于服务课程论教学与研究、师范生微格教学训练、见习实习等，建立中小学教材、教辅、教学研究特藏馆，同时建立基础教育资源数据库，在图书馆网页开设专栏，多样化服务师生。

（四）服务高校所在地方的新兴产业发展

一个好的图书馆应该形成自己的服务品牌，能够通过自己的某种独特性、一定的规模与馆藏、某一信息资源、某种特色服务，在业界形成差别优势，这就是特色品牌。地方高校图书馆服务要形成品牌，重在建立服务于地方经济文化发展

的优势，在这方面做出独特努力。高校是建在某一具体城市的，图书馆结合地方市（县）的发展战略开展服务，这是其他同行难以代替的。

总之，高校图书馆的核心竞争力就是优质服务，既要有优美宜人的环境、先进的设备与充分的资源，也要有一切以读者为本的理念，积极主动、热情周到的服务态度，更要有高效、优质与个性特色的内涵，致力于服务品牌的创建。针对新形势下的师生需求与个性化需要，针对高校办学特色以及重点学科、专业特点，针对高校所在地方经济文化发展需求，高校图书馆需要全方位提高服务质量与水平，提供有特点的阅读服务。

第二章 现代高校图书馆服务的多维模式

第一节 高校图书馆知识服务

一、高校图书馆知识服务保障体系

(一) 高校图书馆知识服务信息资源保障体系

1. 优化馆藏资源结构

知识创新作为知识社会中的主旋律,其影响不仅局限于高新技术产业,也会对图书馆产生非常深刻的影响。面对全球知识网络化的发展态势,高校图书馆知识服务创新,要求在馆藏资源结构方面应该具有相应的对策。这主要是建立多形态、多载体、多种类的实体馆藏资源与虚拟网络资源相结合的馆藏资源体系。所以,在进行文献信息资源的建设方面,要按照学校的发展目标、教学科研的需求及地区文献保障体系的要求,坚持科学发展观,遵循现实馆藏与虚拟馆藏并举的方针,加强电子文献的建设,坚持多种文献载体的协调发展与互补,建设结构合理、重点突出、特色鲜明的文献信息资源保障体系,为学校的教学科研和人才培养服务,为区域文献信息资源保障体系的建设提供保障。对于各种实体资源,不管其载体形式如何,只要其内容是与用户需求符合的,有助于知识学习与创新的,都应当尽可能收集利用。

优化馆藏结构应该把学科知识内容结构放在第一位,资源载体结构在其次。对于购买了使用权的大型数据库和建立了共享关系的其他图书情报机构的各类资源,都能够明确纳入馆藏资源体系中,而对于互联网上的动态信息资源,高校图书馆应该充分利用所拥有的信息检索与信息处理的技术力量,开发动态的网络资源,对大量信息进行采集、评估、筛选、分类、整合及引导,变分散为集中,并以友好界面提供给用户查询，使它们成为馆藏资源的有机构成部分，并纳入馆藏资源结构体系，作为知识服务创新的重要资源。

2. 建立广泛的信息资源共知、共建、共享保障体系

高校图书馆的知识服务是基于网络的、多样化的、动态的知识资源系统的服务。其不仅依赖传统的文献资源系统，而且依赖丰富的网络虚拟资源。从网上联机检索的其他图书情报机构的各类资源都能够纳入自己的馆藏体系，但是，这必须通过一定的方式，建立起互惠互利、共建共享的合作关系。我国文献资源共建、共知和共享体系研究与实践虽然较之国外稍晚，但是其发展非常迅速，主要以建立各种类型文献资源保障体系来实现文献资源的共建、共知与共享。

资源的数字化主要是指利用现代信息技术与网络通信技术，根据用户的知识需求，有选择地把各类传统介质的文献进行压缩和处理，并转化为数字信息。数字存储技术的出现与普及使信息存储形式发生了根本性的改变。数字化的存储形式在存储介质上统一了文字、图像、声音等信息的存储，在大数据技术与网络技术的帮助下，信息资源数字化集高密度存储、高速度处理及远距离传播于一身。知识服务资源的数字化主要有两层含义：一是把服务机构内存储的印刷型文献资源数字化，形成数字化知识信息；二是收集数字化的信息资源。服务人员也可以使用超文本与多媒体技术组织网络信息资源，并使用统一标准的方法进行有序化处理，以满足用户的快速检索需求，为知识服务发展提供资源保障。

在如今大数据与网络环境下，不同学科、形式、载体、地域的信息资源都会以数字化方式存储、网络化方式传输。信息资源的数字化和网络化，使跨地区、跨国界的资源共建共享得以真正实现。信息机构之间应该优势互补、平等互利、协调合作，共同走合理布局、联合建库的道路。通过计算机网络实现无缝连接，能够将跨库查询分布在全球各地的各种数字资源库中，进而实现资源共享。信息机构在提供知识服务时，除了利用自有信息资源以外，还可以运用其他信息机构的数字资源库。知识服务系统将会成为一个由分布式、大规模和有组织的数据库和知识库组成的完整的虚拟信息系统。用户能够同时访问多个分布式多媒体信息源，为信息的查询和利用提供有效的工具与方法，极大地扩充了信息的获取范围，提高了信息的处理效率，资源共享化将成为知识服务发展的必然趋势。

（二）高校图书馆知识服务的技术保障

1. 信息推送技术

信息推送技术（PUSH）就是指在网络信息环境下，以创建与支持用户为核心的服务模式，是现代信息技术深层次开发而产生的一种新技术，是网络信息资源管理与网络信息检索服务研究的重要内容。推送技术是一种根据用户需要，在指定的时间内将用户选定的数据自动推送给用户的计算机发布技术，是基于网上主动信息服务系统的主动信息服务技术。"推"是与传统的"拉"相对立但又相辅相成的概念，"拉"是用户主动寻求信息，"推"则是信息寻找用户。

从用户的角度来看，信息推送技术就如同一个软件，它能够了解、发现用户的兴趣，并且可以主动从网上搜寻信息，经过筛选、分类后根据每个用户的特定需求推送给用户。从信息发送方的角度来看，信息推送就是一种信息发布技术，也就是网络公司通过一定的技术标准或协议，从网上的信息源中获得信息，再通过固定的频道向用户发布信息的技术。目前常用的推送技术有频道式推送、邮件式推送、网页式推送等。频道式推送就是一些页面定义为浏览器中的相关频道，用户能够像选择电视频道一样接受感兴趣的内容。邮件式推送则是使用电子邮件方式主动把信息发布给用户。网页式推送是在一个特定的网页中把所要推送的信息提供给用户。采取知识推送技术及时地向用户推送不断更新的动态知识信息，并不会要求用户拥有专门的技术。在高校图书馆的知识服务过程中，采取知识推送技术并不是盲目推送的，而是按照用户的具体需求，在指定的时间中将用户所需的知识与相关信息主动推送给专门的用户。基于推送技术的知识服务通过系统对网络信息资源的定期搜索，选择与用户需求相关的知识推送给用户，提供的是一种经过加工整理的、可以控制的知识，进而确保了知识服务的质量。

2. 知识挖掘

随着互联网上信息资源的急剧增加，用户越来越需要使用自动化工具来发现所期望的信息资源，挖掘站点上的知识。互联网数据挖掘是个人、企业及网站从互联网提供的信息资源中，按照各自不同的目的和特点，抽取相关数据并且从中发现数据中隐含的规则与知识，进而更进一步地获取数据的过程。互联网数据挖掘总体来讲，主要包括3个目标：①精确度，也就是返回数据符合用户需求的程度；②覆盖率，即有多少符合用户需求的数据被返回；③效率，也就是响应速度。

互联网数据挖掘与互联网数据组织形式具有十分密切的关系。在互联网上的知识挖掘主要是通过网络搜索引擎来实施的，但是，由于互联网数据组织的半结构化特性，数据类型与数量的大量增加，其信息的可利用性和可靠性不断变化，而且由于信息源的动态性与潜在的有用信息的更新保存问题往往会导致信息模糊、信息错误，因此，在互联网数据挖掘中应该采用智能化软件对大量的信息进行判断，提炼出用户所需的信息资源。

3. 智能代理技术

智能代理技术（Intelligent Agent）是网络技术、数据库技术和其他决策支持技术的集成，其涉及数据仓库、数据挖掘、人工智能等多方面知识。将智能代理技术应用到网络知识服务中，可以在以下几方面改善服务的质量与水平，进而使用户获得所需知识，实现智能化知识组织基础上的知识服务：一是资源导航；二是用户问题解惑；三是信息过滤与筛选；四是知识发现，从网上大量的原始数据中，整理出可以反映其中规律的知识呈现给用户。

4. 并行网络搜索引擎

在知识服务过程中，应该全面搜集与组织某方面的知识信息，往往需要使用多个搜索引擎。但是每个搜索引擎的交互式界面与搜索规则都是各不相同的。到每个搜索引擎上逐个搜索信息，不但要求熟悉每个搜索引擎的界面与搜索规则，还需要耗费大量的时间和精力。而使用并行搜索引擎技术，在一个界面输入查询条件以后，搜索命令会同时被发送到不同的搜索引擎或索引上，最后以一致的格式返回搜索结果。并行搜索引擎技术为知识服务所需的知识资源的集成提供了技术支持。

（三）高校图书馆文化保障体系

1. 价值观是图书馆文化建设的核心

所谓图书馆价值观，就是指图书馆馆员工对图书馆存在意义的总评价与总看法趋于一致时所形成的观念,是图书馆群体在任何情况下都应该坚持的终结标准。图书馆在长期的工作实践活动中,确立了"读者第一,服务至上"的图书馆界公认的价值观。图书馆价值观是图书馆最基本的道德观念与信念,是图书馆组织和图书馆馆员共同追求的最大目标。图书馆价值观为图书馆的生存和发展提供了基本方向和行动指南,是图书馆组织一切活动的总原则。在图书馆文化中,其处于支配地位,从意识形态深层对图书馆的发展产生重要影响。

图书馆价值观主要是通过图书馆精神体现出来的。图书馆精神着重强调图书馆及其馆员的社会责任感,以及在读书学习、服务育人、科学研究中的正确态度,反映了价值观在图书馆文化建设中的核心地位。

2. 建立图书馆知识创新的愿景

由于知识是学习型组织的主要投入要素与占据主导地位的价值源泉,图书馆要想通过知识创新活动来创造价值或提高服务,必然需要在所有参与知识创新的个人或团队中培养一种共同的目标与使命,并且使用多种方法来说明这种令人振奋的发展前景。知识创新愿景的创立必须是集体智慧的重要结晶,应该规定图书馆的知识价值体系,管理者可以据此进行评估、证明与判定图书馆所创造知识的质量。这种知识价值体系和各项规范一起能够决定什么样的知识是图书馆所需要的,什么样的知识是图书馆需要创造的,以及什么样的知识是图书馆应该舍弃的。知识创新愿景能够有效激发员工的知识创新欲望和学习欲望,也可以使员工的思想、行为与知识创新紧密结合在一起,并将个人的学习、工作融入图书馆整体中,从而增强图书馆的知识创新能力。

3. 建立知识交流与创新的激励机制

由于在图书馆知识管理和知识创新活动中经常会遇到一些知识共享的障碍,包括信息不对称性导致的知识产品交易障碍、知识利己主义的心理障碍、不注重或贬低知识共享的负面文化、不利于知识共享的组织结构、缺乏信息技术支持、同事之间缺乏交流的时间、隐性知识很难表达等,由此可见,实现知识管理与知识创新并不是一件很容易的事。基于此,图书馆应该建立知识共享与知识创新的激励机制,如知识产权保护制度、知识酬金制度、知识评价制度,进而促进图书馆知识创新。

4. 建立一种宽容失败的氛围

创新总是存在风险的，每一次创新不一定都能够获得成功，所以，应该在知识创新文化建设的过程中创设创新失败宽容机制。只要不是人云亦云，亦步亦趋，或者照搬照抄，对于创新中不可避免的失误应该被认为是合理的，应该得到管理者的支持和谅解。图书馆也应该根据不同的岗位与级别确定可以失败的次数、时间与经费规模等，在规定的规范内允许失败，超出范围的失败是不受支持的或是要承担责任的，这样员工创新的积极性就会高涨。

二、高校图书馆知识服务模式构建

（一）大数据下高校图书馆知识服务模式构建

1. 树立以人为本的思想

"以人为本"是现代管理活动所提倡与遵循的原则。通俗来讲，就是要强调人在管理与各种活动中的核心地位与重要作用。而在"服务"这样一种人对人的活动之中，不管是作为服务员的人还是作为服务对象的人都是整个活动的核心要素。在知识服务模式构建中必须强调"以人为本"，其"人"主要包含两个方面：提供服务的图书馆人员和接受服务的知识用户。

在知识服务活动中，工作人员是实施知识服务的主体，也是服务方法、技能等知识的载体，是知识资源的开发者与管理者，是知识资源和用户之间的桥梁与纽带。工作人员的知识水平与创新能力的高低、敬业精神和协作精神的强弱都会直接关系到知识服务的水平，关系到图书馆的发展竞争能力。著名的图书馆学家谢拉曾经说过："最精锐或最有实力的图书馆馆员是那些带着广博知识或以某一门专业知识背景而进入图书馆行业的人。"知识服务需要依靠图书馆工作人员较高的综合素质。知识服务是一种面向内容的专业化服务。要满足用户知识需求只有在可以揭示"书籍"的内容即知识时才能够实现。只有在充分了解知识内容的数据结构与检索方法的基础之上，具备大型知识库与大量储备知识导航能力的高素质图书馆馆员才能够准确揭示各种学科知识，做到在最需要的时间把最需要的知识传递给最需要的人。图书馆的知识服务需要工作人员的专业化与知识化，工作人员应该与时俱进，不断学习，不断调整自己的知识体系。图书馆应当加强职工培训，激发职工的工作热情和学习创新的积极性，建立良好的组织管理体系。这是形成有利于知识服务的管理和提高知识服务水平的根本。

2. 图书馆依托大数据实现个性化的知识服务

（1）高校图书馆面向学生的知识服务

图书馆可以根据学生的借阅方式、借阅历史、检索历史及浏览历史等现有数据进行挖掘分析，进一步改善图书馆资源配置，针对学生的文献需求，协调资源分布。同时，收集学生的个人登记信息，对其个人喜好与个体需求进行深度了解，并及时改进服务方向与深度，协调馆藏资源，随时随地为学生的学习科研活动提供专业的无缝信息服务与知识管理。

（2）高校图书馆面向教师及科研机构的知识服务

高校科学数据具有多学科化、多样化及大量化等特点，所以，图书馆馆员应该深入科研过程，为科研人员提供个性化数据监管服务，在科研项目立项前、项目进行中及结项以后这3个不同阶段对高校科学数据进行监管。基于大数据，图书馆可以拓展数据来源，抓取教师或科研机构的信息，针对性地组织分析大数据，因地制宜地帮助科研决策，阶段性或全程参与服务科研活动。

3. 树立大数据理念

中国宽带资本基金董事长田溯宁把大数据时代的核心理念概括为："一切都被记录，一切都被数字化。"所以，大数据不仅是一种资源，更是一种理念，即利用全部数据，没有偏见地关注更多的细节，从不同的角度更加细致入微地观察和研究数据的方方面面。因此，高校图书馆应该着重强化大数据理念，把大数据的思维方式贯穿于知识服务的各个阶段，从数据的视角出发，从混杂的数据整体中找寻关联关系，深入挖掘其内在价值，提取出读者所需的知识。

4. 提高知识服务的智力内涵

大数据丰富了知识的内涵，也增加了知识显性化的难度。高校图书馆应该以学校的学科建设作为导向，优化知识服务模式，实行嵌入式学科图书馆员服务，融入读者的问题环境，采集院系所的科研数据、专题文献、专家学者的博客及论坛等，利用人工智能技术、知识发现技术、数据清洗技术，借助相应的数据分析挖掘工具，把机器阅读和图书馆馆员的实践经验进行结合，对凌乱的知识因子加以关联、整合与重组。在这一过程中，图书馆馆员与用户的隐性知识得到充分挖掘，并与显性知识不断转化，与用户需求相匹配的知识慢慢显性化。例如，通过图书馆的"读者荐购系统"，读者能够向图书馆直接推荐自己所需的书目，其文献需求得以显性化，同时，加强了文献采访工作的针对性与实用性。

5. 使传统图书服务系统向一站式服务门户的知识服务模式转变

传统的图书服务系统，仅停留在实现基础信息服务、虚拟信息服务、个人需求服务及学科信息服务等业务功能的层面。基于单点登录的一站式服务门户，能够为用户提供个性化的功能配置与展示模块，服务门户通常以大数据分析平台和数据交换平台作为"数据仓库"。

在图书馆的知识服务方面，除了应该实现传统的知识服务外，还应该根据用户的专业、年级、兴趣爱好、常检索的"语义关键字"及常关注与借阅的书籍等多维度信息，向用户智能地推送其潜在感兴趣的书籍、文献、PPT 资源、MOOC 资源、微课资源、公开课资源、在线实时讲座、精品视频等多样化的知识服务信息集，以个性化可配置的栏目在服务门户进行呈现。并通过构建多媒体资源的微服务，结合用户的课程设计和课历，向用户提供开放式的在线或离线式微终端查阅与点播功能。用户可以自由安排时间，对课程学习资源进行回顾、复习和评价，甚至可以提供本地化的私有云社区，为用户提供线上的讨论和交流。

6. 实现科研评价服务与情报分析服务的新模式转变

依托大数据分析平台与高校科研管理系统平台，实现高校面向个人和机构的科研成果的统计、引用与分析、科研竞争力分析，学科/院系科研竞争力分析，国内、国际权威期刊投稿难易评估的情报分析等，以微应用的形式实施个性化信息推送。辅助个人与机构实现自身的科研能力、科研水平及科研工作量的知识情报分析服务，并辅助管理者及时分析与调整科研服务导向、科研经费预算、科研项目产出及知识产权成果转化等做出合理的决策。

7. 努力形成开放共享的推进机制

高校图书馆大数据资源的开放共享实现制度化、常态化地开展，必须创设有力的高校图书馆信息资源开放共享推进机制。首先，应该提倡高校图书馆知识服务开放共享服务意识，通过宣传国内外科技文献开放共享相关资讯，调查并研究国内开放共享的发展现状与未来，强化高校图书馆创新服务与普及开放共享知识服务的理念。其次，应该针对不同人群开展高校图书馆馆员的大数据应用技能与知识服务的普及化培训，发动开放共享联盟平台的所有成员参与知识数据的管理与控制。最后，应该构建一套科学、实用的知识共享评价体系，确保高校图书馆知识服务开放共享的规范性与可操作性。从信息内容、服务质量、学科馆员及利用效果等指标构建评价体系，进而提高高校图书馆知识共享体系建设质量，优化高校图书馆大数据知识服务的获取环境，保障图书馆馆内、馆外读者的信息获取公平，从而在创新服务、技术问题及后续服务等方面推进高校图书馆知识服务的开放共享。

（二）大数据时代高校图书馆知识服务

1. 基于数据管理的知识转移服务

基于数据管理的知识转移服务是充分利用数据管理技术，通过对图书馆大数据进行整合、加工与传输，向用户提供知识服务，是将知识从图书馆转移至知识用户的过程，是创新图书馆管理知识资源与服务读者能力的一种模式。高校图书馆知识转移服务的具体做法包括：首先，可以深入挖掘资源的知识价值，从繁杂的图书馆大数据中找到可以解决用户问题的相关信息，总结出具有实用价值的新知识，进而提升图书馆资源开发的能力。其次，在制定转移目标时，应该引进当今最新的信息技术，提高图书馆创新知识服务的能力，努力实现知识向用户的成功转移。

2. 基于图书馆资源发现的知识服务

资源发现服务是一种新兴的知识服务方式。通过资源发现系统的供应商与资源内容供应商（出版公司等）合作，对图书馆那些数量较大、类型较多、变化较快、无序化以及异构性的数据进行分析和抽取，建立统一的标准与格式，并纳入元数据体系中，形成中心知识库和元数据联合索引库，搭建一站式资源服务平台，实现资源之间的无缝链接，为用户提供便捷、实用的资源发现及获取服务。

高校图书馆拥有得天独厚的知识资源优势，伴随着各种新兴信息技术的不断涌现，用户便捷地检索、标注和共享图书馆知识资源的愿望成为现实。图书馆应当充分利用自身的优越条件对各类数据进行采集、传输、汇聚和融合，通过资源发现服务来整合读者比较有兴趣的知识资源，通过跟踪读者信息行为了解其兴趣爱好与知识需求，并据此利用技术引擎搜索相关知识内容以飨读者。

3. 大数据时代的知识咨询服务

个性化服务是图书馆针对用户的信息行为习惯与知识需求为其专门"定制"的知识服务，是基于分析用户个体特定知识需求，向其提供符合条件的特色知识内容的服务方式。大数据分析技术在图书馆中的日益普及使得细粒度、个性化的知识咨询服务成为可能，所以，高校图书馆应该通过网络咨询平台为用户提供交互性知识咨询服务，通过网络人工智能功能为读者解决学习、教学及科研过程中遇到的问题，并提供个性化、特色化的解决方案。

4. 基于大数据分析的智慧服务

智慧服务是建立在知识服务基础之上的创新服务模式，是图书馆知识服务的一个升华。高校图书馆大数据中具有很多用户产生的信息数据，在大数据背景下，高校图书馆应该充分利用大数据技术搜集用户的动态信息行为，建立用户信息档案，并结合学科与行业分析用户信息行为的变化情况，智能化地选取适宜的知识提供给读者；通过对这些拥有大量读者信息的数据进行深入分析与挖掘，准确描述、定位其信息行为，把握、预测并设法满足读者的知识需求。

5. 基于数据推送的科研数据服务

高校图书馆是高校的主要知识资源集散地，所以，它应该紧紧围绕学校教学科研工作服务，加强对隐性知识的整合利用，构建科研数据共享平台。科研数据是指在研究过程中产生的能够存储在计算机上的任何数据，也包括可以转换成数字形式的非数字形式数据，如调研结果、神经图像、实验数据、传感器读取的数据、遥感勘测数据和来自测试模型的仿真数据等。长期以来，各高校虽然积累了非常丰富的科研数据，但通常会局限于本课题组、本单位使用，还缺乏有效的整理和建库共享，造成了科技资源的极大浪费。所以，科研共享数据是高校图书馆需要重点收集的一个大数据来源。

第二节 高校图书馆个性化信息服务

一、高校图书馆个性化信息服务理论

(一) 高校图书馆个性化信息服务概念

图书馆担负着文化传承的重要责任,是用户获取信息服务的重要途径之一。高校图书馆的服务对象范围相对来说比较单纯,主要是校内教师与学生,高校教师肩负着教学、科研项目等重要任务,为了能够顺利完成,需要教师实时了解该项目和相关学科的理论研究与最新动态等。图书馆可以为教师和学生的科研、学习及教学提供有力保障,图书馆对于学生来说更是学习知识的殿堂,大学阶段教师对学生主要起到引导和讲解的作用,大部分还需要学生通过自己查找阅读进行学习,而图书馆能够为学生提供大量的参考资料,扩大知识面来提高学术与自身的修养。高校图书馆的个性化信息服务,一种是随时随地满足用户个性化信息需求的服务,另一种则是通过对读者信息分析主动为用户提供信息服务。其主要目的就是满足教师与学生科研、教学及学习的信息需求,主要包含三方面内容:服务方式个性化、服务内容个性化、服务时间和地点个性化。

高校图书馆个性化信息服务方式主要特点是"用户需要什么,图书馆就提供什么",为用户提供更加准确、针对性更强的个性化信息;服务内容在提供传统共性信息服务基础上,还利用个性化系统、智能软件等满足用户的个性信息需求;移动智能终端设备的发展,使得图书馆的服务时间和地点不再受限制,用户能够随时随地查阅馆藏资源、个人信息等。

(二) 高校图书馆个性化信息服务基本特征

1. 服务目的准确,针对性强

高校图书馆的服务用户相对比较单纯,主要是在校的广大教师和学生,主要

目的是本校师生的项目研究与教育教学，与公共图书馆相比，服务目的比较准确，针对性更强。同时，学生和教师的信息需求根据专业、年级及科研方向出现明显的层次性，使得图书馆可以很容易把握用户的需求动向，为用户提供个性化的信息服务。

2. 服务专业性强

高校图书馆提供的服务受本校的专业特点影响较大，由于其服务的对象相对稳定，用户利用图书馆主要是研究本专业和相关专业知识，获取专业权威的知识理论，并在第一时间获得相关研究最新动态的信息，因此高校图书馆为用户提供的信息服务内容相对专业。

3. 服务方式多种多样

互联网的不断发展，纸质资源不再是图书馆主要馆藏资源，越来越多的数字资源被引进。为适应环境，为用户提供更加便捷的服务，高校图书馆的服务方式也不再是单纯的用户到图书馆，而是用户借助网络随时随地访问图书馆资源。同时为满足用户的个性化信息需求，图书馆还会提供在线互动，用户能够通过多种在线互动方式向图书馆提出申请服务，进而获取自己需要的信息，为提高个性化信息服务的效率，高校图书馆还建立了"我的图书馆""移动图书馆"等服务系统平台。

二、高校图书馆个性化信息服务技术

（一）数据挖掘技术

1. 数据挖掘界定

数据挖掘技术是一种数据处理的技术，是从大量的、不完全的、有噪声的、模糊的、随机的数据中，提取隐含在其中、人们事先不知道又潜在有用信息和知识的过程。数据挖掘需要根据数据仓库中的数据信息，选择合适的分析工具，应用统计方法、事例推理、决策树、规则推理、模糊集、神经网络、遗传算法的方法处理信息，得出有用的分析信息。

2. 数据挖掘的技术流程

从数据本身来考虑，通常数据挖掘需要有信息收集、数据集成、数据规约、数据清理、数据变换、数据挖掘实施过程、模式评估和知识表示等8个步骤。

①信息收集。根据确定的数据分析对象抽象出在数据分析中所需要的特征信息，然后选择合适的信息收集方法，将收集到的信息存入数据库。对于海量数据，选择一个合适的数据存储和管理的数据仓库是至关重要的。

②数据集成。把不同来源、格式、特点性质的数据在逻辑上或物理上有机地集中，从而为企业提供全面的数据共享。

③数据规约。执行多数的数据挖掘算法，即使在少量数据上也需要很长的时间，而做商业运营数据挖掘时往往数据量非常大。数据规约技术可以用来得到数据集的规约表示，它小得多，但仍然接近于保持原数据的完整性，并且规约后执行数据挖掘结果与规约前执行结果相同或几乎相同。

④数据清理。在数据库中的数据有一些是不完整的（有些感兴趣的属性缺少属性值）、含噪声的（包含错误的属性值），并且是不一致的（同样的信息不同的表示方式），因此需要进行数据清理，将完整的、正确的、一致的数据信息存入数据仓库中。否则，挖掘的结果会差强人意。

⑤数据变换。通过平滑聚集、数据概化和规范化等方式将数据转换成适用于数据挖掘的形式。对于有些实数型数据，通过概念分层和数据的离散化来转换数据也是重要的一步。

⑥数据挖掘实施过程。根据数据仓库中的数据信息，选择合适的分析工具，应用统计方法、事例推理、决策树、规则推理、模糊集、神经网络、遗传算法的方法处理信息，得出有用的分析信息。

⑦模式评估。从商业角度，由行业专家来验证数据挖掘结果的正确性。

⑧知识表示。将数据挖掘所得到的分析信息以可视化的方式呈现给用户，或者作为新的知识存放在知识库中，供其他应用程序使用。

数据挖掘过程是一个反复循环的过程，每一个步骤如果没有达到预期目标，都需要回到前面的步骤，重新调整并执行。不是每件数据挖掘的工作都需要这里列出的每一步，如在某个工作中不存在多个数据源时，数据集成的步骤便可以省略。

数据规约、数据清理、数据变换又合称数据预处理。在数据挖掘中,至少 60%的费用可能要花在信息收集阶段,而至少 60%以上的精力和时间是花在数据预处理上。

(二) RSS 技术

1. RSS 界定

RSS（简易信息聚合,也称为 Really Simple Syndication、聚合 RSS、聚合内容）,是一种消息来源格式规范,用以聚合经常发布更新数据的网站,如博客文章、新闻、音频或视频的网摘。RSS 文件（或称为摘要、网络摘要或视频更新,提供到频道）包含了全文或是节录的文字,再加上使用者所订阅的网摘布数据和授权的元数据。通常在时效性比较强的内容上使用 RSS 订阅能更快速获取信息,网站提供 RSS 输出,有利于让用户获取网站内容的最新更新。网络用户可以在客户端借助于支持 RSS 的聚合工具软件（如 Sharp Reader、News Crawler、Feed Demon）,在不打开网站内容页面的情况下阅读支持 RSS 输出的网站内容。

2. RSS 阅读器分类

RSS 阅读器基本可以分为三类。

第一类大多数阅读器是运行在计算机桌面上的应用程序,通过所订阅网站的新闻供应,能够自动、定时地更新新闻标题。在这一类阅读器中,有 Awasu、Feed Demon 及 RSS Reader 三款比较流行的阅读器,都能够提供免费试用版和付费高级版。

第二类新闻阅读器通常是内嵌于已在计算机中运行的应用程序中。例如,News Gator 内嵌在微软的 Outlook 中,所订阅的新闻标题位于 Outlook 的收件箱文件夹中。另外,Pluck 内嵌在 Internet Explorer 浏览器中。

第三类则是在线的 WEB RSS 阅读器,其优势在于不需要安装任何软件就可以获得 RSS 阅读的便利,并且可以保存阅读状态,推荐和收藏自己感兴趣的文章。提供此服务的有两类网站,一种是专门提供 RSS 阅读器的网站,如国外的 Google Reader,国内的鲜果、抓虾；另一种是提供个性化首页的网站,如国外的

Net vibes、Page Flakes，国内的雅蛙、阔地。

3. RSS 技术的优点

（1）多样性、个性化信息的聚合

RSS 是一种基于 XML（Extensible Markup Language，扩展性标识语言）标准，是一种互联网上被广泛采用的内容。包装和投递协议，任何内容源都可以采用这种方式来发布，包括专业新闻、网络营销、企业、个人等站点。若在用户端安装了 RSS 阅读器软件，用户就可以按照喜好、有选择性地将感兴趣的内容来源聚合到该软件的界面中，为用户提供多来源信息的"一站式"服务。

（2）信息发布的时效性强、成本低廉

由于用户端 RSS 阅读器中的信息是随着订阅源信息的更新而及时更新的，因此极大地提高了信息的时效性和价值。此外，服务器端信息的 RSS 包装在技术实现上极为简单，而且是一次性的工作，使长期的信息发布边际成本几乎降为零，这完全是传统的电子邮件、互联网浏览等发布方式所无法比拟的。

（3）无"垃圾"信息和信息量过大的问题

RSS 阅读器中的信息是完全由用户订阅的，对于用户没有订阅的内容，以及弹出式广告、垃圾邮件等无关信息则会被完全屏蔽掉。因而不会有令人烦恼的"噪声"干扰。此外，在用户端获取信息并不需要专用的类似电子邮箱那样的"RSS 信箱"来存储，因而不必担心信息内容的过大问题。

（4）没有病毒邮件的影响

在 RSS 阅读器中保存的只是所订阅信息的摘要，要查看其详细内容与到网站上通过浏览器阅读没有太大差异，因而不必担心病毒邮件的危害。

（5）本地内容管理便利

对下载到 RSS 阅读器中的订阅内容，用户可以进行离线阅读、存档保留、搜索排序及相关分类等多种管理操作，使阅读器软件不仅是一个"阅读"器，而且还是一个用户随身的"资料库"。

（三）数据监护的有关理论

1. 数据监护

（1）数据监护（Curation）

即自数据产生就对其管理，推进数据的利用，保证数据可以在需要时被利用。动态数据集则主要表示要对其进行不间断、长时间的补充和更新，使数据能够符合人们再利用的需要。确保数据监护高水准，还要具备对等的标注及相关资料的链接。

（2）数据归档（Archiving）

数据监护的任务之一。指对数据进行合理选用和存储，确保其逻辑上和物理上的持续完整性、具备可获取性、安全性和可靠性的活动。其从内容层面确保了数据的可用性。

（3）数据保存（Preservation）

数据归档的任务之一。是对具体数据进行持续维护，保证其能够被长期有效读取并理解，从技术方面确保数据的可持续性。

2. 数据监护相关技术及平台

（1）元数据

元数据即关于数据的数据，为了对信息存储进行规范，通常以学科或领域为单位进行元数据定义。目前，国内外科学数据库及数据平台对科学数据的管理多采用元数据的方式。但由于其未有统一规范，在团体及个人制定时都是按照自身的具体应用，导致元数据模型较多，虽然如此，元数据仍是信息组织的重要工具，在部门可以影响的范围内对信息组织仍然发挥重要作用，对信息组织起到积极效果。

（2）本体

最早本体（Ontology）是哲学上与认识论相对的概念，主要研究客观存在事物的本质，是对事物客观存在系统的表述。伴随信息技术发展，本体被计算机和人工智能研究的学者利用。其展现用户都认同的知识，反映领域中共同认可的概念集，针对的是用户团体。推动信息在异构本体之间交流是其映射目的，它通过对异构本体之间语义关系的形式化表达，不改变原本体内容，通过匹配相关概念元素的相似度，在异构本体之间建立语义关联，使两个本体可以使用同样接口对同一概念达成共同认知。

（3）主题词表

主题词表即叙词表。是文献检索时对主题进行标引的工具，由一系列规范的数据组成，可以体现相关主题内容。其由主表、类目表、语法语义关系表等多个表构成。它是规范化、组织性、能够体现主题内容且已经被定义了的名词的集合体。主要包括主表、类目表、语法语义关系表、主题词字顺表及主题词属分关系的所有元素等内容。

3. 数据监护的实施方案及措施

（1）制定明确的发展规划及策略

总体而言，数据监护发展策略，即数据监护要能够推动经济可持续发展。其工作人员要有图书馆馆员和信息技术员，还要有相关学科学者，通过为科研人员提供高效服务，吸引其加入其中。

（2）追求良好协作

在"实现图书馆和科研团队的合作"的问题上，很多高校图书馆希望采取学科馆员服务模式。

（3）大力推行数据监护教育，建立信息化人才梯队

数据监护属于知识服务范畴，数据处理和管理办法来自信息管理，这是属于图书馆的特长。

三、高校图书馆个性化信息服务措施

（一）高校建设图书馆个性化信息服务的必要性

个性化信息这一服务理念产生的原因主要是基于以下几点：①由于互联网的迅猛发展，使得网上数字化信息资源空前庞大；②传统的信息服务只是单纯地注重数字资源的建设与组织，忽略了作为信息使用主体的人的主观感受。而且，由于信息量太过庞大，客户在使用信息的过程中经常会出现"被信息淹没"的困

境；③与个体用户所感兴趣的相关信息领域在广阔的信息全局空间面前属于一个非常狭小的范畴，由于全局信息相对于所有用户个体所具有的等距性，使得用户难以在短时间之内获取到自身想要得到的相关信息。同传统的服务理念相比，个性化信息服务的最基本特点就是"以人为中心"，个性化信息服务能够通过各种服务形式，满足每一个个体用户的信息需求。也就是说，个性化信息服务主要是按照用户所提出来的具有清晰指向性的要求，为个体用户提供更为专业的信息服务，或者是通过对用户的个性、使用习惯等进行分析，进而主动地为客户提供可能需要的信息服务。例如，学生在登录个人账号进行图书查阅之后，会留下查找与浏览的痕迹，系统就可以根据这些信息，准确分析用户的读书偏好，并主动向学生推荐同类型的书目。

（二）高校图书馆个性化信息服务势在必行

在当今社会中，信息技术的迅速发展使得人们对于信息资源的需求不断增加，信息资源的重要性也变得更加突出和重要。作为知识传播重要源泉的图书馆，在工作环节中慢慢转变了传统的工作模式，为读者阅读提供了新的服务方式，开创了图书馆服务模式的新局面，也就是目前经常提到的个性化服务体系。

个性化服务中主要包含了个性化信息服务、个性化信息搜索服务、个性化定制服务、个性化推荐服务、个性化提醒服务及个性化信息代理服务等多种类型。相较于以往图书馆的整体工作模式来说，个性化服务是一种新型的服务方式，是与读者交互之中所产生的一种信息化与综合化体系。根据收集读者传递所需要的信息，基于不同读者的需求定制出合理的服务方式，进而提高服务质量。

所谓个性化信息服务，就是利用现代信息技术，根据用户的知识结构、信息需求、行为方式及心理倾向等有的放矢地为具体用户创造更加符合其个性需求的信息服务环境，为其提供定向化的预定信息和服务，并帮助用户建立个人信息系统。

用户需求是高校图书馆服务工作得以存在和发展的重要前提，用户的需求行为会直接影响图书馆所提供的服务内容。所以，只有加强读者信息需求行为特点的研究，积极引导用户需求，才能够有针对性地开展个性化信息服务工作，满足读者的个性化信息需求。在网络环境下，吸引用户接受个性化信息服务的第一步就是引导用户的个性化信息需求。用户的个性化信息需求，既是信息服务提供者提供个性化信息服务的重要因素，也是他们提高个性化信息服务质量的动力。

（三）大数据环境下高校图书馆个性化信息服务策略

1. 针对个性化信息服务的资源整合

资源整合是图书馆信息服务个性化、数字资源多样性发展的重要产物，是高校图书馆提供个性化信息服务的有利基础。图书馆对信息资源进行整合能够使用户在统一的数据存取模式下，通过统一的用户界面完成对不同数据库和网络资源的有效检索。在各大高校开展个性化信息服务以来，有很多高校图书馆通过各种形式，建设了很多高质量的数据库，使得图书馆的电子书刊、网络数据库等数字化信息资源得到非常显著的增加，为读者提供了更多的信息来源和获取信息的渠道。但是，在引进的过程中也出现了一系列的问题。图书馆大量的数字信息资源通常是由不同的数据商所提供的，不同的数据商制作数据库的格式会有所不同，不同的数据库配合使用的检索软件也会各有不同，而且每个数据库所支持的检索算符与使用的检索语言也会存在一定的差异，诸多因素造成的直接后果就是，检索效率较为低下，检索结果不够准确，而且增加了检索的难度，浪费了用户大量的时间和精力，给使用者带来诸多不便。因此，将这些不同的、无序的信息资源的诸多要素有机地整合成一个整体，使得一般用户在一个较为简单、友好的公共使用界面上，利用一种检索方式或利用一个有效检索词，就能够得到面向检索主题的"一步到位"的信息服务，成为信息资源检索发展的必然趋势。

建立新型的用户服务模式，将以用户为中心的集成信息服务与个性化定制服务进行有效结合，使信息资源组织体系得以满足用户多元化、多层次、个性化信息需求，也是改进数字化资源的利用率，提高服务质量的必由之路。信息资源的整合主要是指由计算机网络和相关技术共同构成的系统，实现信息资源的集中管理以及跨平台、跨数据库检索。整合不同的数据资源与信息资源，构建一个异构数据库信息共享平台，建设一个统一的检索系统和用户界面，实现用户单一的检索表达，在一个包含各种不同信息资源的集合中得到响应，从而实现多个异构信息资源库的统一检索。

2. 树立个性化信息服务理念

随着时代的不断进步与发展，高校图书馆用户的素质也在不断提高，观念也在不断发生改变。现在的用户看重的不仅是图书馆的资源与先进的技术手段，更看重图书馆在服务中所体现出来的人文关怀。个性化信息服务是网络环境下在用户个性需求基础之上出现的一种层次较深、主动性较强的新型服务。要开展达到用户满意的个性化信息服务，图书馆馆员必须更新其管理与服务理念，牢固树立"以人为本，用户（读者）至上"的人文关怀服务理念，并自始至终将这一理念贯穿于日常信息服务的各项环节中。

"以人为本"的个性化信息服务理念，以尊重用户、关怀用户为宗旨，吸引用户积极参与，研究用户的兴趣和行为习惯，了解用户的专业背景与学术研究方向，为其选择更加切合实际需要的信息资源，把信息主动推荐给用户，为用户提供具有针对性的充满人性化的信息服务。与此同时，还应该及时与用户进行沟通，加强交流，根据其信息需求的改变及时修改服务模式，为用户提供高效率、高水平的信息服务。

3. 深化 My Library 信息服务系统

My Library 是目前高校图书馆个性化信息服务的主要模式之一。但是较低的使用率使得高校图书馆必须对 My Library 做出改变与升级。目前，大部分高校图书馆不能够根据用户的检索历史、爱好、习惯等主动提供个性化服务，即便提供了，也是用户自己根据需求选择相关类型，图书馆不能为用户提供智能的个性化服务，或者说不能提供基于读者的智能个性化信息服务。智能化的信息推荐在商业范围内已经有了广泛而且比较成功的应用，如购物网站可以根据用户的浏览、搜索及购买记录，主动为用户推送可能感兴趣的商品。目前，高校图书馆应对读者实现这种"猜你喜欢"类型的信息推荐，在技术上来讲是比较容易实现的，但是，高校图书馆应该注意的是，在推送时，重点应该是主动推送和以读者为出发点进行推送。此外，高校图书馆的用户相对于公共图书馆来说还具有一个显著的特点，即高校图书馆能够明确了解用户的所学专业与年级，同时校园生活也有着明显的规律。所以，图书馆可以根据用户的专业以及当下所经历的学习生活（新生入校、毕业、期末考试、招聘季等），主动为读者进行信息推荐。

4. 提高图书馆馆员专业素质，培养个性化服务团队

在提供个性化服务的过程中，图书馆馆员的素质至关重要。图书馆馆员不仅对图书馆的馆藏资源有所了解，而且始终在图书馆服务的第一线，与用户的频繁接触，使得他们对于用户的需求有比较准确的把握。所以，建立一支思想端正、知识结构合理、业务精通的高素质复合型服务团队是做好高校图书馆个性化服务的重要保证。目前来看，虽然图书情报专业的人才有逐渐增长的趋势，但是图书馆馆员的总体队伍建设仍然远远不能满足现实的需求，所以，提高图书馆馆员的素质已经成为个性化信息服务发展的迫切要求。基于此：第一，图书馆应该广泛吸收多专业人才，提高馆员待遇和社会地位；第二，图书馆应该增加对现有馆员的业务培训，通过讲座、学习提升他们的业务素质和服务意识；第三，应该努力提升其工作效率，合理分配人员，采取一些有效的激励机制，提升馆员们的工作积极性和成就感，增强竞争和忧患意识。

5. 做好信息安全与隐私保护的工作

安全与个人隐私的保护是信息时代用户非常重视的一个问题，也是高校图书馆个性化信息服务中至关重要的一个方面。个性化服务在开展的过程中，会要求用户提供一些个人基本情况，这就会涉及个人隐私的问题，图书馆有责任对这些信息进行合理保护，不为他人窃取。同时，用户有时会出于对个人隐私保护的顾虑，可能会在定制个人信息推送时，隐瞒部分重要信息，尽管这对于图书馆准确把握用户信息需求造成了一定的障碍，但对此，图书馆应该予以尊重，并通过更加真诚的服务，更好的技术手段，来保护用户隐私，与用户之间建立更好的信任关系。

6. 强化对用户需求的调研和用户培训

首先，高校图书馆应该不断探索与调研服务用户的实际需求，高校图书馆能够借助图书馆自动记录系统，利用大数据技术分析用户的检索偏好以及用户信息，充分挖掘用户的实际需求，建立用户个人信息数据库，然后结合用户需求，从海量的信息资源中选择出用户的需求信息，并将其推送给用户；其次，高校图书馆还可以借助如今的社交网络、社交平台，如微信、微博等与用户进行实时的互动和交流，获取用户需求，然后有针对性地对服务进行改善与优化；最后，高校图书馆也应该加强对用户的培训力度，要通过定期举办专题讲座及数据库使用培训工作等，使用户充分了解图书馆各个模块的功能和数据库的使用方法，提高用户的检索技能，帮助用户快捷地获取所需要的信息资源。

7. 借助大数据技术完善信息检索系统

在如今这个大数据环境下，信息资源呈现爆发式的增长，高校图书馆结构化及非结构的信息资源与日俱增，信息资源类型多种多样，完善的信息检索系统是用户获取有效信息的重要途径，这就需要高校图书馆借助大数据技术不断构建并完善图书馆信息资源检索引擎，有针对性地为用户提供高效的个性化信息服务。高校图书馆可以借助大数据挖掘技术对用户信息进行充分的挖掘，探索用户行为信息，分析出用户的实际需求，然后针对用户需求完善信息检索系统，提高用户获取有效信息的准确度，为用户提供优质的推送服务。此外，高校图书馆还可以借助大数据技术建立智能化搜索引擎，满足用户个性化移动检索的需要，打造全新的个性化信息检索系统。

第三节　高校图书馆学科服务

一、高校图书馆学科服务机制构建

（一）高校图书馆学科化服务机制的特征

1. 多层面的主动性

主动性是学科化服务机制的一个非常显著的特征，由此带来的就是多层面的主动性成为学科化服务机制主要特征的必然性。学科化服务机制是学科化服务良性发展的重要保障，在主动性方面重点体现在三个层面：对外即对用户的主动性；对内即对图书馆自身建设的主动性；学科化服务整体运行环境营造的主动性。这里所提到的对内和对外是从图书馆的角度来对学科化服务机制进行理解的，主动性贯穿于学科化机制建设的全过程。

2. 多学科的交叉性

学科化服务机制涉及的因素非常多，是学科化服务可持续深化开展的重要保障，需要协调各个方面的关系，整个机制的构建是一种多学科高度交叉、综合运用的结果。这种研究方法与研究问题的重组，一般都能够产生很多新的发现，从而使学科化服务得以蓬勃发展，在学科化服务机制建设过程中，图书情报学、管理学、心理学、组织行为学等学科互相渗透，共同推动学科化服务健康深入发展，同时多学科的交叉也能够推动学科化服务进一步创新发展。

3. 多角度的交互性

互动推广机制作为学科化服务机制建设的一个重要内容，其涉及图书馆与用户之间、学科服务人员之间、图书馆各部门之间等诸多方面的交互，而且会涉及资源推广、服务推广与理念推广等内容，在整个学科化服务过程中，用户参与度成为衡量学科化服务成效的一个重要因素。互动推广程度的深浅和水平的高低会直接决定学科化服务整体效能发挥的程度，多角度、最大限度地实现交互性也成为学科化服务机制建设应该重点关注并加以合理解决的重要问题。

4. 多维度的延展性

学科化服务机制的建立与合理运行，是学科化服务良性运转的客观保证，也是大学科、大服务背景下图书情报机构深化学科服务的必然要求。学科化服务机制可以确保学科化服务能够较好地满足用户的需求，其中包括当前的现实需求和将来的潜在需求，并以此提高图书馆的核心竞争力。科学合理的学科化服务机制在突破学科化服务诸多瓶颈制约的同时，也会带来学科化服务新信息产品与新服务方式，这也能够在更大程度上满足用户日益提高的学科资源与服务需求。

5. 全方位的保障性

学科化服务机制的核心作用在于其通过采取有效措施，强化内外调控，改善学科化服务工作中存在的诸多矛盾和不足，使学科化服务工作的发展更加顺畅，进而保障学科化服务成效的不断提升，最终实现学科化服务的根本目标。通过对学科化服务组织与运行变化规律的探寻，建立起一系列有利于学科化良性发展且高效的保障措施，为学科化服务营造良好的发展大环境。学科化服务机制是对学科化服务的全方位保障，对保证学科化服务工作持续健康发展起着基础性、根本性的作用。

（二）大数据下高校图书馆学科化服务机制遵循的基本原则

1. 导向性原则

导向性原则也就是方向性原则，是学科化服务机制的首要原则。学科化服务的可持续发展，必须具有科学适宜的服务机制为引导，这样才能够确保服务成效的切实提升。学科化服务机制要有科学的导向性，科学合理的服务机制能够引导学科化服务工作向正确的方向发展。通过机制建设，明确学科化服务工作的地位和角色，积极引导用户、相关部门及人员广泛参与到学科化服务工作中来，凝聚集体智慧，全力服务学科建设。还应该将学科化服务发展的远景目标与服务现实进行紧密结合，规范服务内容、方式与手段，充分发挥学科化服务在图书馆各项工作中的引领和示范作用。

2. 整体性原则

学科化服务是一个有机的整体，学科化服务机制整体性原则要求从整体上，用系统的观点和方法去规范并实施学科化服务，确保学科化服务的效能得到最大限度的发挥。整体性原则主要包括三方面内容：一是要确保学科化服务工作的整体推进，这就要求在关注各组成部分的基础上，要注重协调学科化服务各个方面的相互关系，强化对服务的统筹规划，使学科化服务得以全面发展、协调发展；二是要确保学科化服务内容的完整性，做足学科化服务基础工作，使服务内容全面、系统、扎实；三是要营造学科化服务良好发展的整体环境，在学科化服务涉及的各要素中形成完整系统的学科化服务观念。

3. 层次性原则

层次性原则是学科化服务机制建设过程中所应遵循的一个极为重要的原则。对于学科化服务实质的确切理解，是做好学科化服务工作的重要前提，在当前学科化服务实践过程中，普遍存在着一种偏离学科化服务本质的理解，那就是盲目视学科化服务为高端，视其为"高层次"的代名词。层次性要求在学科化服务中，要以用户为中心，全面考虑用户需求的多层次性。学科化服务是一项全面系统的学科建设保障，更多的是需要大量的基础性工作的解决与完善。所以，应该充分协调各层次用户需求和各相关要素之间的关系，在服务内容、服务方式等不同方面全力满足不同用户的需求特点，做到学科化服务工作的协调发展。

4. 针对性原则

学科化服务涉及面比较广、综合程度也非常高，在用户服务过程中，必须要具有极强的针对性，才能够做到有的放矢，在整体推进的基础上获得突破性进展。厘清学科化服务各相关要素之间的关系，对用户需求与图书馆自身资源、人员等情况进行详细调研，避免服务的盲目性，最大限度地提高学科化服务效能，对于图书馆自身实际、对用户需求进行客观准确的评测以及学科化服务的成效评估，应该是学科化服务机制构建的重点关注内容。学科化服务过程中，应该根据用户特点和图书馆自身客观条件，综合考虑学科化服务影响因素，明确适宜的服务内容，选择适宜的服务方式，使学科化服务更加符合客观实际。

（三）大数据环境下高校图书馆学科化服务机制构建

1. 队伍建设机制

队伍建设是高校图书馆学科化服务工作深入开展的最有力的保障，是做好学科化服务工作最重要的环节。服务人员是学科化服务的具体实施者，更是学科化服务的根本。没有高素质的学科服务人员以及高水平的学科服务团队，优质的学科化服务也就无从谈起。所以，充分调动学科服务人员的积极性，充分发挥学科服务人员的主观能动性，是学科化服务得以获取实效的关键所在。应该紧紧围绕学科化服务大局，切实提高队伍建设的科学化与规范化水平，凝聚学科化服务最大合力，这样才能够全力支撑学科建设发展。提高学科服务人员的整体水平，打造高素质的学科服务团队，才能够从根本上激发图书馆学科化服务的最大潜能。

2. 资源建设机制

资源建设是学科化服务的基础，也是学科化服务的核心要素。没有优质的资源保障，学科化服务就会成为无源之水、无本之木，其他服务就无从谈起。资源建设是图书情报机构赖以存在的重要基础，是学科化服务质量与水平的直接影响与决定因素。强化自主创新，为学科资源的整合、开发与优化提供全方位保障，奠定学科化服务的资源基础，是学科化服务机制的重要内容。在当前大数据环境下高校图书馆在资源建设方面依然存在很多不足，如配置不合理、重复建设、开发深度不够、基础性工作不牢固等问题，学科资源建设广度与深度的协调发展成为资源建设机制迫切需要解决的问题。

3. 组织保障机制

组织建设是发挥学科服务人员潜能、贯通相关部门、协调学科化服务整体工作的必然要求。当前学科化服务的制约因素很多，在组织建设方面尤为突出，图书馆现有组织结构已经不能够很好地满足学科化服务发展目标的需要。当前我国图书馆组织构架仍然以传统读者服务为基础，部门业务条块分割，划分也比较严格，学科服务功能彰显程度较弱，学科化服务整体统筹效果差，人员配备不合理导致学科服务工作纵向执行与横向协同程度差等，这在很大程度上成为制约学科化服务深化开展的重要因素，大数据时代高校图书馆学科化服务深化发展，组织结构变革势在必行。

4. 构建机制

学科化服务品牌是用户对学科化服务产品与服务功能的认识，服务品牌对学科化服务工作的开展具有很大的感召力与示范效应。品牌构建是学科化服务发展到一定阶段，为全面提升学科化服务价值而进行的必然选择。服务品牌建设需要考虑到服务品牌定位、服务品牌形象、服务品牌传播等内容。服务品牌代表学科化服务产品和服务功能，是站在用户角度对学科化服务价值的说明，对于提升学科化服务整体形象具有重要的影响。作为服务理念和价值观的集中体现，服务品牌构建对学科化服务工作开展具有积极的促进作用，对图书馆自身的发展具有重要的战略意义。

5. 互动推广机制

图书馆与读者互动的广度和深度，会直接影响读者对信息资源的利用效率，直接影响图书馆教育职能的发挥。学科化服务强调走进院系，嵌入用户科研过程的同时，加强与用户的互动融通，以有效的方式让用户了解相关的资源和服务，成为学科化服务深入发展的重要推动力。只有与用户良好的互动融通，才能够深入了解用户需求，提高学科化服务水平。图书馆与用户交流融通在学科化服务过程中会起到至关重要的作用，互动的效果及效率直接决定着学科化服务的整体效果与水平。必须采取有效的方式，加强与用户的沟通与交流，才能做出切合实际的学科化服务工作。

6. 协同创新机制

学科化服务作为一项复杂的系统工程，其涉及诸多要素，只有相关要素之间通力协作，才能够充分凝聚学科化服务力量、创新学科化服务发展，使学科化服务软实力得到充分发挥。协同理顺学科化服务关系、创新激发学科化服务潜能，应该从战略高度协调学科化服务相关要素关系，这样才能够为学科化服务的科学规划与合理布局奠定良好基础，才能保证学科化服务的科学、健康与可持续发展。作为提高自主创新能力与效率最佳形式和途径的协同创新，也成为破解阻碍高校图书馆学科化服务发展瓶颈问题的重要途径，其在推动高校图书馆学科化服务工作深化发展中具有非常重要的理论与现实意义。

7. 成效评估机制

随着用户需求日益提高及学科化服务工作的深化开展，图书馆与用户之间的信息服务供需矛盾也日趋突显。全面提升学科化服务成效，使学科化服务供需矛盾得以有效缓解，更好地发挥学科化服务对高校学科建设的强力支撑作用，达到图书馆与高校学科建设共同发展的双赢，已经成为学科化服务深入开展的关键所在。学科化服务有其固有的特点，其成效提升是一项理论性与实践性均非常强的系统工程。学科化服务成效评估较之图书馆其他方面的评估涉及面更广、情况更为复杂，学科化服务成效提升策略的制定与实施在促进图书馆深化开展工作方面更具代表性。

8. 体系构建机制

学科化服务体系建设关系到图书馆乃至学校学科建设的全局，是开展学科化服务工作的重要保障。学科化服务作为高校图书馆工作的重点和发展方向，必须为其营造良好的服务保障环境，使学科化服务工作的实施更具针对性、专业性、持续性和权威性。学科化服务体系构建涉及面广、专业性强，关系到图书馆、用户及学校的整体发展。学科化服务体系建设是高校学科建设的重要组成部分，构建科学合理的学科化服务体系，对于学科化服务工作的深入开展，提升图书馆学科化服务工作成效，提高图书馆的核心竞争力，使其更好地服务高校学科建设等都具有极其重要的意义与作用。

二、高校图书馆学科服务模式构建

（一）学科服务模式

1. 以学科馆员为主体的组织管理模式

高校图书馆学科服务是学科馆员面向特定学科领域，作为用户的合作伙伴，为其提供个性化的学科知识信息服务的一种活动。在网络技术、数字技术的强力支持下，学科馆员的服务与学科用户需求更加学科化、专业化、知识化，而图书馆、学科、院系、学科馆员、学科用户之间的关系越来越密切，学科服务想要成功必须要有图书馆、院系、学科馆员及学科用户等多方面的协调与配合。与此同时，由于学科的交叉发展，学科服务中要完成不同的任务，各个学科之间还应该相互渗透、相互协调，成员之间应该做到相互借用、相互支持，学科服务还需要学科之间的组织协调。在整个学科服务活动中，学科馆员都是主体，起着共为核心的作用。

为了使各高校图书馆学科服务工作能够持续健康的发展，各高校图书馆应该结合自己学校学科建设与自身的实际情况，以学科馆员为主体组建合理的学科服务组织与构建管理模式。具体做法为：在本馆学科服务明确的宗旨和目标定位下，借鉴目前国内比较成功的经验做法，以学科馆员为核心明确适合本馆的学科服务管理模式、设置相关的学科服务组织机构、选拔合适的管理人员和学科服务队伍成员。然后根据本馆学科服务的管理模式与组织机构设置，完善学科服务管理运行机制，制定切实可行的学科馆员管理制度，明确学科服务成员的岗位职责和任职的资格条件,进而制定科学合理的学科馆员遴选办法,根据本馆学科服务的内容与深度,制定符合实际的管理考核办法和评价指标体系,为保证学科服务的健康持续发展,同时还应该加强学科服务队伍的建设,对学科馆员进行专业基础理论与技能的培训教育,并制定完备的学科馆员培养培训教育方案。

2. 以学科知识服务为核心的学科资源组织模式

学科知识服务是学科馆员通过对学科用户的学科知识需要及问题环境的分析,根据学科用户的问题与环境,与学科用户共同对相关学科信息、知识,进行收集、加工、重组、分析与整合,挖掘发现并提炼出可以有针对性地解决学科用户问题的信息知识的动态连续性服务。其本质就是根据学科用户的知识需求为其提供个性化服务与学术层面的服务。它要求把信息资源的采集、加工、重组、开发、利用等工作环节融入每个学科单元中,根据不同的学科组织相应的信息资源,由于学科的交叉发展,各学科信息资源都会具有交叉重复的情况,因此,要求在图书馆与学科服务组织的协调下,对其进行重组与整合,达到资源共享,信息集成。

当然,随着科学技术的不断进步与发展,使得各种交叉学科、边缘学科和综合学科不断产生和发展,如果仍然实行比较单一的分学科组织资源,难免会出现资源的重复建设,所以,作为图书馆必须站在全局的高度,根据学校学科建设的总体规划对学科资源进行融合、类聚与重组,使所有的学科信息资源能够重新结成一个新的有机整体,形成一个效能更好的、效率更高的新的信息资源体系,为学科建设决策与学科教学和科学研究提供信息保障。

3. 以学科用户为中心的学科服务工作模式

学科服务的一个非常重要的目标就是学科馆员通过有效的组织机制与途径为学科用户提供学科信息服务以满足学科用户的信息需求。具体的工作模式是有效的组织机制与途径的重要表现和反映。

基于岗位的团队化工作模式通常是从组织机制方面进行考虑,由于学科服务对服务人员素质要求比较高,尽管学科馆员的个人素质都很高,但并不是全才,单个馆员独立工作不能够满足学科用户专业化、个性化及系统化的深层次服务需求,这就要求学科服务必须依靠团队的力量,只有团队才能够创造一种不断学习与尝试、相互信任和促进的氛围。需要结合学科服务工作的具体流程、环节与工作目标任务，分别负责学科联络、学科知识信息资源组织、学科情报分析、学科信息服务等任务，并根据不同任务明确的职责来组建团队，通过团队成员的协同工作来完成系统化、深层次的学科服务工作。在团队化工作模式中团队成员为了完成各自的工作任务，具体的操作方法与实现形式也会有所差异，因此也就少不了面对面的现场交流、电子邮件往来、委托代理服务等。

在网络化社会中，利用网络获取资源成为人们利用信息的主要方式。网络为高校图书馆学科服务提供了有效的虚拟交流渠道，学科用户的需求通过网络及时反映到学科馆员，使学科馆员能及时获得，网络学术资源导航、BBS、微博微信、维基等信息交互服务为学科馆员提供了多样服务，同时网络缩短了学科用户间的距离、加强了其中的协作与合作等。

（二）大数据时代高校图书馆学科服务的转变

1. 学科服务应从静态走向动态

学科服务是为学科的发展提供相关的文献或技术上的支持，在大数据环境中，学科服务的时效性显得更为重要。人类行为在时间与空间上都具有一定的异质性，所以用户的信息需要一般都是复杂的、多维的、异构的、变化的甚至是冲突的。如果学科馆员仍然仅走自己的科研道路，不与学校学科发展与当代学科前沿紧密结合，这种服务也只能是纸上谈兵。大数据时代的学科服务是全程动态的，一个课题或一个项目的研究，现在不可能只依赖单一的技术手段或知识理论，其会随着研究的深入不断发生变化，这种变化就是大数据的魅力所在，它可以给陷入僵局的研究带来转机，能够为研究者带来新的角度去深层次发掘数据的其他角度。但是这些工作需要一个具有学科背景又懂得信息技术的多面人员来完成，而这正是体现当代学科馆员服务价值的核心。所以，当代学科馆员必须成为多面人才，随时应对相关学科带来的各种挑战，这需要学科馆员由以前的被动研究，转变为现在的主动学习。从学科教学、建设、发展等众多方面不断学习，掌握更多的信息技术，进而为学科发展的及时需求提供服务。

2. 建立不同学科服务的信息桥联系

大数据时代学科与学科之间的交叉越来越多，相关学科的科研成果有可能对本专业的研究形成巨大推动力，所以掌握相关学科研究情况对本专业研究具有非常重大的意义。目前，图书馆学科服务的信息桥联系并没有建立，学科馆员大多数也只了解本专业学科，所以，建立学科之间信息桥联系是图书馆学科服务转型，适应大数据时代发展的一个重要步骤。利用互联网技术和高校学科信息共享机制能够建立学科服务信息桥，同时也可以创建多种在线服务模式解决师生在工作和学习中遇到的各类跨学科问题。

（三）大数据时代高校图书馆学科服务模式的构建

1. 建立健全有效的管理与运行机制，实现学科服务的可持续发展

为了保障学科服务能够正常进行并达到理想状态，可以实行嵌入式学科服务，建立有效而又完善的管理和运行机制是嵌入式学科服务的重要前提。首先，目标应该明晰，对嵌入式学科服务工作的开展制订详细的计划；其次，应该针对学科馆员的工作，完善评估准则，加大考核力度，创立行之有效的、快速的常态化反馈机制，对用户的反馈意见应该多方面、多渠道地搜集，在及时回复的同时也要不断解决和完善，这样不但可以提高学科服务的质量与效益，而且能够使更多的用户参与进来，使学科服务得以持续更好地发展。

2. 提升服务意识和成效，创立品牌服务效应

具有情报分析功能的图书馆应当充分发挥自己所具有的优势，并借助这种便利为相关职能部门与领导提供专业、全面的研究分析报告，如学校科研竞争力分析、机构或个人科研投入与产出分析、院系教学绩效评估、学科发展与评估等。一方面，通过提供高水平、优质的创新性情报服务产品，能够建立图书馆独特的品牌服务效应，进而提高图书馆的形象和影响力；另一方面，根据详细真实的数据与客观事实，为学校的教研和科学管理者提供科学有效的决策。

3. 构建专门的学科服务平台

在以往的图书馆建设过程中，数据库资源没有针对性，所以很难满足学校用

户的需求，真正的图书馆平台应当是一个为各个学科搭建一个人性化服务的平台，通过这种个性化平台的加入使图书馆的学科服务成为体系。在传统的图书馆学科服务平台中，图书馆馆员与用户的沟通不足，缺乏沟通所导致的直接后果就是服务人员不清楚用户真正的需求是什么，这样导致的直接问题就是图书馆不能很好地参与科研人员的工作，在科研项目的立项、方向的确定等方面不能很好地进行跟进与服务。同时，由于交流的不便使得学科馆员不了解用户的具体信息需求。因此，在图书馆的学科建设中，这些问题都是亟待解决的，而为了改善学科服务中存在的问题，应该将图书馆馆员、用户与信息资源三者紧密联系在一起，让这三方面形成一个沟通无碍的平台，这样需求与问题的解决就能够在第一时间内完成。例如，上海复旦大学引入资源共建平台，在这个平台上用户能够实时上传其需求，而图书馆馆员也可以第一时间看到需求，并通过强大的图书馆信息资源库进行问题的分析处理与整合，最后根据用户的实际需要提供切实可行的方案与资源。同时，为了方便图书馆馆员和用户之间的沟通和交流，还应当积极搭建各种通信平台，如建立网上在线服务、学科服务微博、微信平台等，全方位、多领域地开展需求满足服务，使得图书馆在科研工作中的作用逐渐凸显。

4. 学科服务模式的功能构建

为了实现对用户属性标签集成化管理和学科服务智能化的需要，学科服务模式的平台功能应该包括以下四个方面：多个系统之间数据集成；在确保信息安全的前提下共享数据；良好的数据获取与推送机制；互动的数据交流功能。多个系统之间数据的集成主要包括数据资源的集成与用户标签的集成管理，把散落在不同地方的数据集成起来，设计结构化的标签体系与分类体系，包括数据目录、数据多维分类属性及用户标签命名规范，使多源的数据能够被系统地规划和整理。

当所有的数据文档都能够实现集成管理时，如果想要实现安全的共享，即向需求用户在合适的时间推送恰当的数据，就必须通过多种类型的权限管理方式建立信息共享安全机制。当共享数据的量与质达到一定规模时，为了保证有价值的数据在需要的时候可以被有效地获取，学科服务模式应该构建良好的推送机制，通过强大的跨平台搜索功能，根据用户属性标签，把价值数据进行系统与关联的显性呈现，并以此派生出用户需求数据的知识关联图，即关于某一个主题数据的聚类显示，使学科馆员与相应主题研究用户对于所查询领域的数据有系统的了解。大数据学科服务模式同样需要互动交流功能，把后台的数据运行与前台的互动服务结合起来。

三、高校图书馆学科服务评价

（一）学科化服务评估的必要性和意义

1. 科学有效地衡量学科化服务质量，完善学科馆员制度

学科化服务具有高水平、深层次、针对性强等特点，服务水平很大程度上代表了高校图书馆的服务水平，服务质量的高低，会直接反映出图书馆的服务能力，影响服务成效，关系到学科化服务的长远发展。学科化服务的内容和质量是否能够满足用户需求，以及满足的程度，严格来说，都必须通过科学的评价实现。所以，对学科化服务质量进行全面、科学、客观的评价既是完善学科馆员制度的需要，又是评判学科服务质量的客观依据。

2. 促进服务方式的改进，提高服务质量

学科化服务实施过程中，学科馆员发挥着至关重要的作用。学科馆员充分发挥自身的专业水平与服务技能，充分挖掘与利用图书馆资源，为用户提供专业、深层次且具有针对性的服务，进而架起图书馆与用户的桥梁。但是，在实际服务过程中，学科的特性、学科馆员的专业能力与技能、学科馆员的组织、协作能力，以及用户的预期等差别都会引起服务质量和读者满意度的不同。通过评价，能够有效地掌握学科馆员的服务状况，便于对比服务方式、效果与内容的差异，不断完善学科化服务的内容、形式和方式等，为服务质量及方式的改进提供依据。

3. 体现学科化服务价值，展示图书馆服务能力

学科化服务是图书馆服务的一项新举措与新发展，其面向学科为用户提供主动、个性化、针对性较强的服务，可以较快地获得用户的接受与认可。在学科化评估过程中，用户的评价很大程度上反映了学科化服务的效果，综合各种因素，

通过对学科化服务进行多方评估，可以比较客观地反映学科化服务的成绩和价值，能够科学地、有效地向用户和领导反映学科化服务的真实效果，也便于通过评价结果向用户和领导展示图书馆的服务能力，从而便于为更高层面的服务改进和提升做出指导和规划。

4. 增强馆员的职业价值观和职业归属感，优化人员管理

学科馆员是学科化服务的主力军，也是学科化服务实施的主体，对于学科馆员的学科化服务进行评估，可以增强学科馆员的岗位意识。通过学科化服务富有挑战性、创新性的服务，综合提升学科馆员的业务能力和综合素质，为学科馆员的业务提升和职业发展奠定非常坚实的业务基础，培育学科馆员的业务技能，满足馆员对图书馆职业的价值归属与认同。通过评价，使学科馆员更具体地了解到工作的成绩、不足和差距，便于激励学科馆员向更高的目标和方向努力。学科馆员以外的馆员也能够通过评价认识到学科化服务的价值，增强对学科化服务的认同感，进而激发全馆对学科化服务的热忱和肯定，从而为学科化服务营造活泼的、创新的组织文化，促进馆员自觉追求学习、进步，有意识提高自身的专业技能。同时，通过建立健全学科化服务评估机制，将学科馆员的工作纳入图书馆的制度管理中，对馆员的工作进行评价、奖惩和激励，是调动馆员工作积极性、主动性、提高服务质量的重要手段。从而在提高全馆职业价值观和归属感的同时，优化了图书馆人员管理和人力资源建设。

（二）大数据下高校图书馆学科服务评价原则

1. 定位原则

（1）主体性原则

从服务角度来看，学科馆员是学科化服务的实施主体；从服务评价角度来看，学科馆员是学科化服务评价的客体，用户是学科化服务评价的重要组成部分。为此，在评价过程中，应该遵守主体性原则。即一方面，在评价工作中应该充分尊重用户的评价主体地位，以用户的实际感受或满意度作为评价的主要尺度，不管是评价方法的选择还是评价指标的设计或评价结果的确定，都应该将用户的意愿与认可度放在首位，这是由用户评价的主体地位所决定的。另一方面，

要充分认识学科馆员的服务在学科化服务中的主体作用。学科馆员的知识水平、服务能力、工作态度及其综合素质等都会直接影响到用户对服务的感知和体验,需要将学科馆员的综合评价作为评价的重要组成部分。

(2) 公平公正原则

学科化服务评估是要准确地揭示并反映学科化服务的状况,在各个环节中,需要始终贯彻公平公正的原则。在组织评价时,评价考核小组应该秉持公平公正的原则,制定科学合理的评价指标体系,以保证评估工作的有效性。考核标准要保持一致,考核评价要客观、规范、公正,避免或减少主观因素与感情色彩的影响,以事实反映学科化服务中的成绩和不足,并做到评估过程的透明化和评估结论的公正性,使得评估结果发挥对学科馆员工作的导向和监督作用。

2. 内容原则

(1) 内评与外评结合原则

内部评价与外部评价的主要区别在于评价实施主体,即由谁来评价的问题。学科馆员的内部评价是图书馆的考核评价,包括图书馆领导、所属部门主任的评价、学科馆员之间的相互评价和自我评价。外部评价是指相关学院的考核评价,其中以用户评价为主。把内部和外部评价结合起来,才能够确保评价工作的全面性。此外,强调学科化服务内、外部评价结合,对评价内容体系而言,由图书馆评价和用户评价结合,可以客观地反映学科化服务在不同层面的影响,评价效果更为理想和真实,也更具说服力。

(2) 定性与定量结合原则

定性评价就是对学科化服务工作过程和结果的性质进行评定,侧重于事物质的方面;定量评价则是对学科化服务工作过程和结果进行数量方面的判定,侧重于事物量的方面,也就是量化。对于学科化服务中不能够量化的内容,应该采取具体描述的方法,便于衡量。采取描述与量化相结合的方法,能够比较统一地把学科化服务中的可测性项目和不可测性项目呈现出来,进而使评价方法和体系更加完善。可以说,定性分析是定量分析的前提和归宿,定量分析是定性分析的补充和细化,两者之间既相互区别又相互联系,两者统一成为确定评价结果优劣的主要依据。同时,坚持定量与定性相结合,便于克服定性分析带来的主观性和片面性，较为客观地反映学科化服务的全貌，增强学科化服务评价的科学性和全面性。

3. 功能原则

（1）导向性原则

学科化服务的导向性原则主要体现在评价目的与评价发展的导向性。一方面，学科化服务评价应针对学科化服务的任务、内容、目标、特点和成效等，评价方法与体系既要能够如实反映学科化服务的真实水平，也应有利于促进学科化服务能力的进一步提高，起到导向的作用。另一方面，用户满意是学科化服务的目标，学科馆员是学科化服务的实施主体，在评价过程中，要有导向地体现学科馆员服务的创新性与主动性，并坚持以用户为中心的原则，注重用户感知，体现用户的价值取向和评判标准对学科化服务质量的影响。评价本身不是目的，学科化服务评估是要使其结果对学科化服务的未来发展有一定的方向引导性，对学科馆员自身的进步有所启发和帮助，不断完善学科馆员制度。只有评价而没有发挥出一定的指导和引导的评价，是消极的评价。

（2）可行性原则

对于学科化服务评价而言，可行性原则要求评价方法的可行性和评价体系的可行性相融合。方法的可行性是指评价方法适合学科化服务，保障评估的实施有所依托，不是主观判断，适合图书馆的馆情。评价体系的可行性是指评价体系能够客观、公正、科学地反映学科化服务的特征、内容和要求，能够较为全面和容易地获取评价所需数据，具有较高的可操作性，减少评价的实施难度。另外，评价方法与评价体系能够恰当地融合，对学科化服务的评价贴近实际，也是可行性原则的体现。

（三）学科化服务评估实施

按照学科化服务评估实施的过程，能够把学科化服务评估分为组织与执行两个部分。

1. 学科化服务评估的组织

大体上，学科化服务评估可以分为准备、实施与总结三个阶段。各个阶段之间既密切联系又相对独立，三个阶段循序渐进地完成，保证评价工作的有效性和科学性。

(1) 准备阶段

①成立评价考核小组。该小组负责对学科馆员的相关工作在服务质量、服务效果等方面给予客观公正的评价。

②制订评价方案。结合实际情况和学科服务评价范围，设计评价指标体系，选择评价方法。其中，指标的选择必须是非常明确的，可以衡量学科化服务的效果，同时注意非量化因素的影响。

(2) 实施阶段

①搜集评价信息。从学科服务体系方面全面收集评价信息。

②处理评价信息。评价小组应对搜集得来的信息进行核实，务求全面、真实可靠。并综合各方面情况和指标进行归纳与总结，对学科服务从总体上进行客观评价，并撰写评价报告。

(3) 总结阶段

考评小组及时反馈评估进展，公布评价结果。评价结果要与评价目的及指导相结合，通过评价及时确认工作中存在的问题，有效减少工作中的差错，从而达到通过评价改进工作，提高学科馆员服务质量的目的，促进学科化服务成效的改进。

2. 学科化服务评估的执行

(1) 立足现状，坚持科学性和客观性

学科化服务评估是对当前学科化服务状况的客观反映，所以，学科化服务评估过程中，需要立足于本馆学科化服务现状。通过科学的评价方法，客观真实地反映学科化服务中的成绩、不足和差距，以便为学科化服务改进和提升提供有力依据。

(2) 面向未来，注重导向性和前瞻性

学科化评估固然要立足现状，然而，从学科化服务长效发展考虑，需要对学科化服务评价的组织和结果进行导向性和前瞻性的规划和指引，保障学科化服务评估体系的发展性和兼容性，使得学科化服务能够通过评价，寻找到更广阔的发展空间。

(3) 阶段推进，保持整体性和长期性

学科化服务本身是一个长期的、不断完善的过程，在不同的阶段，学科化服务将表现出不同的内容和形式。因此，学科化服务的评估工作需要根据学科化服务的不断推进，实施不同阶段和层次的评价判断。坚持对学科化服务进行长期评估，体现学科化服务改进和提升的整体性，实现对学科化服务的整体发展评估。

第四节 高校图书馆社会化服务

一、高校图书馆社会服务的概念

图书馆界将高校图书馆社会服务的概念界定为："高校图书馆的社会服务是指高校图书馆在保证各自主要服务对象的前提下延伸向社会公众开放，采取多种形式，多种渠道（有偿或无偿）的文献信息服务方式，以接纳社会公众，允许他们利用图书馆内的各种信息资源，并为他们提供各种信息服务。"

从高校图书馆社会服务的概念中可以看出两层含义：一是高校图书馆开展社会服务的首要前提是其应该能够确保本校服务的正常进行，换句话说，就是高校图书馆服务的重点仍然是本校的教师和学生，应该把满足本校师生的教学科研服务当作首要任务。与此同时，高校图书馆也应该扩大其服务对象，不能仅局限于服务本校师生群体上，还应该具有接纳全社会成员，并为其提供服务的意识；二是高校图书馆应该采取多种服务形式，多种渠道地将所有资源向社会开放。例如，允许社会读者来图书馆查阅各类文献资料库，允许社会用户通过网络查看或下载电子文献资源等方式，使高校图书馆的资源真正实现共享，进而更好地为社会公众提供服务。

所谓社会化服务，就是高校图书馆读者工作的功能得以社会化。高校图书馆拥有十分丰富的信息资源，作为国家信息基础设施的重要组成部分，面向社会开放，为经济建设提供服务是高校图书馆未来的一个重要发展趋势。目前我国高校图书馆的任务就是要顺应时代发展的要求，突破传统的服务模式，在做好为本校师生提供教学科研服务的前提下，积极利用自身拥有的独特优势，尽可能地开展社会服务工作。高校图书馆服务于社会，其目的总体来说包括两个方面：一方面是利用有限的经费产生最大的社会影响，使社会知识财富进行再分配，社会公共资源得到合理的利用；另一方面是充分利用自身产生的价值赢得最大的社会支持，社会服务工作给高校图书馆指明了未来发展的方向，也让其承担起继续教育以及终身教育的重任。

高校图书馆开展社会服务应该具有开放的意识，要打破只为校内提供服务的思想束缚，突破传统模式，积极投身到社会的大环境中去，向社会开放资源，向社会提供服务，高校图书馆向社会提供服务时应该明确以下几点：第一，服务范围的确定，高校图书馆应该根据自己的条件，努力将服务范围逐渐扩大，使尽可能多的人得以受益，最大限度提高公共资源的利用率；第二，服务层次的确定，高校图书馆向校外读者提供服务时，也应该与校内读者一视同仁，提供多层次、深层次的服务；第三，服务内容与服务形式的确定，由于社会用户的需求可能会涉及社会的方方面面，这就要求图书馆的工作人员应该在服务形式与内容方面多下功夫，要扩大自身的视野，尽量做到满足各类组织与个人多元化的信息需求。与此同时，高校图书馆开展社会服务还应当遵从一定的服务原则，即以人为本、校内优先、循序渐进、共建共享等原则。只有这样，高校图书馆才能更好地适应社会各界的需求，从而得到更好的发展。

二、高校图书馆社会化服务的主要内容

（一）服务对象社会化

从传统意义上来讲，高校图书馆的服务对象主要是本校的师生，但是社会化服务的提出要求高校图书馆扩展视野，把服务对象扩大至社会成员。高校图书馆的社会化服务的开展必然会使服务对象由"师生读者"向"社会读者"方向延伸，使高校图书馆的服务延伸至社会各个角落，这能够充分体现出高校图书馆服务对象的社会化。但是，由于不同类型、不同层次的用户需要的信息资源在专业

内容、类型及深度等各个方面都会存在很大的差异,因此要求高校图书馆首先应该对所服务的社会用户进行分析与研究,充分掌握他们信息需求的特点;其次按照高校图书馆服务所能够覆盖地域的范围、人口密度及用户群体分布等来确定服务市场规模的大小。高校图书馆社会化服务的基本内容就是服务对象的社会化,也就是说服务对象要能够体现社会化的特点,从服务对象的范围来看,高校图书馆社会化服务对于所有人一视同仁,都有享受服务的权利;从服务对象的所属单位来看,不再局限于本校的师生、其对象延伸至政府部门、城市社区、企事业单位,也可以是农村或其他社会团体;从服务对象从事的行业来看,可以是涉及一切人类科学的各行各业。

(二) 服务内容社会化

高校图书馆社会化服务的进行,要求高校图书馆服务的内容也要随之社会化。由于社会各类用户对于信息的需求越来越多,而且不同用户所需文献信息的内容也会存在差异,高校要了解用户的信息意识、信息接受能力、个性化需求,以便为其提供所需的准确信息内容。高校图书馆服务内容的社会化体现在其涉及面广、几乎扩展到社会的方方面面。政府在处理政务、服务人民的时候需要了解全面而又准确的信息,以便于其参考并做出科学的决策;科研部门的工作对于社会的发展具有非常重要的意义,在科研选题阶段、课题研究的阶段及最终结果的分析阶段,收集信息、利用信息都对其非常重要;企业新技术的发现与应用、新产品的开发与生产、新市场的扩展等更是离不开信息;农业知识的普及、科技的提高及城乡居民生活娱乐等方面都与信息分不开。这就为高校图书馆的社会化服务提供了非常广阔的空间,给高校图书馆带来了良好的发展契机。

(三) 服务功能社会化

高校图书馆的基本功能是为教学科研服务的,这种观点严重束缚了高校图书馆工作人员的思想,也把高校图书馆的功能禁锢在了高校的围墙之内。高校图书馆社会化服务要求其摆脱对高校图书馆功能的狭隘定位,将高校图书馆的服务功能社会化,即充分利用高校图书馆的资源,采取多种方式、全方位地向全体社会成员开放，使其可以更好地满足各类社会用户多元化的信息需求，更加充分地发挥高校图书馆在人类进步、社会发展、经济腾飞及文化提升等诸多方面的功能。具体来讲，主要表现在：高校图书馆能够为中国经济的快速发展以及中国参与国际市场竞争提供强有力的信息支撑，为社会的进步做出巨大贡献，高校图书馆可以为和谐社会的建构提供知识、人才资源等方面的支持，使高校图书馆成为和谐社会建设中不可或缺的组成部分；高校图书馆还能够为传承文明、提高全民素质、建设学习型社会等发挥重要的作用，推进社会的文明和进步。

三、大数据环境下高校图书馆社会化服务的重要意义

（一）有利于满足日益增长的文化需求

我国改革开放至今，经济社会生活发生了巨大变化，公众的生活早就已经不仅满足于温饱，精神文化上的需求也日益增长，公众求知的欲望日趋强烈，他们想要得到更加丰富的精神文化生活与最新的科学文化知识，而我国公共文化服务体系建设的宗旨和最终目的就是提高公众文化素质。图书馆存在的最基础的职能就是把人类在漫长历史中创造出的文化和知识汇聚储存并传播出去，是公众满足自身文化需求的最佳地点。但是长时间以来，由于经济基础薄弱，我国在公共图书馆建设方面比较落后，不管是从数量上还是从馆藏资源质量上都很难充分满足公众需要。因此，加快高校图书馆社会化服务，扩大高校图书馆的使用者范围，能够有效满足公众日益增长的文化需求。

（二）有利于提升高校图书馆自身建设

近些年来，随着政府不断加大对高等教育的关注与投入，我国的高等教育事业获得了丰硕的发展成果，高校图书馆在这一过程中也获得了长足的发展，但是公共文化服务体系建设也给高校图书馆提出了更高要求。目前，高校图书馆不仅面临很多过去尚未解决的问题，如社会化服务力度不够，服务能力无法满足需求等，更面临着新时期产生的新问题，如大数据时代的到来对高校图书馆社会化服务的冲击，微博、微信等新媒体的出现让公众获取知识和信息的渠道发生了巨大

的转变等。在公共文化服务体系建设中,政府出台了很多新的政策,其中就包含图书馆新时期建设的目标要求,这些目标要求也有助于高校图书馆面对新形势、新要求,提高自身的建设水平。

(三) 有利于学习型社会与和谐社会的创建

在我国,随着终身教育观念的不断深入,人们对图书馆的需求直接受到影响。作为文献信息资源集散地的高校图书馆,拥有十分丰富的馆藏资源、便捷的网络资源,其具备信息服务功能的优势,是传播知识的重要场所,具有文献检索、数据检索、事实检索等功能。作为社会科学文化教育机构,高校图书馆的开放性有利于"全民学习"风气的形成,能够提高社会成员综合素质与社会竞争能力,为学习和个人发展创造条件。同时,作为文化教育事业的重要组成部分,可以带动以大众文化为基础的文化经济产业的快速发展,加速建立学习型社会的进程,促进社会和谐进步。

高校图书馆应该发挥其知识辐射作用,把自身发展与社会进步、文化繁荣联系在一起,缓解公共图书馆的压力,提升社会公众的学习兴趣和能力,提高市民素质。为构建公共文化服务体系、营造书香社会氛围做贡献,进而使得高校图书馆社会服务得以延伸、深化和升华。

(四) 有利于提升高校图书馆的影响力

高校图书馆有针对性地开展社会化服务,利用大学优秀的智囊团参与服务合作项目,提供知识与信息服务,让图书馆的资源服务社会,为社会发展贡献力量。例如,高校图书馆可以利用寒暑假的时间,与大学生联合开展"科技赶集""送书下乡"等类型的活动,举办实用的科技培训班,编印通俗易懂、适用对路的实用科技信息资料等,捐赠图书资料,提高农民的科技文化素质与致富能力。

高校图书馆还可以积极参与所在地区的发展计划,一方面,可以增强社会对高校及图书馆的认可与支持,有利于提高其声誉和发展契机,推动高校与地方的融合,提高高校图书馆的社会影响力和资源辐射力,创造良好的社会效应。另一方面,促使图书馆工作人员不断地扩大知识面,提高与社会合作的能力,不空想，求实干，为工作增添生机和活力，促进图书馆馆员参与意识、成就感和责任心，优化工作效率，从而达到更好地为学校、为社会服务的目的。

四、转变观念

长期以来，高校图书馆的服务理念都囿于传统、囿于高墙，在大数据时代，飞速发展的网络技术、通信手段冲破高墙的阻挡，在读者与服务之间架起了桥梁，基于此，高校图书馆应顺应时代发展，转变观念，打破高墙的束缚，打破传统观念的禁锢，把高校图书馆的服务延伸至社会服务领域。高校图书馆应根据本馆所具有的人力资源和信息资源情况，结合读者基础情况及其接受能力和服务的难易程度，把服务分为不同的等级，创设与之相关的服务内容、服务环境和服务方式，并提供有针对性的服务。

五、充分利用先进技术，创建技术更高、资源更加丰富的信息资源共享平台

随着"大数据时代"的到来，高校图书馆的服务设备也在不断更新，可以使用云计算和云存储技术，为读者提供更加丰富的云服务项目，并通过这一服务吸引更多的非校内读者。现在很多图书馆建成了"移动图书馆"或"微信图书馆"，这些打破了本来只能用计算机使用信息资源的状况，扩充到手机等便携式无线传输的信息服务方式上，使得信息服务真正做到了不受时间、地点的限制。在大数据时代，图书馆联盟不仅是传统的资源共享，而且是利用网络技术和信息传播技术的发达使图书馆之间可以充分利用人力资源、技术资源及数字资源的多方位共享。

六、多种方式开展高校图书馆社会化服务

（一）立足本馆馆藏文献资源，开展大众化的信息服务

由于受到采购资金短缺和纸质文献资源价格上涨的双重压力，高校图书馆在文献资源采购时一般都是围绕本校的教学科研进行的，因此，当开展社会化服务

时，本馆的文献资源往往不能很好地满足社会读者多样化、个性化的需求。但是，高校图书馆相较于其他类型的图书馆，其具有更加先进的设备资源与知识丰富、学历水平较高的教师资源，所以，高校图书馆能够借此开展更加广泛的大众化信息服务，如开展公益讲座、举办学习班或培训班、提供信息咨询服务及信息检索服务等。开展大众化的信息服务，提高公民的文化修养和文明素质，为城市公民精神文明建设做贡献，促进和谐社会构建。

（二）以资源共享的方式，扩展社会化服务资源总量

资源共享一直以来都是图书馆界提倡与努力的方向，由于我国图书馆在长期的发展中形成了条块分割的局面，形成了公共馆、高校馆、科研馆、专业馆及儿童馆等各个馆互不来往的局面，造成了资源的重复建设，也给读者带来了很大的不便，近些年，各地高校图书馆已经打破了校际的限制，在资源传递和共享等方面进行了有益的探索，受到了师生的欢迎。而实际上，各类图书馆由于其性质不同，资源建设也会各有侧重，但是其在读者服务方面是完全相同的。高校图书馆与其他馆等整合资源，建立统一的检索平台，进而整合读者资源，为读者建立统一的身份识别标识，做到不管是哪个馆的读者，凭借读者的统一身份证明，就能够自由出入各个图书馆的数据库。真正做到一证通行，不管读者的身份如何，通过简单的读者注册就能够使其享受到平等的服务，让图书馆以人为本的服务理念在校外读者群体中充分体现。

（三）通过远程服务扩展社会化服务外延

目前情况下，高校图书馆完全对外开放，也确实存在一定的困难。高校图书馆首先是为本校师生提供服务的，对外开放也就意味着校内读者在文献资源、馆舍设施及馆员资源等各个方面都要与校外读者竞争，有竞争，必然会存在利益冲突，怎样在不影响本校读者利益的前提下，开展社会化服务工作，一直是困扰高校图书馆迟迟不能面向社会开放的重要原因。近些年来，随着高校连续的扩招，形成了教学资源相对紧张，图书馆馆舍设施，馆员服务能力有限等困境，所以高校图书馆不可能容纳太多的校外读者。而数字图书馆则完全能够避免这方面的困

境。在当今大数据环境下，网络信息技术得以迅猛发展，所以，高校图书馆可以以网络为渠道，现代信息技术为手段，融合本馆的馆藏资源优势，发挥图书馆馆员的丰富经验优势，借助远程服务手段，让校外读者随时可以登录图书馆的网站，查阅馆藏资源。此外，图书馆也可以提供馆际互借、文献传递服务和网络咨询等其他远程服务，扩展社会化服务外延。

第三章 现代高校图书馆服务模式的创新

第一节 现代高校图书馆服务创新的理论基础与必要性

一、现代高校图书馆服务创新的理论基础

（一）现代高校图书服务创新的理论基础

无论图书馆如何发展，发展到什么程度，服务是其不变的宗旨。只不过随着时代的发展，面对数字化、网络化的环境，图书馆应该在服务模式、服务内容、服务手段等方面进行不断的创新，才能不断满足读者的需求。新老五定律对图书馆的服务创新活动具有很好的现实指导意义。

（二）现代服务创新的相关理论

从广义上讲，服务创新是指一切与服务相关或针对服务的创新行为与活动；从狭义上讲，服务创新就是指发生在服务业中的创新行为与活动。由此可见，服务创新的概念相当宽泛，即服务创新活动不只局限于服务业本身，同样存在于其他产业和部门。服务创新发生的范畴可分为三个层次：服务业；制造业；非营利性的公共部门。由于服务在本质上是一个过程，具有无形性、易逝性和不可储存性等特点，因此，服务创新也具有不同于技术创新的独特特征。

1. 无形性

技术创新是一种有形的活动，结果也是一种有形产品，而服务创新则是一个无形的过程，其结果也是一种无形的概念、过程和标准，比如一种新的服务方式，新的服务理念。

2. 多样性

服务创新中不仅包括技术创新，非技术创新也是一个更为重要的因素。服务创新的类型不仅包括产品创新、过程创新、市场创新和组织创新，还包括专门创新、传递创新、形式化创新和社会创新等形式。

3. 用户导向性

相对于技术创新的技术导向性，服务创新则更多地以用户的需求为导向，通过对用户需求的研究，能更好地推动服务创新，用户不仅推动服务创新活动，而且还积极地参与到创新过程中来。

4. 交互性

服务创新的交互性体现在两个方面。一是与用户的交互，即以用户需求为导向，在与用户的互相沟通中进行创新活动，而用户的思想是创新的重要来源。二是组织内部的交互作用，包括领导与员工、员工与员工之间进行的交互作用，即相互学习、交流，把员工头脑中的隐性知识转化为显性知识，达到知识共享的效果，以更好地推动创新活动的进行。组织内部这种交互作用尤为重要，质量的好坏也直接影响到创新的效果。

5. 渐进性

服务创新的过程实际上就是在原有服务的基础上进行提高的过程，过程是渐进性的，较少有根本性的创新。服务创新也不是一蹴而就的，需要图书馆工作者的不断努力和实践，是需要坚持的长期性的工作。

二、现代高校图书馆服务创新的必要性

（一）现代高校图书馆服务中存在的问题

我国高校图书馆服务传统线下借阅服务和网上咨询检索服务都在不断深入，在服务的内容和方式上也日趋完善，形成了相对稳定的服务结构，服务的广度和深度也都达到了一定的水平。一些条件好的重点院校，如清华大学、北京大学、上海交通大学、中国人民大学等的图书馆，在跟踪、采用先进技术，开展网上现

代信息服务方面，已与国外发达国家高校图书馆水平接近或相当，有的还形成了自己的鲜明特色。但目前我国相当多的高校图书馆服务的现状仍不能令人满意。

1. 资源建设方面

（1）资源重复建设现象严重，造成大量浪费

目前，我国各高校图书馆都在进行数字化建设，但绝大多数的高校图书馆的数字化建设都处于各自为政的局面，从而导致信息资源重复建设、配置的现象仍较严重。例如，许多高校图书馆购买的数据库、电子书刊基本限于在校园网内使用，校外读者甚至是利用别的公用网络的本校读者也无法使用这些资源。另外，由于各高校学科设置和建设重点的不同，导致各高校图书馆的藏书门类各有侧重，很少有各学科门类资料建设都很全面的图书馆，这样无疑与培养复合型人才的目标是背道而驰的。而要想建设大而全且高水平的图书馆，资金是一大难题，而加强各高校图书馆之间的合作显然是明智之举。虽然我国高校图书馆的资源共建共享有了很大进展，但现状仍不尽如人意。各个高校馆都采取了很多数字资源提供服务，可以说是种类繁多，覆盖全面，但与此同时图书馆不可避免地存在着资源重复购置的现象。虽然图书馆的收藏和服务要力求"全"，但也不能因为此而过于"重复"。

（2）特色资源少

特色资源少主要体现在高校图书馆自主建设的电子资源贫乏。尽管每个学校都有多种数据库，但大多是采用引进成型的数据库或是共建项目，只有较少一部分是自建的，除了有学位论文数据库、各种目录数据库、学科导航库等外，只有几所高校的图书馆提供其他特色自建数据库服务，如北京大学、清华大学、中国人民大学、华中科技大学、上海交通大学、吉林大学、四川大学等。而众多高校在自身图书馆的特色资源建设方面显然是不足的，有待挖掘和提高。

（3）资源质量问题

传统的印刷型文献资源很容易辨别真伪、拒收和剔除，在质量上较容易控制，但数量庞大的网络资源由于其自身发布有很大的随意性，容易出现大量的垃圾信息，这给图书馆开发利用网络资源带来了很大难度。

(4) 资源合理配置存在问题，服务针对性不强

高校图书馆主要是为教学科研服务，服务的对象主要是教师和学生。虽然各高校馆根据本校的学科体系提供资源服务，但由于图书馆工作人员的学科结构单一，又缺乏和教师、学生的沟通，所以必然会出现所提供的信息资源并非是用户需要的情况，造成大量资源的浪费。

2. 深层次服务方面

(1) 咨询服务水平不高

一些重点高校图书馆开展了基于网络的数字参考咨询服务，也达到了一定的水平，但有相当一部分地方高校图书馆的参考咨询服务开展得并不理想，存在服务功能不全、服务手段不先进等问题。咨询服务目前最常用的手段是电子邮件咨询、电话咨询、表单咨询、FAQ、留言簿等，还处在数字化信息咨询服务的初级阶段，而且这几种方式在各个学校间开展得也不均衡，只有少数高校开展了实时咨询和信息推送服务。这显然不能够满足网络发展和资源激增情况下用户对信息的个性化、及时性的需求。

(2) 对于知识的深层次挖掘不够

图书馆员向来以善于组织和整理资源著称，怎样把大量的网络信息资源进行有效的整理和分析，为用户提供深层次的知识导航服务和个性化的信息推送服务是当前高校图书馆面临的一个新的课题。尤其是针对本校重点学科的导航系统，国内高校图书馆在这方面还有很长的路要走。

(3) 用户教育工作开展的力度不够

随着数字化时代的到来，高校图书馆通过网络向用户提供越来越丰富的数字资源。怎样使用户准确地获取他们想要得到的资源，培养用户获取信息的能力是高校图书馆在新形势下面临的新的课题。目前国内很多高校图书馆的用户教育工作都处于比较被动的情况，缺乏和用户的沟通，只注重购买各类电子资源，而对于培训用户利用这些资源和对这些资源的宣传缺乏足够的意识。除了继续开展传统的教育方式外，包括导读、授课、讲座等，高校图书馆应充分利用数字环境带来的便利，开展用户教育的新方式。比如开发各种课件、开设网络课堂等。

（二）高校图书馆本身存在的问题

1. 观念落后

"读者第一"的服务思想没有真正落实，由于目前很多高校图书馆的管理体制依旧是基于传统的"大锅饭"形式，所以部分馆员缺乏事业心，缺乏创新精神和竞争意识，缺乏主动服务的意识。基础的用户服务依旧没有很大的改观，更不用说深层次服务了。

2. 自动化建设水平不高

要开展信息服务，高校图书馆必须具备一定的计算机软硬件系统以及网络环境。然而，由于在资金投入方面同重点院校图书馆存在很大差距，许多地方高校图书馆的计算机硬件系统配置不佳，自动化、网络化和数字化程度不高，网络系统的带宽、速度等也不够理想，这些都对用户查询、检索信息资源存在一定的影响。

3. 馆员整体素质有待提高

近些年来，虽然高校图书馆馆员的素质有了进一步的提高，也相继引进了一批高学历的人才，但馆员的整体素质距离开展高层次信息服务的要求还有很大差距。数字环境下高校图书馆的馆员除了要具备一定的专业知识外，还要掌握一定的计算机知识和网络知识，以及一定的外语知识。高水平的服务需要高素质的复合型人才，然而目前高校图书馆由于多方面的原因普遍缺乏这种复合型人才，使服务水平很难提高，无法满足用户多方面的信息需求。所以，新形势下高校图书馆馆员的素质有待进一步的提高。

综上所述，目前高校图书馆所存在的这些问题已严重影响其业务的开展、服务的质量，已成为高校图书馆可持续发展较大的阻力。因此，必须采取一些有效的改革措施，创新思路，逐步排除这些阻力，才能保障高校图书馆事业的健康、稳步发展。

第二节　现代高校图书馆服务的新模式

一、高校图书馆信息共享空间服务模式

（一）信息共享空间的模式和原则

1. 信息共享空间的模式

尽管信息共享空间已经成为美国高校图书馆的主流服务模式，但对于信息共享空间模式的研究，学者和专家各有自己的观点，其中代表性较强的有两层次模式和三层次模式。

（1）Donald Beagle 的两层次模式

美国北卡罗莱纳州大学的 Donald Beagle 是两层次模式的主要倡导者，他在自身实践的基础上，于 1999 年提出了"Information Commons"这一概念，认为信息共享空间是以数字化信息资源环境为背景、为信息供需双方特别设计的一个协同工作空间，它可以使用户与馆员、用户与用户之间进行显性和隐性知识的交流，通过对组织、技术、资源和服务进行有效整合，实现用户的信息交流。他将信息共享空间划分为虚拟空间和物理空间。

虚拟空间（virtual space），主要是指数字资源的网络环境，使用户通过友好的图形用户界面（GUI），利用搜索引擎从各个工作站点获取数字信息服务，服务的内容不仅包括本馆的馆藏书目信息，更多的是各种数字信息资源。

物理空间（physical space），通过对馆内的工作场所及提供的各种服务进行组织，为虚拟的数字资源环境提供物理空间上的支持。

（2）Bailey 和 Tiermney 的三层次模式

Bailey 和 Tierney 认为信息共享空间由宏观、微观和综合三个层次构成。宏观信息共享空间（macro-commons）是指对全世界的信息，特别是网络信息资源建立起来的共享空间，这是一种广义的概念。微观信息共享空间（micro-commons）

是指一个拥有计算机或数字技术，以及各种外围设备、软件支持和网络基础设施高度集中的场所。

综合信息共享空间（integrated commons）能够集成各种数字信息资源，为研究、教学和学习提供相应的信息空间。

此外，Jim Duncan 和 Larry Woods 也提出了三层次的概念，即将信息共享空间分为物理层、逻辑层和内容层三个层次，并分析了不同层次上存在的应用壁垒。如对上网计算机的管理、为各种软件设置许可协议和序列号以及对数据库的访问采用 IP 地址限制，对图片等多媒体加入 DRM 控制等均妨碍了信息的自由流动和共享。

尽管学者和专家提出的模式不尽相同，但基本的思想是一致的，即信息共享空间是为用户提供一站式服务和协作学习环境的场所，它整合了图书馆中各种软、硬件资源，数字信息资源以及图书馆人员，为用户提供了一个可以进行信息检索，并能进行交流、学习和协作的空间。

2. 信息共享空间的基本原则

（1）需求动态性

随着用户信息意识的增强，用户的需求呈现动态多元化发展趋势。首先，获取信息途径多元化，用户除自己查找、借阅，更多的是依赖馆员的主动传递；其次，由于学科的交叉渗透及边缘学科的兴起，用户信息需求内容多元化，服务知识化。这就要求信息共享空间能够及时对用户的信息需求作出反应，采用先进的信息服务技术来满足用户的动态需求。

（2）服务集成性

信息共享空间是图书馆中研究、教学、学习和消遣的场所，应该为用户提供集参考咨询、多媒体服务、研究型服务和技术服务于一体的集成信息服务。用户通过集成服务机制"一站式"地获取所需信息，并以最小的代价在最短的时间内获得所需信息。

（3）知识共享性

信息共享空间能够满足用户的个性化信息需求，为用户提供能够协作和自由交换信息的共享平台，这在传统图书馆服务中是不存在的。在这样一个协同工作的空间中,用户可以通过直接与用户、工作人员、技术专家进行交流获取信息,也可以利用信息共享空间中配备的各种信息设备,获取网络信息资源。它是用户获取知识、共享知识以及进行知识创新的重要场所。

(二) 信息共享空间的构建

1. 信息共享空间的战略规划

信息共享空间提供的信息服务模式,应该是各部门之间以整体优化的方式来提供的服务功能。因此,在战略规划上要强调各部门之间在功能上的协作,减少组织管理层次,使组织机构体系逐步呈扁平的网状管理结构,以促进部门之间的沟通和协作,使高校图书馆的管理工作更加高效化。

信息共享空间的信息服务充分考虑了用户的需求特点,以分布式多样化数字信息资源的整合为出发点,从而充分体现了高校图书馆的服务特征。

在这个功能集成图中,圆圈代表的是图书馆提供的各种服务功能,比较重要的服务则用实线圆圈来表示,而实线连接表示的是功能部门之间存在直接的关系,虚线连接表示的是功能部门之间存在间接的关系。在功能集成图中,处于功能中心的是信息服务台,它是用户在使用信息共享空间之前所需要的首要服务中心,它通过电话、E-mail、网络等向用户提供关于图书馆的各种资源和服务的基本信息,以及解决用户的各种咨询问题。信息服务台的工作人员的配备,既需要有图书馆员,也需要有学科专家和技术专家的协作。

2. 信息共享空间的构建要素

(1) 物理空间

对于信息共享空间首要的就是为用户提供一个舒适的学习和交流的物理空间。空间的构建可以是多媒体的电子教室、供小组交流的讨论室、提高研究水平的咨询区、进行独立创作的单独研究室等等。在卡尔加里(Calgary)大学的图书馆中,就设有一个大的教学区和10个大小不等的合作学习研究室,为教师的教学和学生的协作式学习提供便利的条件。由于每个人都有自己的学习方式和习惯,因此在构建物理空间时,要充分考虑到每个用户的需求。

（2）资源

信息共享空间是整合信息资源、各种软硬件设施于一体的综合性服务模式。除了提供传统的馆藏资源，如印刷型图书、资料和工具书外，信息共享空间必须具备丰富的电子资源，如电子期刊、电子图书、专业数据库、多媒体文件以及网络等信息资源。

硬件方面，不仅要有计算机、通信设备（有线连接和无线连接），同时要提供复印机、打印机、扫描仪、摄像机、投影仪等外围设备。硬件设施还包括在物理空间中配置的各种舒适的桌椅、沙发等家具设施和宽敞的休息室。软件方面，要求具备获取电子资源的软件，同时也要提供各种办公软件和多媒体播放软件。信息共享空间的工作人员必须不断地更新各种电子资源，根据用户实际需求增设各种软、硬件设施，这样才能保证信息共享空间成为知识管理及提高用户信息素养的一个重要场所。

（3）服务

在数字化环境下，要求信息共享空间提供的服务是集传统的图书馆服务与数字信息服务于一体的集成服务。通过对信息技术、信息资源、服务功能、服务人员、服务机构等各种信息服务要素进行整合，实现整体功能的优化，使用户得到动态的、全方位、多层次、多元化的信息服务，用户只需要在信息服务台就能够获取一站式的信息服务。

服务功能主要包括：文献借阅传递服务、信息检索服务、数字参考咨询服务、信息发布推送服务、知识导航服务、馆际互借、实时咨询和用户教育培训服务。具体到不同的服务，又可以进行多元分化，如：信息检索服务可以分成光盘检索、联机检索、数据库检索、OPAC 检索和智能代理检索；知识导航服务可以具体分为分类导航、学科导航、主题导航和资源类型导航；用户的教育培训，可以是检索培训、图书馆利用培训和信息素养培训。

同时，要加强与国内外公共、高校及科研院所图书馆的合作，在联合采购、联合编目、馆际互借、公共检索、资源导航、合作咨询、联合培训等方面充分共享资源的方式，来提升高校图书馆的综合服务能力。

（4）人员

信息共享空间在空间、资源和服务上的实现，需要相应的信息共享空间工作人员的支持。因此，人员也成为信息共享空间的构建要素。

信息共享空间人员的构成主要包括：①参考咨询馆员，负责资源使用方面的参考咨询；②信息技术专家，负责计算机软、硬件和网络技术的支持；③多媒体工作者，为教师开发多媒体教学软件，并能指导学生进行多媒体的制作；④指导教师，利用各种资源进行教学和研究，并能对学生进行一对一的指导。

信息共享空间这一服务模式，对人员素质的要求较高，不仅要求工作人员具有与自己的服务相关的技能和技术，还要具备很强的学习能力、领悟能力和实践能力，要能随着信息技术的发展和用户的需求，不断更新自己的知识结构，提高服务水平。因此，图书馆要对工作人员进行定期培训，不断提高他们的综合素质。

3. 信息共享空间的效果评价

构建信息共享空间之后，最重要的步骤就是对这一服务进行评价，建立起以用户为中心的信息共享空间服务质量评价体系，保障信息共享空间的有效运行。评价内容具体应综合考虑信息共享空间的四个构建要素：物理空间、资源、服务和人员。

具体方式可以是向用户发放反馈表格，进行网上调查，或是两种方式结合，正确地了解、分析和评价用户对服务质量的感受和要求；也可以采取收集人员培训结果和信息共享空间工作人员在实际工作中的切身体会等方式。根据评价结果，可以发现服务中存在的不足，不断改善服务设施，改进工作方法，提高服务质量，从而更好地满足用户的需求。

（三）高校图书馆构建信息共享空间的策略

1. 融入信息共享空间的理念

信息共享空间为独立学习、团队讨论和集体研究提供信息和场所，通过激发用户的灵感，达到知识创造的目的。在图书馆的建设与管理过程中，应融入信息共享空间的理念，为广大用户提供信息共享空间已成为图书馆发展的潮流。

2. 制定信息共享空间的规划

信息共享空间规划对建立图书馆信息共享空间具有重要的指导意义。由于我国起步比较晚，与国外相比缺乏理论指导。因此，制订规划时，应在结合自身具备的一些软、硬件基础上，根据自己的馆情和用户利用图书馆的行为特点，借鉴国外信息共享空间的实践，以制订出满足本馆用户需求的战略规划。

3. 构建合理的信息共享空间服务体系

对信息共享空间的四个构建要素要综合进行考虑，无论是物理空间，还是资源、服务，以及人员的设置，都要合理地分配，针对不同的用户，设置规模大小不同的物理空间，同时也针对用户的需求提供多元化服务的一个交流场所，真正实现虚拟空间和物理空间的结合。

新的学习环境和技术条件下，用户对高校图书馆的服务内容和服务能力有了更高的要求，高校图书馆只有不断地开拓新的服务模式，才能更好地适应时代的发展。作为面向用户的信息服务模式，信息共享空间是对高校图书馆服务模式的一种创新，同时也为高校图书馆的发展提供了良机。在实际工作中，不同的图书馆可以根据自身的硬件设备、数字资源、服务及管理机制，人员素质和知识结构等，灵活地进行集成，最大限度地满足用户需求，推动信息共享空间的发展。

二、高校图书馆"重点读者"服务模式

个性化服务是指在数字信息环境下，图书馆利用网络和信息技术，获取并分析用户的信息使用习惯、偏好、背景和要求，从而为用户提供充分满足其个体信息需要的一种集成性信息服务，包括时空、形式和内容三个个性化服务方面。"重点读者"是指图书馆根据学校总体发展要求，依据高校教学、科研和生产的三大基本功能界定出读者的范围、对象、结构和梯队，亦即这三方面的学科带头人、拔尖人才和专家学者。个性化服务"重点读者"就是及时跟踪和分析其对文献需求的内容和范围、数量和质量，利用丰富的信息资源优势，通过多种途径收集信息，并对这些信息进行判断分析和加工整理，然后及时传递给重点读者，建立以重点读者为对象的集文献信息咨询、检索、供应等多种服务形式于一体的文献信息主动服务模式。在服务工作中，从确定读者的主体地位着手，变静态为动

态,变单向被动服务为双向交流主动参与服务。

(一) 个性化服务"重点读者"的做法

1. 确立条件,选定对象

根据高校图书馆的具体情况,拟定重点读者的条件:①承担学校重点学科、重点专业、重点实验室和精品课程建设的人员;②取得省部级科研成果并继续承担省部级以上重要科研课题的人员;③具有博士学位或取得硕士以上导师资格的人员;④有突出贡献的中青年专家和拔尖人才。图书馆主动到教务处、科研处、人事处调查了解重点学科及精品课程授课人、重点课题主持人、硕士以上导师等的有关情况后,向他们发放重点读者服务表,征得本人同意并填表后,他们就成为"重点读者"服务对象。图书馆为其建立档案数据库,每人发放一张电子服务卡,对"重点读者"学科、专业、课题名称、研究方向、文献资料的需求情况,姓名、职称、单位、住址、联系电话、E-mail 等进行登记,以方便服务。图书馆还随时挑选新的符合条件的重点读者,及时将那些年轻有为的读者纳入,实现"重点读者"可进可出,实行"重点读者"动态管理。

2. 项目管理,定向服务

确立"重点读者"服务项目卡。首先,向建档的"重点读者"发放"绿色"借阅证,凡持有"绿色"借书证者,图书馆所有服务部门都要为其开"绿灯",允许他们自由出入馆内所有主、辅书库和样书、报刊、阅览室等,可借阅所有纸质型和电子型文献,借书册数由原来每人 10 册增加到 30 册,借书期限由原来的 3 个月延长到 6 个月并可根据需要继续顺延;其次,采编部门可依据自身工作规律对"重点读者"采取特殊的"时间差"服务,即编目人员根据自己的工作情况在分编与入库的"时间差"期间,向"重点读者"推荐和提供短期借阅新书;再次与"重点读者"保持密切联系,随时掌握和了解他们在学科建设、课题立项和专业研究方面的进展情况,特别是阶段性的文献需求,便可以根据实际需要,有选择、准确、及时地为他们提供定向服务,使有效信息不失时机地实现其广、快、精、准、新的价值,促使"重点读者"顺利、保质保量地完成所承担的教学、科研和生产任务。

3. 信息资源，共建共享

充分利用现有馆藏，不断充实、强化和完善与"重点读者"需求相关的文献资料的收藏。"重点读者"长期处于教学、科研、生产第一线，并经常参加一些学术性会议，对本专业本学科发展的前沿学术动态了如指掌。他们所需文献不仅面广，而且内容专深、形式多样。因此图书馆在文献采购上，一方面要将书刊预订书目及时送交"重点读者"，由他们推荐、圈定所需的文献资料，以提高采购质量；另一方面让"重点读者"向图书馆提供所需文献目录，划拨给他们一定的采购资金，依据自身需要代购自用，使用完后作为馆藏入库。在文献经费上给予"重点读者"倾斜，通过多种渠道保证文献采购能做到采齐、采全。在文献档次上定位于研究级藏书水平，国内外权威性的专业论著和期刊，学科发展过程中各个阶段有影响的论著和刊物。"重点读者"所关注的学科前沿的论著和论文，应做到优先采购；同时还注意文献信息产品的多载体化，除纸质型文献外，引进光盘文献、全文期刊和学位论文数据库等，为"重点读者"提供有力的信息资源保障。通过上述形式既体现了尊重"重点读者"之意见，又体现了与"重点读者"和谐善待，真正实现了信息资源的共建共享。

（二）个性化服务"重点读者"的途径

1. 主动跟踪，参与服务

主动跟踪，积极参与是个性化服务"重点读者"的重要方式。

2. 馆际互借，中介服务

信息资源的网络化趋势，促进馆际互借的迅速发展。由于"重点读者"的文献信息需求高校图书馆不可能完全满足。当"重点读者"需求时，就利用 E-mail 向高校图书馆馆际互借服务中心发出请求，告知所需的书刊或其他文献的题名、作者、主题和关键词，通过邮寄或电子邮件获取资料后，再通过 E-mail 发送或上门传递给"重点读者"。此项服务，不仅可以有效提高信息服务的效率，而且也可以充分彰显图书馆自身的价值和地位。

3. 电子邮件，推送服务

用电子邮件等方式主动将所需的文献信息推送给"重点读者"。如及时推送新到馆的中、外文献信息，定期提供专业核心期刊目录，定期收集提供反映国内外学科最新动态的专题书目资料，编印提供有关书目、索引等资料。开展"期刊目次和期刊全文传递服务"，让每个"重点读者"圈定最需要的6种专业期刊，新刊一到馆，就将目次发送至其电子邮箱内，若需要原文，可通过电话或E-mail提出请求，工作人员马上将期刊原文通过E-mail传递或复印纸质递送；充分利用已有的数字资源作定向的信息推送服务，如利用"中国学术期刊全文数据库（CJFD）""World SciNet全文电子期刊""Springer Link数据库""EBSCOhost数据库""万方数据资源"等，针对"重点读者"的文献信息需求，从这些数据库中获得有关的原文数据，通过E-mail推送或打印发送给"重点读者"。

4. 信息检索，代理服务

对"重点读者"来说，一方面他们的时间比较宝贵，另一方面虽然他们具有专业特长，但在信息检索方面往往不如图书馆专业人员使用检索工具和文献数据库那样得心应手，特别是在当前网络环境下，信息浩如烟海，"重点读者"想省时、省力获得称心如意的资料，往往需要借助图书馆专业人员的帮助，请其代理检索有关信息。高校图书馆可以利用资源优势、网络优势和检索技能，在世界四大重要检索系统SCI、EI、ISTP、ISR上，围绕"重点读者"需求，开展专题服务、定题服务、回溯检索、课题查新以及专利查新等检索服务。

5. 请求呼叫，专线服务

为"重点读者"建立了服务专线电话和服务专用E-mail信箱。一方面图书馆可以通过电话或E-mail直接向"重点读者"介绍与其学科建设、业务教学、课题研究相关的馆藏文献，特别是新到馆未分编的图书，可以优先提供其借阅，与他们约定送书上门的时间等；另一方面"重点读者"的信息需求，可以随时通过拨打服务专线电话或服务专用E-mail信箱传递给图书馆，图书馆在最短的时间内，利用馆藏和网络资源为"重点读者"查找，查找结果通过E-mail推送或派人亲自送到其家中。这种服务可以提高为"重点读者"知识服务的效率，充分发挥高校图书馆的服务职能。

6. 数据挖掘，定制服务

数据挖掘对"重点读者"显得尤为重要。数据挖掘也称知识发现，是从大量的内部数据库中获取人们感兴趣的知识,这些知识是隐含的、潜在的,是获取尚未被发现的知识、关联、趋势等信息,目的是帮助信息用户寻找数据间潜在的关系,发现被忽略的要素,而这些信息对预测趋势和决策行为是十分有用的。数据挖掘不仅能对过去的数据进行查询和遍历,并且能够对将来的趋势和行为进行预测,并自动探测以前未发现的模式,从而很好地支持"重点读者"的决策。知道用户需求什么是开展个性化服务"重点读者"的基本条件,而提供给用户高质量(内容上相关、知识含量高)的信息则是个性化信息服务的目的。数据挖掘对个性化信息服务的支持正体现在对用户需求信息和网络源信息的深层分析上。

开展个性化服务"重点读者"工作,以实际的服务效果来树立图书馆的良好形象,无论对学校改善办学条件,搞好教学、科研和生产,还是对图书馆馆员自身素质的提高,对图书馆事业的发展,都带来了巨大的助益,使图书馆信息服务变被动为主动,变静态为动态,让高校图书馆个性化服务"重点读者"工作贯穿于整个教学、科研和生产的全过程。高校图书馆在现有条件下,坚持优先重点、兼顾一般、区别对待、协调发展的指导方针,是做好个性化服务"重点读者"工作的一种行之有效的方式,是一种服务模式的创新。

三、高校图书馆嵌入式服务模式

(一)高校开展图书馆嵌入式服务的必要性

1. 高校学科建设的需要

高校开展图书馆嵌入式服务对于促进学科建设和学术研究具有重要的意义。嵌入式服务意味着图书馆员不仅仅是信息资源的管理者,更是教育过程中的积极参与者,他们可以根据不同学科的特点提供定制化的信息服务和支持。这种服务模式能够直接响应师生的研究需求,帮助他们更有效地获取和利用信息资源,从而提升教学质量和科研成果。此外,图书馆通过与院系的紧密合作,可以更好地了解学科发展的趋势和需求,及时调整馆藏结构和服务方式,为学科建设提供强有力的支持,促进学术创新和知识传播。总之,嵌入式服务是现代高校图书馆适应信息化时代要求,深化服务内涵,提高服务效率的重要途径之一。

2. 数字信息化时代的需要

现今人们对网络的依赖程度越来越大，随着有线网络及无线网络的普及，任何人在任何时间、地点都可以随时获取和利用所需要的信息，因此人们逐渐形成了泛在的学习方式及生活方式。网络环境下，数字化信息正在成为主流信息资源，用户获取的信息资源日益丰富且获取方式更加便捷，对图书馆则日益疏远。图书馆被边缘化趋势突显，图书馆面临用户群减少的危机，并且图书馆作为文献信息中心的作用也日渐被削弱。因此，图书馆应通过开展嵌入式学科服务，主动与用户沟通并寻求合作，提高图书馆的服务意识和服务水平，留住原有用户群并开拓新的用户群。

3. 转变服务理念的需要

嵌入式学科服务既是图书馆为适应数字化信息时代的发展，也是根据"以人为本"的服务理念推出的以用户需求为中心的新型服务模式。深化学科馆员服务，建立真正符合用户需求的学科化服务机制，是高校图书馆努力的方向。目前，高校图书馆都不同程度存在服务理念陈旧、场馆面积较小、设备设施老化、专业人才缺乏及学校划拨资金不足等现象，已无法满足读者专业化、集成化的信息需求。高校图书馆应改变传统的服务模式，将馆员"嵌入"到用户中，为用户提供个性化、学科化、知识化服务，满足用户的个性化信息需求。

4. 创新服务方式的需要

计算机技术和网络技术的迅猛发展导致信息环境发生了根本性的变化，Google、百度等网络搜索引擎和检索工具的发展日益成熟，搜索引擎已经作为用户获取信息的首选，读者逐渐改变了到图书馆学习和查找资料的习惯。为了提高图书馆的核心竞争力，必须采取嵌入式学科服务这一创新服务方式，才能在日益激烈的竞争环境下谋求自身的进一步发展。

（二）高校图书馆嵌入式服务的主要方式

目前高校图书馆主要开展以下四种嵌入式服务方式：手机短信服务、社区网站服务、e划通服务以及其他桌面工具服务。

1. 手机短信服务

手机短信服务是一种以智能手机为载体的新型信息服务方式。在图书馆 WAP 网站注册的用户安装相关软件之后，就可以根据自己的信息需求来定制频道，对更新的信息资料进行有选择的阅读，或者注销定制服务等。目前，清华大学图书馆、合肥工业大学图书馆等很多高校图书馆已通过建立手机图书馆开展手机短信服务。

2. 社区网站服务

社区网站服务是高校图书馆通过 E-mail、QQ 等各种在线交流工具，将信息服务工作拓展到用户的 BBS、Blog、Wiki 等虚拟社区，利用信息共享软件、多媒体资源、知识导航、在线培训课程、知识库等构建丰富的知识体系，营造良好的学习情境，为社区用户自主学习和协作研究提供信息资源。目前，国内已有较多图书馆使用这一服务模式。

3. e 划通服务

e 划通是一种"个人桌面信息工具"，用户在使用计算机工作的过程中，一旦需要查阅相关信息，不需跳转出当前的工作界面，可以通过直接划选相关词句来自动检索图书馆相关数据，或通过网络搜索引擎自动获取相关信息。

4. 其他桌面工具服务

桌面工具是把图书馆应用加到用户使用的软件系统里的工具，比如把图书馆的搜索引擎安装在用户自己的个人主页或用户个人博客上，或者链接到一些大型网站上去，同时还可以安装用于浏览器的不同的专业插件与应用，比如校书签、工具条等。清华大学图书馆的工具条实践较早，经验丰富。

手机短信、社区网站、e 划通以及其他桌面工具这 4 种服务方式，在面向用户需求的高校图书馆嵌入式服务模式的构建过程中起到了推动作用。如把各学院、各专业系网站和图书馆网站进行网络链接，把信息素养教育视频、课件或其他课程信息资源上传到网站上，让用户可以随时自主观看、自由下载学习。高校图书馆将图书借阅、讲座培训、在线课程学习等项目，通过手机短信向目标用户进行及时推送。高校图书馆还可以在对纸质资源和网络资源进行整合、建立专题数据库的基础上,运用手机短信、社区网站、e划通以及其他桌面工具来为科研型用户开展嵌入式信息服务,为科研型用户提供专、深、多的科研信息。

(三) 面向用户需求的高校图书馆嵌入式服务模式的构建

1. 面向"学习型用户需求"的高校图书馆嵌入式服务策略

面向学习型用户的需求,高校图书馆可以采取"嵌入式信息素养教育服务"和"嵌入式个人自主学习服务"这两种服务策略。

(1) 嵌入式信息素养教育服务

根据不同年级开展不同内容的普及型图书馆资源有效利用的相关讲座,让学习型用户了解图书馆拥有的信息资源内容,查询、借阅图书等信息资源需要经过哪些流程、办理哪些手续等,重点掌握中文电子资源的使用等内容。图书馆员还应与授课教师一起,把信息素养教育嵌入日常教学中,并围绕学习型用户的课程内容来设立不同的信息素养专题讲座。还可以根据学习型用户的需求来进行针对某一方面的信息素养讲座,以提高学习型用户的资源检索水平,帮助学习型用户掌握更多行之有效的检索方法,促使学习型用户的信息查询、资源获取以及知识利用的能力得到有效提升。

(2) 嵌入式个人自主学习服务

在学习型用户的学习环境中嵌入服务,为学习型用户的自主学习提供针对性强、专业性高的知识信息服务;通过网络教学平台 Moodle、SaKai 等教学软件或学习软件,来拓展学习型用户学习内容的深度和广度;通过 Lib Guides 等学科服务平台来整合各学科的信息资源,通过 Summon、Primo、EDS 等发现系统来实现一站式信息资源的获取和检索。通过以上方式来满足学习型用户在不同时期、不同阶段不断变化的学习需求。

2. 面向"教学型用户需求"的高校图书馆嵌入式服务策略

面向教学型用户的需求,高校图书馆可以采取"嵌入式课程教学过程服务"和"嵌入式课程教学互动服务"这两种服务策略。

(1) 嵌入式课程教学过程服务

高校图书馆努力建设好网络教学平台,将课程所需的各种资源放入其中供大家使用，协助教学型用户直接在网络教学平台上使用已付费的电子图书和期刊论文，以及网络上免费的电子图书和期刊论文。还可以利用数据库 RSS 来提供定制服务，事先把与课程内容有关的检索式输入，将其 RSS Feed 加到网络教学平台中去，便于教学型用户及时获取动态信息，为教学过程做好嵌入式服务。

（2）嵌入式课程教学互动服务

在教学过程中，教学型用户在高校图书馆的协助下，把课程相关信息放置到一些大型、浏览量大的社区网站中，学习型用户在使用社区网站时就可以获取课程相关信息，同时通过 E-mail、QQ 等各种在线交流工具，与教学型用户，或者高校图书馆进行有效沟通，实现课程教学的有效互动。教学型用户可以根据学习型用户的反馈来调整自身的教学计划或内容，高校图书馆可以根据双方用户的反馈来调整课程相关电子信息资源，以达到最大程度上满足课程教学需要。

3. 面向"科研型用户需求"的高校图书馆嵌入式服务策略

面向科研型用户需求，高校图书馆可以采取"嵌入式学术交流服务"和"嵌入式科技研究服务"这两种服务策略。

（1）嵌入式学术交流服务

高校图书馆在学术交流中处于一定重要地位，他们通过提供信息服务来促进学术交流，比如对科研型用户进行学术交流方面的教育宣传，内容包括作者权利管理、版权、机构库建设等问题。同时高校图书馆还积极提倡开放存取的新型学术交流模式的建立，比如与学校其他部门联合建立本地机构库，可以对软件系统进行有效评估，对相关政策进行合理制定与准确解析，对机构库进行大力宣传，对数据质量进行严格把关，对作者行为进行正确引导等。

（2）嵌入式科技研究服务

在科技研究过程中，高校图书馆要全面搜集科研型用户所需要的研究相关的资料，比如研究文献、调查数据等；要即时跟踪研究领域中出现的新成果、新进展和新思路，并及时反馈给科研型用户，为用户提供最新的、具备研究价值的研究机构、研究项目、研究作者以及研究论文等相关研究资料，为用户提供"选题—立项—研究—结题—成果评价—成果转化"全程式的知识研究服务。

(四) 有效推进高校图书馆嵌入式服务模式的保障措施

第一，转变落后观念、提高正确认识是有效推进高校图书馆嵌入式服务模式的思想保障。

首先要有效转变高校图书馆落后的服务观念。图书馆相关人员要重新认识图书馆的角色和功能，对机构组织进行重新组合，对服务形式进行有效转换，对实体空间进行重新改造，对虚拟空间进行合理构建，真正建立一种面向用户需求的嵌入式服务模式。只有完善的理念体系，才能使嵌入式学科馆员有明确的奋斗目标与方向，才能使高校用户的各种信息需求得到满足。其次要转变高校用户的观念，改变图书馆是信息、文献存储机构的片面认识，重新对图书馆的角色和观念进行准确定位，认识到图书馆是高校科研团队智囊和学生信息检索的重要基地。最后，高校图书馆要加强对自身的宣传力度，增强其在高校师生中的影响力，塑造品牌形象。

第二，完善信息设施，创造服务环境是有效推进高校图书馆嵌入式服务模式的物质保障。

嵌入式服务工作的开展是建立在一定物质基础之上的，没有物质基础，就无法建设，更谈不上发展。要想做好嵌入式服务工作，一是必须要及时升级软件，更新信息设备，淘汰落后产品，以保证用户使用的信息查询设备性能良好，增加用户的使用满意度；二是要重视用户的信息需求，及时补充馆藏资料，调整馆藏资料结构，保证用户能够快捷方便地查询信息；三是要创造良好的服务环境，除了配备性能良好的信息查询设备外，高校图书馆还应配置饮水机、打印机等相关设备，改善用户信息查询的环境，把嵌入式服务落到实处。

第三，引进专业人才，建设高效队伍是有效推进高校图书馆嵌入式服务模式的人才保障。

要想真正做好嵌入式服务工作，就要有专业人才专门管理，这就需要高校图书馆大力引进具备较高信息素养的图书馆专业人才，同时培养已在岗的馆员的专业技能，促使他们尽快适应信息时代的图书馆嵌入式服务工作。除"引培"两条线外，高校图书馆还可以打破部门界限，与学校其他部门的相关人员组建嵌入式服务工作机构，下设学习、教学和科研3个工作小组，有针对性地为高校用户开展服务。比如教务处在学习工作小组里可以起到教学指导、课程建设等作用，科技处可以在科研工作小组里起到科研指导、学术讨论等作用。这样由不同部门组建起来的嵌入式服务工作机构，嵌入式服务工作效率更高、效果更好，更能满足高校用户的信息需求。

第四，健全相关制度，狠抓工作落实是有效推进高校图书馆嵌入式服务模式的制度保障。

嵌入式服务是高校图书馆员与高校用户之间的一种协作方式，这种协作方式要想实现深度合作，就要将其制度化。首先从制度上确定嵌入式服务的重要性以及措施的规范性，将馆员与用户之间的协同合作作为一种常态制度加以落实，在全校范围内实现自上而下的高度重视，同时还可以获取各个部门的支持和配合，进而得到用户群体的信任。相关制度制定后，落实制度也同样关键，千万不要只把制度"挂在墙上"，而要把制度落实到实际工作中去。

第四章 现代高校图书馆服务技术与平台创新

第一节 人工智能在高校图书馆中的应用

一、人工智能

人工智能是指制造智能机器的科学和工程技术,人工智能广泛应用于智能计算机程序设计。人工智能可以学习新概念与完成新任务,是一种可以通过稳定缜密的推理从而得出有用结论与周围世界紧密相关的信息运算系统,是一种可以感知并理解自然语言的系统,是一种可以分析视觉场景的系统。

人工智能不是一个单一的概念,通常要区分狭义与广义的人工智能,人工智能的应用是在一个特定的问题空间上工作。人工智能专注于计算机在应对不可预测的环境时做出理性判断的能力。人工智能专注于非计算方法来解决问题,人工智能的应用为信息研究人员创造了巨大的机会,如多媒体系统、数字图书馆、地理信息系统和电子商务。在这个技术时代,随着人工智能越来越强大化与多样化,重视人工智能的应用尤为重要。

人工智能把计算机科学、哲学、心理学三方面进行紧密结合,已被应用于许多领域,如商业、管理、医学、军事等方面,已经成为全球公认提高组织效率和生产力不可或缺的工具。计算机的出现使人工智能可以应用于家庭、办公室、银行、餐馆、图书馆和其他场所。

(一)专家系统

专家系统是一个计算机化的知识系统,作为一个网络端口或界面对数据库进行访问并获得相关信息。它的应用范围从简单的监管系统到需要多年开发的大规模综合系统。在阅读材料、用户和工作人员有关的图书馆活动中，专家系统应用于工作人员与用户、用户与数据库之间。专家系统将帮助图书馆员了解图书馆信息与用户信息，改善图书馆服务。专家系统主要用于图书馆的咨询服务、编目服务、分类服务以及索引服务。

1. 咨询服务

专家系统在咨询服务中应用广泛，REFSEARCH，POINTER，Online Reference Assistance（ORA），AMSWERMAN，PLEXUS 这些系统都是咨询系统，用于定位参考资源和已知数据。

这个系统的目的是为了激发图书馆员对中低水平问题的服务，是一个类似于数据库的视频文本，计算机辅助教学模块。ORA 包括方向性的交易，如图书馆的位置、服务和政策。

AMSWERMAN 是一个以知识为基础的系统，帮助用户参考问题。它使用一系列的菜单来缩小问题的主题范围和所需工具的类型。它既可以作为一个咨询系统，也可以作为外部数据库和 CD-ROM 参考工具的前端。

PLEXUS 是一个在公共图书馆使用的转介工具。它包括以下方面的知识参考过程，即关于某些主题领域的信息检索，参考来源和图书馆用户。

2. 编目服务

编目是最古老的图书馆技术之一，目前通过专家系统来实现编目自动化的尝试主要集中在描述性编目上，因为它是基于规则的 AACR2。有两种方法可以将人工智能技术应用在编目服务中，即人机界面与编目系统。

3. 分类服务

分类是一个知识组织的基本活动。因此，它在所有图书馆和信息中心的知识系统中表现都很突出。专家系统在图书馆分类领域的应用主要包括 Coal SORT，EP-X 和 BIOSIS。

4. 索引服务

期刊索引是专家系统开发的另一个领域。索引是文献检索的基础，索引的目的是为了提高相关检索文件的精度，以及减少重复比例。索引员认为索引关键词是人类对某一特定主题思考的基本要素，它们将被输入电子数据库，当这些索引关键词在电脑屏幕上出现时，就会触发文章或图书的引证。一篇期刊文章索引涉及到概念的识别，将这些概念转化为语言描述，以及选择和分配控制词汇，这些词汇在概念上等同于口头描述。检索自动化的目的是为了提高索引的一致性和效率。根据索引员提供的信息，系统可以得出适当的首选术语，对自动分配的相关项目进行推理，并根据推理结果可以采取适当的行动。因为许多图书馆缺乏与专家系统的接触，图书馆用户很少与专家系统进行过互动。此外，大部分以专家系统为导向的图书馆服务随着时间的推移而不断发展与改进，从而适应读者的需要。

（二）自然语言处理

CS 的长期目标之一是教会计算机理解人类语言，计算机语言的最终版本是自然语言。人工智能专家已经能够用有限的词汇和句法建立一个自然语言界面，计算机可以通过自然语言处理来理解问题并给出相应解决方案。

当我们想到"自然语言处理"这个术语时，首先想到的是说或写一个完整的句子并有一个请求和发言的机器过程。自然语言处理利用计算机来理解并处理自然语言文本或语音。自然语言处理系统基于计算机、信息科学、语言学、数学、电气和电子工程等方面，应用于用户界面、多语言和跨语言信息检索（CLR）、语音识别等服务。在图书馆领域，自然语言处理主要应用于搜索数据库，如在线访问公共目录。

一个自然语言处理系统涉及七个层次，为了更好地理解自然语言处理，要区分七个相互依存的层次：音素层面，处理发音的问题；形态学层面，处理词语中承载意义的最小部分，如后缀和前缀；词法层面，处理单词的词义，对语篇进行分析；句法层面，处理语法和句子的结构；语义层面，处理单词和句子的含义；话语层面，处理不同类型文本的结构，并使用文本结构；语用层面，处理文档内容之外的知识。

在现代化信息社会，由于万维网和数字图书馆的普及，自然语言处理面临一个全新领域。相关研究人员指出，为了充分利用网络与数字图书馆，有必要在促进多语言或跨语言信息检索方面进行适当的研究，包括多语言文本处理和多语言用户界面系统。自然语言处理的核心是自然语言理解，构建能够理解自然语言的计算机程序涉及三个主要的问题：思维过程、语言输入的表述和语言输入的意义、世界知识。首先，一个自然语言处理系统从词的层面开始确定词的形态结构、性质以及意义。然后，转到句子层面，确定词序、语法、整个句子的意义等。最后，再转到语境层面，一个给定的词或一个句子可能在给定的语境中具有特定的含义。

（三）模式识别

模式识别技术应用于许多领域，包括心理学、伦理学、认知科学和信息学。模式识别技术基于已知知识或模式的数据，再由一组维度或观察结果进行分类，这些观察结果定义了多维空间中的某一个点。模式识别是由数据采集、预处理、选择字符、选择模型、调试以及评估组成。模式识别技术广泛应用于计算机视觉、图像处理、图书馆机器人等领域。随着信息化时代的到来，图书馆电子信息资源存在传输不稳定、储存失真易模糊的问题，模式识别技术可以很好地改善以上不足。

（四）机器学习

图书馆通过各种供应商购置成千上万的纸质资源和数字资源。在信息时代，面对越来越多的数字资源，机器学习提供了一系列工具来帮助图书馆生成元数据，建设电子数据库。

（五）机器人

机器人利用人工智能技术执行自动化任务，机器人是由人类或者预设的计算机程序来控制。在如今的信息时代，即使图书馆提供数字图书馆服务和资源，但图书馆仍存有大量的纸质资源。这种需要同时提供电子资源和纸质资源的双重压力给许多图书馆，特别是学术性图书馆和研究性图书馆，造成了严重的空间限制。为了解决目前这一困境，急需构建基于空间限制的智能机器人扫描系统与

CAPM 系统，即可以通过网络界面实时浏览纸质资源，同时又可以启动其余机器人，回收所需要的资源。

图书馆日常管理需要进行大量重复和耗时的任务，因此，通过机器人实现自动化图书馆管理已经成为一种必要。在过去的几十年里，已经有许多专家学者研发了与图书馆相关的智能机器人。图书馆使用图书盘点机器人，有助于找到放错位置的书。使用机器人在图书馆内导航，扫描所有的图书，并生成关于丢失和放错位置图书的数据库，可以在图书馆中进行导航而不需要太多的人为干预和协助。

二、人工智能技术在双一流高校图书馆中应用的主要领域

（一）智能用户识别系统

高校图书馆智能用户识别系统包含 RFID 阅读器、LCD 显示屏、RF 发射器、红外传感器、开关。当用户把物品放在相应机器上，RFID 阅读器会读取标签并发送信号给控制器，然后将其信号存储在内存中，并与对应表进行比较。如果信号与对应表信息匹配，将在 LCD 屏幕上显示物品名称以及要取走的物品的总数量。

1. 电子读者证

首先，从用户角度来看，办理手续复杂，借书证也容易丢失；其次，从图书馆员角度来看，借还登记工作量大，而且还要核对用户信息与图书信息是否相符，耗费时间多；最后，从图书馆角度来看，图书借书证以及纸质借还信息卡占用空间多，限制了图书馆空间，给图书馆带来了负担。随着高校图书馆引入电子读者证，简化了用户从图书馆借还书籍流程。目前，高校图书馆引入了智能用户识别系统，通过扫描图书上面的条形码就可以快速得知图书信息。通过一张电子读者证就可以快速地在人工智能机器上查阅图书借还信息记录，进行书籍借阅，简化了借阅流程。

2. 自助借还机

自助借还机是由一台带有触摸屏的计算机和一个内置的 RFID 阅读器组成，

用于个人识别、书籍和其他馆藏资源的处理和流通。通过图书馆 ID 卡、条形码卡或个人 ID 号码（PIN）确认用户身份后，用户将书籍放在自助借还机屏幕前的 RFID 阅读器上，显示屏将显示书名和它所对应的 ID 号码，如果需要，还可以显示其他可选信息，方便读者选择下一步行动（借出或归还图书）。

（二）智能图书定位系统

在高校图书馆引入图书定位系统可以感知图书馆用户和书籍，并以智能算法为基础，可以从图书馆用户的路线中找出到所需书籍当前位置最快的路线。一种方法是通过数字设备上的地图引导，从而找到所需书籍。另一方法是使用 RFID 芯片来测量图书馆用户与书籍之间的距离，用于搜索书籍。最近出现了二维码和位置感知技术，如 GPS、WiFi 和信标。崛起的智能图像、虚拟现实技术和增强现实技术的快速发展也将给智能图书定位系统带来新的机遇。通过允许附加信息被投射到图像上，或者使用智能手机摄像头来识别书籍和物品，智能图书定位系统可以在图书馆中跟踪图书馆用户，既可以定位书籍，同时还可以记录用户、书籍、图书馆空间之间的"智能"互动。

1. 智能书架

在图书馆馆藏资源借阅过程中，使用手持式 RFID 阅读器检查放错位置的图书是目前的主要方法，但是这需要图书馆管理员来回走动并依次检查每个书架，耗费大量人力。基于 RFID 的智能书架可以实现自动检查错位图书，并即时检查图书库存，减轻图书馆馆藏资源统计工作量。智能书架可以显示所需书籍的准确信息与位置，此外还可以根据最新的书籍状态显示书籍的详细信息，包括可借出、已借出和正在使用书籍的详细情况。

智能书架利用 RFID 盘点系统对书架位置和图书位置进行定位，让读者知道图书详细位置与库存信息。在高校图书馆中引入智能书架可以使用户以及图书馆员更好、更快地找到所需书籍位置、具体信息以及借阅情况。一方面，智能书架让图书馆员可以及时整理书籍，上架新书与下架旧书，提高图书馆员工作效率；另一方面，让用户更快更准确地找到所需书籍，减少搜索时间，提升用户体验。

2. 智能定位导航

要想在高校图书馆实现智能定位导航，首先要解决的是地图问题。现在的3D建模技术发达，不仅建模立体真实，细节拉满，连座椅书架形状都可以复制。至于实时定位导航，室内蓝牙定位可以轻松解决。一台智能手机，打开GPS就可以在室外实时定位，启动蓝牙就能在室内定位，而且不需要下载App，只需要打开蓝牙在微信小程序就能实现实时定位。从用户当前所在位置选择目的地即可开始导航，可自行选择路线，同时模拟导航过程回放、退出，手机端导航时支持文字提示和语音播报。

智能定位导航系统将3D技术、现实场景和虚拟场景相结合。将智能定位导航系统应用于高校图书馆可以优化用户交互体验并进一步增强智能服务。在高校图书馆设置3D智能全景导航，使用户可以在其移动终端上获取图书馆布局和图书位置，可以提高文档的相关性并扩大用户阅读范围，通过刺激用户应用可视界面"阅读"来加速高校图书馆智能服务。

（三）智能信息推送系统

基于近几十年的信息化发展，高校图书馆在图书信息推送服务方面取得了显著成果。在信息服务中融合人工智能，具有精准化的显著特征。人工智能信息推送系统可以在信息服务过程中精准定位对象群体、服务对象的需求分析、信息服务的内容定制化生成以及服务提供的方式。

（四）智能座位预约系统

高校图书馆的座位预约系统通过存储在校园卡上的信息验证身份和座位可用性，用户可以选择使用校园卡预定座位。通过RFID读卡器设备获取读卡器信息后，通过与人体红外探测系统和射频读卡器模块相连的蓝牙通讯设备传输信息，信息实时传输至后台数据库，并返回实时座位，给读者提供选座界面。

高校图书馆的座位预约系统可以选择使用校园卡预定座位，也可以通过微信小程序、网页版进行座位预约。

在未配置智能座位预约系统之前，每天都能看到学生和教职员工抱怨在图书馆找到一个空闲位置是多么的累，需要不停走动和寻找，浪费了用户时间。面对这一挑战，高校图书馆开始实行网上预约选座，减少用户搜寻时间，提高图书馆服务效率。

（五）智能服务机器人

首先，虚拟参考访谈服务，图书馆咨询机器人可以通过自动查询处理，了解读者的信息需求，并返回适当的、权威的信息结果。其次，24×7 的读者服务可以让资源中心能够全时间段、实时地与读者联系。再次，在突发公共卫生事件的风险管理中，聊天机器人可以自动传播权威信息和纠正错误信息。最后，将读者意图与之前的信息搜索和理解模式相匹配，并据此对图书馆资源进行分配。

三、基于人工智能的高校图书馆数字阅读推广优化策略研究

（一）数字阅读推广

数字阅读推广是由于信息载体发生变化所形成的新型阅读方式，主要是依靠各种数字化平台终端，以数字化形式获取信息或传递认知。与传统阅读推广相比，数字阅读推广具有时空自由化、内容丰富化、形式多样化等突出特征。

①时空自由化。在当今互联网环境下，用户获取信息的时间和空间限制被打破，仅需通过移动互联设备就能实现随时随地阅读，图书馆提供的数字网络平台为用户阅读提供了广阔的空间。

②内容丰富化。在各类新媒体的加持下，用户能够通过移动智能终端快速检索相关信息，获得丰富的数据内容，云存储、电子支付技术的发展使数字资源获取与阅读更加便捷，相对于传统纸质媒介，用户通过新媒体获取的数字资源结构清晰、内容多样、关联性强。

③形式多样化。网络环境下用户活动形式极大丰富，新书推荐、讲座、阅读竞赛等活动都可以通过线上形式实现，各类信息在 AI 技术赋能下以图文、音频、视频等不同形式展现，帮助用户更加全面、快速理解阅读内容。

(二) 人工智能与高校图书馆数字阅读推广耦合

1. 高校图书馆数字推广构建要素

高校图书馆数字推广由资源、用户、平台和服务 4 个要素组成。资源是指高校图书馆拥有丰富的数字资源，能够为数字阅读推广提供资源保障。在数字化阅读环境中，用户需求会受多重因素影响，其对于资源的需求也是动态多样的。因此，高校图书馆数字阅读推广需要不断深化数字资源建设，建立学科数据库、专业数据库、红色文献数据库等，不断丰富数字资源种类，将音频、视频、立体 3D、全息投影等多种类型资源统筹整合，实现供需两侧资源的精准匹配。用户是高校图书馆数字阅读推广的核心要素。在开放网络环境下，高校师生的阅读需求更加多元化、个性化，高校图书馆要精准定位用户需求变化，快速调整服务措施，使用户的个性化阅读需求得到满足。平台是高校图书馆资源与用户交流的桥梁纽带。信息环境下，高校图书馆应根据用户需求，提升平台的便捷化、智能化水平，满足高校用户的体验需求。服务是高校图书馆资源整合、用户调研和平台优化的综合表现。针对高校用户的高品质需求，高校图书馆应以场景化服务方式全面优化实体空间、虚拟空间和数字智能终端服务，提升服务的有效性。

2. 人工智能与高校图书馆数字阅读推广耦合分析

人工智能对高校图书馆的建设和服务产生了深远影响。人工智能中的大数据、语音识别、机器学习等技术能够支持实现高校图书馆数字阅读智能推广，对海量异构资源进行高效精准检索，提升用户阅读便利性。人工智能与高校图书馆数字阅读推广技术需求高度匹配，能够满足阅读服务的智能化、代理化、个性化需求，丰富推广内涵。资源建设方面，人工智能赋能高校图书馆数字资源深度整合，形成架构清晰、形式多样的数据库，并将用户需求与馆藏资源智能匹配。用户分析方面，人工智能赋能应用数据精准分析用户的个性化、潜在化需求，根据动态需求快速调整服务手段与形式，丰富推广场景，提升吸引力。平台优化方面，人工智能赋能高校图书馆应用自然语言交互、生物识别、机器学习等创新技术完善平台功能，应用关联数据、多源数据、用户画像构建场景化服务架构，推动平台不断迭代更新。服务创新方面，人工智能赋能数据深度分析应用，深刻感知用户对阅读环境、操作环境等的服务需求，及时调整服务环节，满足服务成效需求。作为阅读推广的主要实践者，高校图书馆应在人工智能的加持下逐步完善服务功能，扩展服务范围，探索形成数字阅读推广新模式。

(三) 基于人工智能的高校图书馆数字阅读推广优化策略

1. 创新推广内容，提升推广吸引力

高校图书馆应应用 AI 技术丰富阅读推广内容，创设智能化服务场景，提升数字阅读推广趣味性。当前，高校图书馆阅读推广的内容以专业性资源为主，课外书籍相对较少，推广内容同质化现象严重，因此，可在数字阅读推广中利用 AI 技术增加智能化场景，提升内容的趣味性、互动性和代入感，增强阅读体验，深化用户记忆，提高阅读效果。同时，可利用 AI 技术搭建一个陪伴性、自适应和游戏化的数字阅读推广场景，用户能够在虚拟环境中与其他用户交流阅读信息，分享所得。内容理解方面，可依托大数据技术的智能抉择与精准分析强化信息的整合与应用，有效辅助用户对信息深入理解，引导用户进行知识创新。随着高校学习节奏的加快，在校师生越来越多地使用碎片化时间获取信息，高校图书馆应运用 AI 技术，深度结合用户的阅读历史、习惯、偏好等数据，为其制定专属阅读方案，并定期发布阅读材料，精准对接用户需求。

2. 搭建智能平台，提升推广精准度

当前，高校数字阅读推广实践仍处在起步探索阶段，没有形成系统有效的数字推广模式，导致推广成效不及预期。高校图书馆应充分利用 AI 技术优势，使图书馆与网络平台充分结合，构建形成数字推广平台。各高校可依据自身实际情况选择自建或共建形式建设数字推广平台，使之具备资源整合、评论、分享等功能，提升阅读的互动性和趣味性，有效引导用户进行阅读和思考。近年来，听书服务越来越受高校用户喜爱，高校图书馆应在平台建设过程中强化有声资源库建设，通过采购入馆、筛选网络信息、自主录制等形式丰富数据库，利用智能平台为用户提供有声服务。微信、微博、抖音等 App 是当今高校普及率最高的几种社交工具，高校图书馆可将部分平台服务功能植入社交媒体中，如在微信平台后台接口嵌入智能机器人与用户进行在线沟通，智能机器人根据用户需求提供检索服

务、资源下载等服务，提升用户使用相关功能的便利性。

3. 推动融合共建，提升推广科学性

高校图书馆数字阅读推广是一个系统复杂的工程，仅凭图书馆自身力量难以实现，需要加强与人工智能企业、媒体和馆际之间的融合共建。

①高校图书馆可强化与人工智能企业的合作，利用专业技术力量加速图书馆人工智能设备与场景布置。基于 AI 技术的数字阅读推广当前处于理论研究和实践探索阶段，专业技术力量更是极其缺乏，强化与人工智能企业的技术合作能够使推广需求、服务实际与专业技术力量完美匹配，不但能保证数字阅读推广工作效率，还能提升数字阅读推广的系统性、科学性。

②高校图书馆可强化与媒体的合作，提升推广传播力，借助新媒体平台能够有效提升阅读推广的覆盖度，同时利用新媒体平台的素材、信息加工和后台数据整合等优势，实现人工智能赋能后推广资源的二次加工，提升数字阅读推广的感官冲击力，同时利用新媒体平台为用户搭建信息交流的平台，扩大数字阅读推广传播力。

③高校图书馆可强化馆际合作，AI 技术的应用与开发需要在长期的服务实践中不断完善优化，强化馆际合作有利于高校图书馆在数字阅读推广中分工合作，形成各具特色的推广格局，有效解决推广主体单一、推广同质化问题，促进高校图书馆推广主体多元协同，形成高校图书馆数字阅读推广体系。

第二节 高校图书馆数字化建设

一、高校图书馆数字化建设主要方面

（一）图书馆数字资源建设

1. 图书馆数字资源建设的重要性

随着高校图书馆的不断建设与发展，图书馆数字资源建设已经成为必然趋

势,其重要性反映在以下方面:其一,数字资源建设与网络时代公众阅读习惯需求相符。随着信息资源与信息载体的多元发展,社会广大群众的阅读习惯发生了极大改变,人们的阅读方式已经不再受到纸质读物的局限,手机、网络等途径的阅读逐渐成为主导,为此,图书馆应与公众阅读需求相适应,在数字资源建设中注重提高读者阅读服务的便捷性。其二,数字资源建设与现阶段的信息取向多样性需求相适应。在互联网逐渐深入人们日常生活的今天,网络信息资源极为丰富,大众化信息产品也不断更新换代,同时,人们更加注重信息的获取效率,传统的图书馆资源查询方式已经难以满足读者需求,为此,在进行数字资源建设的过程中应注重使读者的信息需求得到满足。其三,网络信息环境下的文献资源呈多样化发展,而对应文献资料的记载方式也呈多元化,其中,多媒体与数字化逐渐成为文献资料记载的发展趋势。

2. 图书馆数字资源建设遵循的原则

在进行数字图书馆建设的过程中,为了保证数字资源的建设质量,图书馆应以数字图书馆服务质量的完善作为主要目标,并谨遵以下建设原则。

第一,遵循系统性原则。通过统一化管理各类文献资源,更好地满足用户的图书检索需求。同时,以各个学科的发展情况为依据,促进图书馆馆藏资源的不断完善,从而使图书馆数字资源形成可持续发展的系统。

第二,遵循特色化原则。在图书馆数字化建设的过程中,在满足读者需求的基础上,应注重数字资源的特色化建设,将图书馆的借阅查询优势充分显现出来。

第三,遵循共享性原则。当前,随着生活节奏的加快,人们对信息的需求越来越大,仅凭借图书馆自身的信息资源无法满足人们对信息的需求。因此,图书馆可以通过信息资源共享性的不断提高,实现与其他图书馆或文献信息机构的信息共享。

此外,在进行图书馆数字资源建设的过程中,应提高知识产权保护意识,因为不论是信息资源的数字化过程,还是信息资源共建共享的实现,都与知识产权有重要关联。因此,为了推动图书馆数字资源的建设与发展,知识产权法应进行不断更新与完善。

3. 图书馆数字资源建设的主要内容

在进行图书馆数字资源建设的过程中，首先，应以图书馆的自身特色与受众对象为基础，自建或购置适宜的商业数据库，比如，选择中国期刊全文数据库、万方数字化期刊数据库等具有权威性的数据库，使读者的信息需求得到满足。其次，借助互联网信息资源对图书馆数字资源进行补充。当前，互联网上有很多免费的信息检索网站，借助这些网站，能够将更多的专业文献资料检索提供给读者，为此，图书馆可以以自身技术优势为基础，对各种网络信息资源进行合理开发，从而使图书馆数字资源得到不断丰富与完善，并对新的服务领域进行开拓。再次，将图书馆馆藏中的电子出版物、光盘等的作用充分发挥出来，使读者的阅读需求得到进一步满足。最后，注重图书馆文献信息的数字化制作，促进文献资源利用率的提高。比如，对于价格昂贵的文献资源，可通过图书馆馆员的数字化制作，增加其载体形式，从而保证读者对重要文献资源的借阅需求。

（二）数字图书馆平台与应用系统建设

1. CALIS 应用体系成果

到目前为止，CALIS 已基本建成七大体系，由不同应用系统支撑。一是多种图书馆联盟体系，包括所有省级共享域联盟、部分城市共享域联盟、学科共享域联盟；二是国外文献资源联合采购体系，支持集团采购、协调采购和自主采购等方式；三是全国联机编目体系，通过采用联合编目套录、数据规范化、数据清洗、数据回溯等多种方式进一步保障和提升数据质量；四是全国高校文献资源整合和发现体系，包括数字资源交换、数字资源整合和管理、多层次资源发现、外文期刊网（CCC）、联合目录 OPAC 以及各类专题资源搜索服务等，从不同层面和不同角度为读者提供资源发现服务；五是全国高校文献传递（获取）体系，通过统一身份认证和文献获取等云平台建立"一个账号、全国获取"的文献获取服务模式；六是数字图书馆云服务技术支撑服务体系，对一系列 SaaS 服务提供不间断的系统运维保障和技术支持服务；七是馆员培训体系，提供在线培训系统，提升馆员业务水平。

2. CADAL 建设成果

CADAL 项目的数字图书馆技术环境建设子项目是为支撑百万册数字图书制作、管理与发布服务的，建设的应用系统包括数字对象制作系统、数字对象管理系统、门户、视频结构化与摘要生成、多媒体信息检索、珍贵濒危文物数字化修复与整容、多媒体数字资源的综合推理、知识管理与服务、双语服务、多模式文语转换、虚拟现实应用等。

CADAL 二期紧密围绕数字资源生命周期中各个环节的实际需求，规划实施了 13 个子项目，涉及数字资源加工、整合、组织、利用、检索、服务等各个环节，涉及系统包括门户服务、主动信息服务技术、跨媒体智能搜索与推理技术、海量跨媒体信息的知识管理与挖掘、多语言自动翻译系统、新型跨媒体数字图书馆体验平台、数字图书馆新型输出技术平台、数字化工作流管理平台、海量数字图书馆新型体系结构和存储机制、中国书画系统、中国文学史研究信息系统、中医药综合信息服务系统、疾病资源数字化信息系统等。

3. 未来展望

随着智能计算、移动互联网、大数据等现代信息技术的快速发展，图书馆用户对图书馆服务需求随之发生不断变化，智能化、移动化、泛在化逐渐成为图书馆的主要发展趋势，图书馆多种形式的业务外包以及馆间的服务整合和高效协作将逐渐成为常态。CALIS 也在积极探索下一代图书馆发展和服务模式，努力建设以"普遍服务"为指导思想的"精细化""层次化""社会化"和"国际化"的、以数字资源和数字化服务为主要支撑的图书馆协同服务平台。

二、高校图书馆数字化建设发展趋势

（一）数字图书馆资源建设

1. 从数字资源整合走向数字资源聚合

"数字资源整合"是把不同来源的异构数据库的数字资源进行优化组合的过程，即是把各个相对独立的数字资源（库）结合为一个新的有机整体，清除彼此间的冗余信息，减少内容重复，链接一、二次文献等。由于数字资源越来越呈现出海量、非结构化、多类型的特征，上述整合方法已难以满足实际的需求。

"数字资源聚合"不同于传统的一、二次文献链接，通过目录库对资源进行整合，而是借助信息单元间的语义关联，构建一个内容相互关联、多层次、多维度的资源体系，形成科研对象实体、学科内容、概念主题为一体的立体化知识网络。更进一步的聚合，则是通过知识广度关联和基于语义揭示实现多维聚合组织，由关注"本体"等特定领域的应用研究，转向关注知识间"等同""等级""相关"等逻辑层面的联系。

2. 开放学术资源已成为学术研究不可或缺的资源

开放获取出版者的增加、出版模式的创新、机构知识库对学术论文开放获取的促进、科研人员和科研资助机构对开放学术资源的支持，促进了开放学术资源的迅速发展，开放获取期刊和开放获取论文的数量迅速增加，开放获取期刊的影响力不断增强，传统期刊出版商积极进入开放获取市场，研究机构共同推动SCOAP3（国际高能物理开放出版计划）转换开放模式，即将文献采购费转换为开放出版服务费，将高能物理领域高水平论文全部实行开放出版，同时取消订购费和论文处理费。

3. 科学/研究数据成为图书馆关注热点

网络和计算技术的广泛使用，使可获得的各类数据呈爆炸性增长。利用计算机对这些数据进行分析总结，可以获得从实验研究、理论研究和数字模拟难以得到的理论成果，导致出现数据密集型科学，即科学研究的第四范式。服务于教学科研的高校图书馆也由此开始密切关注科学数据，并尝试着收集、组织和开发利用，服务于新时代的研究范式。

4. 纸本馆藏的共享/协调管理

OCLC通过研究纸本馆藏的动态变化、图书馆参与研究和学习的行为以及学术交流的发展趋势，预测图书馆馆藏资源的关注重点、边界及其价值变化。图书馆从关注本地馆藏和服务转向对基础设施建设的合作（Coop-erative Infrastructure）、集合馆藏（Collective Collections）、共享技术平台（Shared Technology Platforms) 以及超越机构之上（above-the-institution）的管理策略。OCLC 预测现有分布在众多图书馆的印本馆藏，将有很大一部分在几年内进入协调或共享管理（Coordinated or Shared Management）。

（二）数字图书馆技术与系统

1. 从传统集成管理系统到基于云服务的管理系统

当前，涵盖图书馆在内的很多机构已经不再自行维护本地数据、软件、系统等，而是借助委托"云服务"机制，获取所需服务。在云服务的作用下，图书馆不仅降低了运维成本，还加强了各类数据的大规模网络集成。当网络云服务的服务力与吸引力不再发挥作用时，单一的系统很多被发现并合理运用，其经济价值自然难以得到证明。这已经不是纯粹的技术模式转移，实际上是将建设与发展的焦点从技术向服务的转移。OCLC 的云服务愿景是面向图书馆的网络（Web-Scale）管理服务，以这些网络化服务为支撑，有助于图书馆实现采购许可管理、综合资源管理、虚拟本地目录等，将绝大部分后台管理置于网络化服务，能够便于将精力集中，增强与用户之间的交互，从而提供更加良好的服务。

"数字图书馆联盟基础服务云"将是未来各类数字图书馆联盟的共同的基础性平台，由各联盟成员共同承担其费用。这个平台通过整合联盟成员或联盟外的各种资源，向联盟成员提供云服务，嵌入本地数字图书馆体系，提升成员的能力。

2. 新一代图书馆服务系统崭露头角

随着图书馆数字资源的增多，读者需求与行为方式在潜移默化中发生变化，加快了移动阅读、远程访问等的普及。由于传统图书馆自动化系统既无法对关于数字资源的各方面进行有效管理，又无法对全媒体时代图书馆需要面对的馆藏类型进行合理管理，因而"新一代图书馆服务系统"应运而生。在"新一代图书馆服务系统"的作用下，图书馆服务与业务实现了全面升级，资源发现能力、资源管理能力、业务流程管理能力得到进一步加强。从技术层面上看，主要是对云计算技术与 SOA（即"面向服务的架构"）有了较为全面的应用。

3. 关联数据在图书馆的应用越发广泛

国外一些图书馆与项目已经将图书馆资源发布做成关联数据，比如，通过对 SRU 服务的利用，OCLC 为 VIAF 提供关联数据，WorldCat.org 书目元数据也以关联数据发布。利用关联数据可以扩展资源发现服务，实现数据融合与语义检索，改善图书馆信息资源的组织、利用和检索服务，将图书馆的信息资源与网络资源连接起来，提高图书馆的可见度和价值。

（三）数字图书馆的服务

1. 数据挖掘与分析服务

随着大数据时代的逐渐深入，读者的信息素养随之显著提升，对信息质量与数量的要求也越来越高，这就要求图书馆提供更加全面的读者服务。因此，图书馆应以读者需求为中心，做出合理的服务策略转变，从大量的数据中对潜在价值进行分析与挖掘，这将成为大数据背景下的数字图书馆的主要业务之一。对于处在大数据时代的图书馆，其数据的处理范围、目的、对象、方式等将发生极大改变，为此，应制定科学、合理的服务方案与策略。同时，传统业务将转移到数据的分析与挖掘，并逐渐成为图书馆的重要业务，将一定的数据分析与挖掘服务提供给企业、政府等社会机构，会成为大数据背景下的图书馆的一般性服务内容。

2. 知识服务

在数字信息时代，信息、数据将成为知识单元，信息变成能够计算的知识。对于用户而言，需要的不仅是信息本身，更需要将问题合理解决的方法。用户对信息服务的需求正逐渐转为对知识服务的需求。高校数字图书馆作为高校提供知识服务的主要平台和载体，还需进一步整合多元信息资源，满足用户多维、个性化需求，提供深度数字参考咨询服务，同时应与移动服务、新媒体服务、云服务等新兴服务相接轨，以提高和拓展知识服务水平。

3. 移动服务

当前，移动设备将成为获取信息内容、服务的主要渠道。依托无线网络、互联网和多媒体技术，人们可在任何时间、地点方便灵活地获取图书馆服务。目前，国内很多公共图书馆、高校图书馆都提供了移动服务。可以说，移动数字图书馆的发展，真正实现了将数字出版技术、新媒体技术和硬件设备进行完美结合，有效解决了数字图书馆在用户中的进一步广泛应用及推广问题，将成为国内外图书馆界所关注和发展的热点与重点。

4. 协同服务

目前，由于用户对图书馆服务的需求与要求越来越高，专业化、精细化成为图书馆服务的主要发展趋势，这时，单一图书馆是很难凭借自身的资源来满足用户需求的。为此，数字图书馆可以不断打破人、财、物、流程、信息等资源之间的各种边界与壁垒，以促进服务质量与资源利用效率的提高。

5. 数据监管服务

数据监管主要是为了使数据的当前使用目的得到保障，并能够在未来进行再次发现与利用，它是以数据产生为起始，对数据进行管理与完善的整个过程。通过数据监管，有助于研究者发现数据、检索数据、确保数据质量、提高数据价值，并且能够对数据进行不断的重复利用，增加数据的使用效率与使用价值。

第三节 高校图书馆微服务平台

一、微信平台在高校图书馆中的应用

（一）微信平台介绍

1. 微信

微信是由腾讯公司出品，在手机上实现沟通交流功能的智能应用程序，支持手机主流操作系统。微信凭借其强大的信息通信功能、低廉的通信成本、便捷的支付方式，拥有了庞大的粉丝数量。

2. 微信公众平台

微信公众平台是在微信的基础上开发的全新功能模块，它可以推送多媒体讯

息、自动回复、自定义菜单等功能，而且可以实现与关注用户之间的频繁互动，达到良好的宣传营销效果。

微信公众平台目前包括三种类型：订阅号、服务号和企业号。三种类型的公众账号有不同的开发接口权限和功能，注册时，要慎重考虑选择，因为一旦选择并成功注册后，类型是不能更改的。如需更改，则需要重新注册，且注册的新账号不能和已取得认证的账号重名。

普通订阅号和普通服务号注册便捷，功能简单，但仅以传播消息为主。如果想实现更多、更高级的功能和权限，就需要申请认证订阅号和认证服务号。如针对企业内部的运营和管理，可以申请企业号。

（二）在图书馆中加强微信服务的建议

1. 重视微信平台建设，创建微信服务品牌

微信用户主要是中青年，而这一部分群体也是图书馆读者的主体，尤其是高校图书馆读者群。图书馆要以服务为核心理念，将微信融入图书馆服务。首先，图书馆管理者要改变观念，接受移动互联网信息传播新方式，全力支持微信平台建设。其次，努力打造自己馆的品牌，提高关注度。最后，保障微信公众号的专有性，公众号是图书馆为读者提供服务的平台，也是图书馆形象的代表，图书馆要维护自身微信公众号平台账号的专有性，不允许其他单位或个人以图书馆名义申请，并保护读者信息安全。

2. 强化微信服务内容，提升微信服务质量

现在是一个越来越注重质量的时代，要打造一个好的微信传播平台，必须研究读者关注的重点和需求，了解用户阅读习惯，培养用户依赖感，所以图书馆微信账号在推送信息时要强化内容管理。首先，提高原创性，适时地融入人文、美学等理念；其次，要结合自身馆的特点，策划有吸引力的话题，激发起读者的兴趣与关注。最后，借助微信平台向用户提供生活、学习信息，比如实时交通播报、天气信息查询、图书馆内消费的微信支付等，也可与教务系统等进行对接，提供课时、考试信息的查询。

3. 发挥微信互动功能，开展即时咨询服务

微信提供了馆员和读者之间及时沟通的桥梁，对读者的咨询工作真正做到"无微不至"。首先，在合理的时间，设置微信咨询员小组，做到实时交互沟通。其次，提高自动回复的准确性，提供自助服务，可提供自助回复借还日期、续借、自查书目等咨询请求。最后，语音留言咨询信息或定制自己所需信息请求，由图书馆提供主动服务。

4. 提高微信平台宣传力度，扩大关注群体

图书馆在开通微信服务的同时，必须重视其宣传推广工作，扩大关注群体才能收到预期的成果。需充分调动各方力量，采用多途径、全方位的宣传攻势。首先是线下的宣传活动，即传统的宣传手段，如利用每年的读书月活动、新生入馆教育、日常讲座等契机发放宣传单、张贴宣传栏等方式，也可以在图书馆入口、阅览桌椅上等公布账号二维码，进行立体式宣传。其次是网络宣传，利用图书馆网站、QQ群、邮件推送等途径进行宣传。最后，通过专门的推广活动，比如关注有奖、使用有奖等提高公众号的关注度。

二、微博平台在高校图书馆中的应用

（一）微博概述

1. 微博概念

微博（英语：micro-blog；又称微型博客，微博客）是一种允许用户及时更新简短文本（通常少于140字），并可以公开发布的微型博客形式。用户可以通过网页、客户端软件、API第三方软件或插件等来收发信息、传收图片等，实现资源信息共享和传播。目前，影响力比较大、市场占有率较高的是新浪微博和腾讯微博。随着微博版本的不断升级，微博功能不断丰富。评论、转发、点赞、收藏、打赏等功能很大程度丰富了用户体验度。视频微博的推广也使用户之间的交流更加多元化。

微博的快速发展为图书馆提供了新的交互式服务平台，图书馆可利用微博进

行开发利用，开拓一个新的服务领域。

2. 微博的基本要素

微博主要包括3个基本要素。

账号类型：分为个人账号和机构账号，也可分为认证账号和非认证账号。

发布渠道：用户可通过网络平台、手机客户端和第三方软件等渠道注册、登录或访问微博。

互动模式：一是"加关注"方式，主动接收关注用户发出的微博信息；二是交流，即通过评论、转发、私信等方式进行回应和互动，交互性更强。

3. 微博应用于图书馆服务的优势

①微博的操作简易性。微博操作简单，低条件进入，且具有广泛的发布渠道，汇聚了强大的用户群体，为图书馆利用微博进行读者服务提供了群众基础。对图书馆而言，开通微博成本投入低、使用简单，可以在短时间内达到传递信息的目的，增加了一种新的服务方式，形成对传统服务的有力补充。

②微博的内容简洁性。微博字数要求在140字以内，内容简洁明了。而图书馆的一些简明通知，比如节假日开闭馆通知、讲座培训活动通知、数据库开通使用等信息，都比较适合利用微博进行推送，也可以直接推送网页链接或转发其他图书馆或行业个人微博信息共享给本馆读者。这种精简的微博信息内容更能引起读者的关注和阅读兴趣，达到更好的宣传目的。

③微博的即时互动性。读者可以通过关注图书馆微博，任何时间、地点，对感兴趣的话题做出回复和评论，也可以向在线馆员提出咨询问题，在线馆员可快速解答。微博平台的交流内容是完全公开的，任何用户都可以随时查看评论。这种即时互动性为图书馆和读者搭建了一个快速高效的互动交流平台，提高图书馆参考咨询服务质量和效果。

（二）微博与微信在图书馆服务推广中的区别及整合

相比传统服务，微信服务和微博服务都有着很大的传播优势，且应用越来越广泛，充分利用好他们之间的功能区别，才能建设好一个完整的微服务体系。

1. 从功能定位上看

微博是一种开放的、基于用户关系的信息分享平台，适于传达图书馆的价值和理念。所以，把微博定位于动态信息的发布，更加注重宣传和推广。微信作为一种即时通信软件，工具特征比较明显，它的价值在于为用户提供一种移动接入方式，将互联网服务延伸到移动终端，并可以经过二次开发，更加侧重于实用的移动图书馆服务。

2. 从信息的推送方式及内容上看

微博更加注重发布内容的撰写，微信更关注用户需求。微博可以把图书馆的各类信息以图片、文字、视频等形式及时广播出去，用户通过关键词进行搜索查询；图书馆、粉丝、未关注用户之间都可以进行互动，开放程度相对较高，形式也比较灵活。适合发布活动通告、需求调查、评价与反馈等要求宣传范围广、需要时间短的信息。微信用户在互动时更多的是使用一对一的单独沟通，不对其他用户开放。其发布重点应该着眼于将用户群体细化分类，根据不同层次的需求，提供更加有针对性的服务，或实现一对多的培训、互助学习等服务。

3. 从开发应用角度上看

微博和微信都提供了可供开发的应用程序编程接口（API）。微博 API 主要可以实现将本馆微博链接或者发起的话题讨论内嵌于图书馆主页，读者在访问图书馆主页时直接参与微博交流。而微信公众平台的接口功能菜单更加强大，通过利用微信自定义菜单功能，可以直接发布新闻报道、资源检索等多种图书馆服务应用。同时读者可以绑定自己的账号，进行借阅情况查询、座位预约、订阅信息等。通过微信公众账号，图书馆可提供更便捷高效的主动服务。

三、微视频在高校图书馆中的应用

（一）微视频概述

微视频即视频短片，一般短则 30 秒，长则不超过 20 分钟，它的内容涉及面非常广泛，形态也多种多样。一般涵盖微电影、纪录短片、微课视频、视频剪辑短片、广告片断、DV 等，可通过普通 PC、手机、DV、iPad 等视频终端摄录。具有"短、快、精"、大众参与性、随时随地随意性等特点。首先，智能手机的普及和网络宽带的提速发展为微视频的发展提供了大环境的支持；其次，微视频本身的特点迎合了用户的信息获取方式的需要，尤其是年轻用户的支持；最后，伴随着软硬件和多媒体技术的发展，微视频的制作越来越大众化、简单化、易操作化，一部手机或一台摄像机就能完成微视频的拍摄、制作、后期加工等，这些都推动了微视频的快速发展。

（二）微视频在高校图书馆中的应用分析

通过对山东省地方高校图书馆网站、官方微博主页以及在优酷、腾讯、爱奇艺等视频网站的检索调查，微视频在高校图书馆中的应用可以分为以下几类：

1. 微视频在信息素养教育中的应用

提高大学生信息素养水平、开展信息素养教育是图书馆重要的工作内容之一，利用微视频开展培训活动，可以充分利用读者碎片时间、提高课堂效果，很好地迎合大学阅读习惯。

（1）微视频在信息素养教育中的优势

①提高授课质量，减少教师重复性劳动。教师可以在充分的精心准备之后，录制制作教学视频，并且可以对内容反复修改，对呈现效果进行后期剪辑等，确保授课视频的质量。同时，减少了教师统一课堂内容在不同班级的重复宣讲的重复劳动。上课时，不会受到教师因身体原因、情绪波动带来的授课效果的影响，提高了课堂效率和授课效果。

②激发学生兴趣点，提高学习效率。传统课堂容易产生教师讲授过程内容枯燥、节奏单调、学生注意力不集中的现象，而短视频的授课模式内容紧凑、形式活泼多样，能抓住学生的兴趣点，符合网络时代学生的学习习惯，保持注意力集中状态，提高学习效率。

③易于保存和传播，可反复观看学习。短视频短小精悍，存储空间要求比较低，易于在互联网上保存和传播，学生可随时随地下载保存，反复观看学习。图书馆可通过图书馆网站、微信公众号、微博、视频网站等途径进行广泛传播，扩

大受众面，即使校外人员也可以了解学习。

④主题明确、学习模式多样。短视频的特点决定了它的内容必须主题明确、针对性强，一个短视频可以只介绍一个或几个知识点，教师可以针对不同院系、专业的学生，根据学科特点，设置不同的教学内容。在课堂上也可以通过线上观看、线下讨论、练习等多种方式进行教学，教师负责引导、答疑，让学生成为课堂的主体。

（2）微视频在新生入馆教育中的应用

新生入馆教育是大学新生认识图书馆、学会利用图书馆资源、提升信息素养能力的第一课，传统的入馆教育一般采用发入馆教育学习手册、开展培训讲座、进行实地参观、答题活动等方式，一般都会面临时间紧、内容多、学生多、教师少的现象，而利用微视频可以有效地解决这一矛盾。利用微视频进行入馆教育流程基本可以分为以下几部分：

①确认需求信息。传统做法的新生入馆教育内容一般包含图书馆概况介绍、规章制度说明、图书馆布局介绍、馆藏纸质资源的借还、续借、预约等操作流程、数字资源的使用等。但这些大而全的介绍一下子推介给刚踏入大学校门还有些懵懂的新生，能领会的内容并不会很多，等到实际应用的时候还是会遇到各种问题。鉴于短视频的特点，首先找到新生最感兴趣的、最急需的内容。首先，每年新生入馆的时候都会遇到各种问题到咨询台进行咨询，咨询馆员可以把这些问题进行收集、分类、整理出新生需求信息。其次，图书馆可主动挖掘新生需求，例如，图书馆可以向新生发放调查问卷、现场咨询互动、图书馆网站或微信公众号上链接问卷调查等方式，收集信息。最后，鼓励新生参与到新生入馆教育短视频的制作过程，实地感受短视频内容的实用性，并提出修改建议。

②确定视频内容框架和主题。根据搜集到的需求信息，确定内容主题。原则上一个短视频应该有针对性的主题或一个知识点。内容要充分体现本馆特色，紧贴读者需求。然后对内容进行分类排序、安排整体框架。

③视频制作。

第一，制定统一的视频制作标准，比如视频的格式、分辨率、清晰度要求、大小、剪辑标准等。

第二，安排人员拍摄，可以邀请专业人员拍摄，也可以让摄影或新闻专业的学生或学生馆员助理、勤工俭学同学一同参与，在教师指导下进行拍摄、制作。制作过程本身就是一个自主学习探索的过程，解决信息检索、视频制作、拍摄技术、科学规划等问题，使学生信息技术实践能力得到锻炼和提高。既节省了经费，又提供了实践机会。

第三，内容录制。视频内容可以分为三类，一类是教师课堂实景录制，拍摄课堂上课过程；第二类是实地参观场景拍摄，把图书馆布局根据入馆流程实地拍摄，第三类是电脑或手机操作录屏，主要针对数字资源的用法等。

第四，后期制作。采用多种视频制作工具、图片处理工具、格式转换等技术，对视频进行后期编辑加工处理，一般包含图片的美化、声音处理、添加背景音乐和字幕等工作，形成完整的作品。

第五，根据主题分类建设好页面，做好网页发布链接，可以形成专用二维码。

④宣传推广。很多学校在新生入学通知书上就会列上入学教育内容，入馆教育是入学教育的一个重要组成部分，可以把入馆教育微视频链接网址或二维码嵌入入学教育流程，提前进行。其次，可以利用图书馆主页、微信公众号、宣传栏进行宣传，并强调入馆教育的重要性。

⑤评价与改进。入馆教育视频设置"点赞""转发""评价"功能，读者可以自由转发、点赞和评论。通过微视频的点击量、转发数、点赞数等可以直接了解微视频的使用情况；通过评论更能直接了解微视频的质量和在读者中的反馈意见。图书馆员通过后台可以对微视频的播放量、转发数、点赞数进行统计和算法分析，给出对视频的评价。对于评价比较高的微视频可以通过图书馆网站、微信、微博等进行大范围宣传推广，提高影响力。对于评价比较低的视频，进行原因分析改进。通过这种评价反馈机制，促进图书馆与读者的交流，了解读者感兴趣内容、视频内容上是否简洁明了、重点突出、视频风格是否符合大学生的审美等方面内容。

2. 微视频在参考咨询服务中的应用

高校图书馆目前开展了多种形式的在线咨询服务，一般包含咨询知识库、微信（群）、QQ（群）实时咨询、微博咨询、电子邮件咨询、在线表单咨询等。其中咨询知识库的建设是一个重要的方式。

图书馆员可根据平时的咨询问题，选取最普遍的、具有代表性的问题，编辑成库，形成可检索、浏览的参考信息源。其中，可选用微视频的形式，形象直观地展现问题及答案。图书馆员可将微视频的链接页面进行宣传推广，分享给读者。读者可以在任何时间、任何地点进行检索浏览，获取解决问题的途径，同时也提高读者信息素质能力。

3. 微视频在图书馆阅读推广中的应用

图书馆阅读推广活动是通过一系列策划、实施的对图书馆资源进行推广宣传，以提高馆藏资源利用率的活动总称。有时也不仅限于对馆藏资源的推广，还包括对新书的宣传、对阅读习惯、阅读认知的宣传。微视频的形式在近几年的阅读推广活动中应用越来越广泛。阅读推广微视频内容可以分为以下几类：

①"荐书人"推荐主题微视频。确定荐书主题，为了保证"微视频"的宣传效果，可以选择名著、热销书等确定书目，寻找合适的"荐书人"，如果能请到作者最好，也可以找有一定影响力的作家、诗人、公众人物，也可以是对书有一定影响力的书评作者、读后感作者，对书进行评价式的宣传推广。

②宣传推广广告片。为了提倡人们参与阅读，很多媒体推出了阅读推广公益广告片，比如央视推出了阅读推广系列广告片，以阅读为主题，完美诠释阅读的意义，达到阅读推广的目的。

③"书片花"微视频。书片花类似于电影的预告片，用3—5分钟的时间演绎书中的一个片段、一个故事，或一个小哲理，多方位多角度地在允许的时间内展现故事情节，并设下悬念，引起人们阅读原著的欲望期待。

四、微书评在高校图书馆中的应用

（一）微书评介绍

1. 微书评概念

书评：是指评论或介绍书籍的文章。它以书籍为对象，分析书籍的形式和内容，结合作者自身读感和阅历，阐述作品的学术性、知识性、思想性和艺术性，在作者、读者和出版商之间搭建信息交流的渠道。

微书评：相对于书评来说，它是伴随着微博的流行而产生的一种新的书评文体。它也以书籍为对象，进行介绍分析和评价，但是它的字数控制在140字以内，以言简意赅的语言对作品进行精辟的分析、阐释与评价。

2. 微书评特征

①微语言、内容短小。"短、精"是微书评的显著特点。利用微语言，寥寥几语即是点睛之笔，点出一本书的神韵所在。传统书评一般很重视书的写作方式，很多时候需要逐字逐句细细斟酌，而微书评很多应用网络语言，语言自由活泼，不注重形式，更注重思想的独特性和感情的真实性，更容易拉近和读者之间的距离。

②点评论、瞬时感受。由于受字数的限制（一般140字左右），微书评只能抓住一本书最精彩、自己感受最深的观点进行评论，以激发其他读者阅读的好奇心。是作者在读书时的真情实录，是一种瞬时感性阅读感受的抒发。

③受众广、参与性强。微书评创作不需要高深的知识渊源，也不需要较高的写作水平，寥寥几笔，随感而发，随时随地都可以创作发布，并通过微书评网站、微博、社区等渠道，与书友互通有无、探讨读书乐趣。

（二）图书馆开展微书评的意义

1. 激发读者阅读热情

微书评寥寥数语点出一本书或文章的精髓，能吸引读者的兴趣度。通过微书评交流分享自己的阅读点滴，得到新观点、新思维的启发，享受阅读快感。这种短而精的微书评更能激起读者们尤其是缺乏自主阅读能力的少儿读者的阅读热情。

2. 帮助读者树立正确的阅读观

优秀的微书评，能培养读者的审美眼光与批判意识，还能帮助读者正确认识图书，了解图书的核心内容、价值及书评作者的感悟，从而拓展读者的阅读视野，引导读者思维，帮助读者树立正确的阅读观。

3. 微书评促使图书馆文献资源采购更有针对性

每年出版的图书信息是海量的，图书馆采编人员如何利用有限的经费，从海量信息中选出最适合读者的书，满足读者的需求，是其最基本的任务。微书评是读者的读书心得和阅读体验。采编人员可以通过微书评信息，来辨别图书的优劣和在读者中的反映，微书评在读者和采编人员之间架起了沟通的桥梁，增加了资源被正确选择的概率，减少了文献信息收集的盲目性。

（三）图书馆利用微书评开展服务营销模式

微书评的利用模式一般为：借由平台采集、梳理整合、分级归类，对质量较高的书评进行宣传推广，借此达到阅读推广的目的。开展微书评的平台有多种，比较常见的是微博、留言板、网页跟帖留言、线下留言本、电子邮箱等。推广模式有以下几种：

1. 大赛模式

组织策划灵活多样的图书微书评大赛活动，比如同济大学举办的"济品悦读"微书评大赛，首都师范大学的"品书评句悟道抒怀"微书评大赛，江苏理工学院图书馆举办的读书节系列活动之经典赏析微书评大赛等，涌现出很多优秀的微书评作品，也掀起读经典、评经典的热潮。

2. 微博模式

建立图书馆微博经典微书评群，构建一个读、荐、评的平台。在微博上利用微书评的方式推荐有学术价值和信息价值的经典书目，吸引书评专家、作家和学者等的参与，与读者交流阅读心得体会，探讨读书心得等。

3. 微信模式

图书馆可把关注图书馆微信公众账号的读者粉丝群进行分组管理，利用微信的群聊功能，建立馆员和读者之间的经典阅读沟通群，组建有相同阅读兴趣的读者群，开展相关经典的阅读体会交流与讨论，进行经典阅读的推广。

4. 团队模式

图书馆需充分利用图书馆的人才优势，由资深馆员和优秀读者组成专业的微书评阅读推广团队，首先他们是微书评写作的主力军，其次他们是微书评的推广者和宣传者。需充分调动他们的写作积极性，培养服务推广意识，加强技术建设，鼓励成员献计献策，集合团队智慧为读者服务。

5. 共享模式

每个图书馆的微书评资源是有限的，可以构建图书馆微书评数据库，加强各个图书馆之间微书评阅读推广服务的合作，实现优势互补和资源共享，为读者提供经典阅读的优质导航。也可以联合各大媒体和读书网站，扩大微书评推广阵地，打造全民共享的微书评展示、宣传、推广平台，实现经典阅读微书评资源共建共享。

6. 数据库模式

把经过筛选的、质量较高的微书评进行编辑加工，以数据库的形式保存。数据库一般会有检索、下载、评论等功能。把微书评数据库对读者开放检索下载。通过对读者的检索下载操作的统计分析，可以挖掘读者的阅读兴趣和习惯，从而可以为图书馆员提供个性化服务提供参考依据。

微书评是图书馆经典阅读推广服务领域一道亮丽的风景线，也是图书馆与时俱进创新服务的探索，是图书馆服务更加人性化、个性化的具体体现。

（四）图书馆开展微书评服务影响因素

1. 社会环境因素影响

任何事物的产生、发展都受社会大环境的影响，微媒体的飞速发展推进了微书评的发展，同时，也会受到政策制度、经济发展状况等的影响。从经费支持、舆论导向都应该加大对图书馆阅读推广活动的支持力度，引导其健康发展。

2. 管理制度因素影响

健全完善的微书评服务管理制度可以确保微书评服务工作过程合理合法、规范标准，是微书评服务健康有序发展的重要保障。但从目前的发展来看，很多图书馆都缺乏相应的管理制度，导致工作过程中职责不明确、责任推诿、效率低下，即使有的馆有一定的规则规定，也存在着规划不周、形式落后等弊端，大大影响了微书评服务工作的开展。

3. 人员主体因素影响

微书评服务的主体——图书馆员的素养水平直接影响着微书评服务质量。首先，图书馆员必须具备活动的组织策划能力、专业技术能力、一定的阅读欣赏水平，才能为读者进行讲解宣传、点评推介，发挥微书评的导读功能。其次，参与微书评撰写主体、信息采集主体也直接影响微书评服务质量。

4. 技术发展因素影响

受社会、技术因素发展的局限，目前的微书评一般在微博、微信平台等第三方平台开展，还没有功能完善、统一专用的微书评服务 App，减少了服务开展的话语权和灵活度。

（五）图书馆开展微书评服务对策

1. 构建微书评管理平台

为了确保微书评服务的针对性开展，构建相应的微书评管理平台，提供评论、收藏、检索、下载等功能。读者进入平台后，可以根据自己的喜好制定个性化的书友圈，和权威专家、渊博学者、知名作者进行互动交流。同时，平台具有共享功能，构建微书评资源共享数据库，和全国其他高校图书馆、社会团体进行资源互通共享，形成沟通便捷、互惠互利、共同学习的局面，促进全民阅读的发展。其次，针对专业性和实践性比较强的图书，可以辅以微视频、微课堂进行讲解解读，扩大交流面。最后，完善微书评数据库导航服务功能，图书馆员从多个平台采集来自专家学者、读者以及图书馆员发表的微书评，选取其中信息价值高、质量高的微书评进行梳理、整合、分类，建立导航，方便读者查询使用。

2. 完善微书评服务管理制度

首先，针对图书馆员要完善针对性的管理制度，约束相关人员的工作行为，规范工作流程。对微书评的检索、文献利用、资源分类、统计分析等制定工作标准。同时对工作人员建立合理的考核绩效标准，完善激励机制，保持其工作热情，提供高效服务。其次，建立微书评反馈机制，提供多元化的反馈渠道，包含文字、图片、视频等多种形式，对于微书评平台需配备内容完善、流程合理的反馈机制，对服务形成闭环管理，确保读者的问题、建议得到及时的反应和反馈。

3. 提升图书馆员和读者阅读素养

图书馆可以整合高校、社会团体、民间阅读机构等资源，或邀请阅读领域的专家学者到图书馆为馆员和读者进行阅读素养方面的讲座或座谈，提升全民的阅读鉴赏能力和书评撰写水平。同时加强对图书馆员技术管理方面的培训，提升其技术水平，完善对微书评的统一管理。

第五章 现代高校图书馆智慧化建设

第一节 智慧图书馆的概念与框架

一、智慧图书馆的基本特征

（一）智慧图书馆与数字图书馆、复合图书馆、智能图书馆、融合图书馆的比较研究

1. 智慧图书馆与数字图书馆之比较

（1）数据采集方式

智慧图书馆基于互联网编码感知，向感知对象提供知识描述，而数字图书馆则直接使用数字编码技术开展资源的电子化、数字化。智慧图书馆能够通过对碎片信息的重新组合、联系，将相互独立的各个领域的文献与读者或馆员的信息形成关联，实现前台读者与后台馆员的智慧关联，从而对读者群体的感知更为智慧、更为宽广。而数字图书馆的对象则具有孤岛效应，与外部领域并不相连。因此，数字图书馆是一种孤岛状态，而智慧图书馆则是全域覆盖。这两种数据采集方式的差异还是比较明显的。

（2）关联性

关联性的特点也是数据采集方式的延伸。由于数据采集方式的不同，两者的关联性区别很大。数字图书馆的数据采集是固定的某个领域，像孤岛般存在，与外部并不相连，只能在特定领域使用，如专业网或政府网。数字图书馆的孤立性使它与外部失去联系，但也在一定程度上减少了对网络的依赖和网络安全受到威胁的可能。智慧图书馆与数字图书馆的数据采集方式完全相反，它具有互联互通的特点，强调共享、共建，提供不限时空的联系与服务，注重不同角色的人在系

统中的互动与人机互联等。因此，智慧图书馆容易受到网络的限制，必须依赖稳定、安全、高速的网络才能发挥价值，这也为智慧图书馆的网络安全带来了潜在的风险。

（3）系统分层架构

数字图书馆采取系统分层架构，包括物理层、网络层、数据层和应用层；智慧图书馆同样采取系统分层架构。在系统分层架构上，智慧图书馆与数字图书馆不同的是增加了一个终端层。智慧图书馆通过各种智能设备的终端层对图书馆的各种信息进行感知、收集、分析，并反馈到应用层。终端层类似于人体的五官，能够感知外面的世界，然后进行分析，最后指导人做出相应的行为。

（4）使用方式

数字图书馆是物理图书馆的再现，主要以通过电脑桌面终端进行检索和查询的使用方式为主，而智慧图书馆则完全改变了这种使用方式。智慧图书馆与数字图书馆相比在使用方式上有以下不同：一是可使用的设备多，不仅限于计算机，还包括移动智能手机、平板电脑等智能终端，给读者带来了方便；二是由于设备的限制，数字图书馆使用的场景相对固定，而智慧图书馆可供任何年龄段的读者在任何时间、任何地点使用，提高了读者使用资源的效率。

2. 智慧图书馆与复合图书馆之比较

复合图书馆，又叫混合图书馆，是传统图书馆向数字图书馆发展的一个过渡阶段。复合图书馆是传统图书馆和数字图书馆的一种并存形式。根据复合图书馆的概念可知，复合图书馆具有传统图书馆与数字图书馆并存的特征，所以其印刷型资源与数字化资源并存，同时图书馆涉及的信息资源、信息服务、服务设施、技术方法等都是复合的。在复合图书馆的发展中，大家越来越重视数字化发展，从而促进了复合图书馆向数字图书馆的转变。

可见复合图书馆是传统图书馆数字化服务转型的一种尝试、一种过渡。复合图书馆与智慧图书馆相比有以下不同：一是核心不同，复合图书馆侧重于传统图书馆资源的数字化与集成化，而智慧图书馆则借助最新的技术将整个图书馆的各要素进行智慧化、系统化管理；二是从发展形态上看，复合图书馆是两种图书馆的并存形式，存在信息沟通不畅、信息孤岛、使用不方便等问题，而智慧图书馆则强调资源、馆员、技术、设备等多种要素的互联互通，注重以人为本的读者服务导向，重视馆员与读者的互通有无，杜绝各种信息沟通不畅的情况发生。总之，智慧图书馆解决了复合图书馆遇到的各种短板问题，实现了图书馆管理的智慧化和服务的人性化。

3. 智慧图书馆与智能图书馆之比较

（1）智能图书馆与智慧图书馆的区别

智能图书馆强调"智能"，而智慧图书馆则突出"智慧"，二者所处的高度不同。首先，核心驱动力不同。智能图书馆重点关注的是物的智能化和自动化，强调将智能技术应用于图书馆，以技术为主导因素；而智慧图书馆则是在物的智能化的基础上，更加注重人与物之间的相互融合和协作，强调人的智慧以及开展的智慧服务，以智慧服务（馆员智慧+读者智慧）为主导因素。

其次，功能属性不同。核心驱动力的不同决定了属性的差异，智能图书馆的发展是由外部技术的发展驱动的，所以智能技术的应用对图书馆开展的服务及服务质量具有决定性作用。换句话说，智能技术的应用水平在一定程度上代表了图书馆的服务水平和管理水平。而智慧图书馆的发展则是内在驱动的，智能技术仅仅是服务的途径和手段，馆员智慧及其能力建设才是推动图书馆发展的关键所在。智慧图书馆并不是使用一系列最先进的技术即可，还需要充分发挥馆员在智慧图书馆建设中的主观能动性。因此，智慧图书馆建设不应仅仅投入大量的经费购买各种设备，还要提升馆员的服务水平，同时对馆员进行专业知识培训，包括如何使用智能设备和如何利用这些设备提供更专业的服务等方面的培训。没有提升馆员水平的智慧图书馆建设，或许只是花钱买了一堆高科技产品而已，并没有从本质上提升图书馆的服务水平。

最后，目的效果不同。虽然图书馆存在的本质是为读者提供优质的服务，但在具体的发展过程中，不同的举措和策略所达到的目的与效果各有不同。智能图书馆将智能技术应用于图书馆中，最终目标是实现图书馆人力资源的充分解放和高效率运转，如通过智能技术实现无人值守。智慧图书馆建设虽然在一定程度上也解放了人力资源，但仅是将馆员的精力从低端重复性劳动中解放出来，转移到挖掘读者的需求上，并通过资源调配、个性化服务等方式来满足读者更高的需求，从而提升图书馆服务质量。

(2) 智能图书馆与智慧图书馆的联系

虽然智能图书馆与智慧图书馆存在许多不同之处，但二者之间却也存在着内在联系。智慧图书馆建设必须依赖智能图书馆的各种新技术，技术是智慧图书馆的基础和途径。智慧图书馆是智能图书馆努力发展的目标。智慧图书馆需要智能系统（技术）的辅助和支撑，智能系统（技术）可以优化图书馆的业务和管理工作，并且在与"人"交互的过程中，进一步激发主体潜能，从而创造出高质量深层次的服务。

4. 智慧图书馆与融合图书馆之比较

伴随着新一代信息技术的发展，图书馆空间、服务和人员的重塑促进了融合图书馆研究的发展。融合、交互、泛在、智能和感知是融合图书馆的最主要特征。智慧图书馆与融合图书馆有诸多相通相合之处，如融合共享、全面感知、立体互联和个性互动等。然而，二者也存在一定的差异，融合图书馆可以说是智慧图书馆的一种崭新发展形式，更注重高层次的人机交互和团队协作能力，能有机统一和运用各类高新技术与设备，真正地将人、资源与空间融合在一起，使实体空间和虚拟空间无缝对接，满足了个人与团体的学习、工作和设计等复杂的任务需求。因此，融合图书馆既实现了资源、通道、平台等的显性融合，也实现了创新、协调、绿色、开放、共享新发展理念在业界内外形成共识的隐性融合，是智慧图书馆建设的更高级阶段和更深层次的创新发展。

(二) 智慧图书馆的基本特征分析

1. 服务智慧化

服务智慧化是智慧图书馆最重要的特征，因为服务智慧化是智慧图书馆建设的出发点与落脚点。如果不能实现服务智慧化，智慧图书馆建设将没有任何意义。图书馆的一切建设均应体现"以人为本，读者利益至上"这一图书馆安身立命的原则。这是图书馆的服务导向所决定的，也是图书馆的使命与职责所决定的。因此，服务智慧化是智慧图书馆必须具备的特征。图书馆服务智慧化的程度是智慧图书馆建设成效最主要的考核指标，不能体现出服务智慧化的智慧图书馆建设肯定是失败的。

图书馆的服务智慧化，又可以通过一些具体特征来表现，如高效、便捷、协同创新等。高效是指图书馆通过新技术能更快地响应读者的需求，进而减少读者从发出需求到收到图书馆准确回应的时间差。这里的服务高效化不仅指读者获取信息与服务的速度得到大幅度提升，还指读者需求得到正确回应的概率有所提高。由于技术的限制，在传统的图书馆服务中，馆员与机器或多或少会对读者的信息理解不到位，造成提供给读者的结果并不是读者想要的。但在智慧图书馆建设中，通过大数据分析、读者用户画像分析等，结合读者的搜索习惯、阅读习惯，馆员与机器能为读者提供匹配度更高的结果。

便捷包含两层含义：一是指读者能通过智能设备、互联网等技术便捷地获取信息以及体验图书借阅等服务；二是指馆员能便捷地与读者进行沟通，了解馆内设备的运营情况和藏书分布情况等，从而远程管控图书馆的各项设备与服务。

协同创新是指智慧图书馆能够提供传统图书馆所不能提供的服务，进而提升整个图书馆的服务水平，实现服务创新。这种协同创新主要体现在以下几方面：一是单纯依靠技术提供以往不能提供的服务，实现技术上的创新；二是馆员依靠新技术提升个人信息素养、专业素养，从而为读者提供创新性服务，实现服务上的创新；三是通过智慧图书馆平台，馆员与读者协同合作，实现管理、科研与教学等方面的创新。

2. 管理智慧化

智慧图书馆建设在很大程度上将馆员从低技术含量、高重复性的服务中解脱出来，所以有不少人认为随着技术的发展，图书馆没有存在的必要：一是由于互联网的便利性，读者不用去图书馆就可以获取信息；二是由于技术的快速发展，馆员没有必要存在于图书馆中。如国内外出现了许多无人超市，也有不少无人图书馆。实际上，随着技术的发展，智慧图书馆不需要"人"这个要素是一种错误的观点。虽然许多智能设备能替代人的服务，但这些设备不具有智慧性，更不可能离开人而提供创新性服务。因此，随着智慧图书馆的建设，馆员的角色将发生改变，低技术含量、高重复性的服务可交由智能设备来完成。但创新性服务正是馆员的最高价值所在。随着技术的发展，馆员也要提升自我修养和专业素养，紧跟时代发展潮流，运用最新技术对读者进行大数据分析，从而为读者提供主动的个性化服务，实现智慧化管理。智慧图书馆的存在在很大程度上促使图书馆的服务水平得以提升，只有将最新技术与高质量管理相结合，才能真正最大化地体现图书馆服务的智慧化特征。

3. 感知智慧化

感知智慧化的特征相对比较好理解，主要是对整个环境的感知。由于智慧图书馆比数字图书馆多了一个感知层，所以其能通过各种智能终端抓取信息，从而实现监控与服务的对接。智慧图书馆所体现的环境智慧化主要包括以下几个方面：一是整个图书馆各种设备的智能监控能实时了解其运行状态；二是能为读者提供各种场景的智慧化服务。如门禁的人脸识别系统能够让读者不需刷卡即可进入图书馆借阅图书；依据读者用户画像进行个性化信息推送；依据地理位置系统和物联网系统帮助读者快速地找到图书；通过智能机器人进行业务咨询、位置导引等；通过3D打印机等各种智能设备来享受创新空间服务；通过热感应系统进行读者人流引导；根据读者位置为其提供不同的信息指引，以及根据读者人数进行在馆人数统计与控制等。

4. 沟通智慧化

一般图书馆与读者进行沟通的方式有QQ、邮箱、笔记本留言和网络留言本等。除了QQ这类即时通信工具外，其他沟通方式的信息反馈相对比较滞后，不能及时解决读者问题。但是QQ这类即时通信工具仅能通过文字、图片等方式进行沟通，较难真正解决读者的问题。智慧图书馆建设下的沟通依赖物联网等多种新技术，在与读者沟通时能够快速直接掌握读者的其他信息，如读者所在位置、最近有过的行为，从而以最快速度了解读者的问题，并给予解决。因此，智慧图书馆沟通智慧化体现在以下几个方面：一是沟通更为流畅、直接，可通过多个平台进行；二是能掌握读者的其他信息，从而更全面地了解问题和解决问题；三是能通过系统远程指导读者解决问题。

二、智慧图书馆的构成要素

关于智慧图书馆的构成要素，不同学者有不同的论述。初景利教授认为，智慧图书馆的构成要素为技术、馆员和业务管理系统，这三者融合发展；秦殿启论述的角度较多，从特征、理论与实践、管理体系、概念和哲学等角度对智慧图书馆的构成要素进行了论述；王家玲认为智慧图书馆的构成要素为馆员、管理、服务与管理形态。

资源是图书馆最基础的构成要素。图书馆藏有大量的优秀历史文化资源，发挥着传承人类历史文化的作用。不同形态的图书馆，其资源存在形态表现不一。在智慧图书馆下，传统的纸质资源以数字化的形式呈现，通过云计算、大数据、数字人文、移动通信、互联网等技术的支持对数字资源进行存储及深度加工，并匹配读者需求，从而快速地为读者提供个性化资源。

技术是智慧图书馆建设的前提，也是其必不可少的构成要素。计算机的出现推动了数字图书馆的出现与发展。技术推动着图书馆从传统图书馆向数字、复合、智能、融合图书馆发展，现在处于智能图书馆和融合图书馆之间的智慧图书馆阶段。智慧图书馆建设是时代发展的必然结果。科学技术是第一生产力，改变了人类的发展进程，使人类进入了智慧地球、智慧城市的建设阶段。当前使用较多的先进技术有智能感知技术、大数据挖掘技术、云计算和泛在智能技术等。技术是传统纸质藏书管理系统中所不具备的因素。由于技术的出现，数字图书馆等各种形态的图书馆才具有了明显的技术特征。

服务是图书馆最基本的构成要素。无论图书馆以什么形态存在，都必须提供服务。在传统图书馆中，资源为王，馆藏数量与质量决定了服务水平；在信息服务阶段，图书馆主要依赖各种技术将纸质资源数字化，并提供各种形式的服务；在智慧图书馆建设中，馆员的智慧显得尤为重要，更重视馆员的专业素养和其提供的智慧性的知识服务。智慧图书馆中的知识服务更多的是一种知识增值服务，可将多源数据进行异构处理，再以读者能够理解的形式呈现出来，从而达到快速响应和服务精准、个性化等效果。

馆员是智慧图书馆建设中最核心的构成要素。离开了馆员，技术再先进也无法体现智慧性。在初期的智慧图书馆概念中，馆员的因素未被纳入其中，随着智慧图书馆研究的深入，馆员的因素越来越重要，其不可或缺性日益突显。在许多人的印象中，馆员的工作就是借书、还书、整理图书上架、咨询等基础性业务，许多人甚至认为馆员会被技术所取代。笔者认为以上的这些服务，随着技术的进步，技术能取而代之，甚至比馆员做得更好，但这并不意味着馆员在智慧图书馆中毫无价值，相反，在智慧图书馆建设中更能发挥馆员的价值，使其从低层次服务向高层次服务转变。在智慧图书馆建设中，馆员要掌握最新的技术、最前沿的理论，具有活跃的创新精神，充分发挥沟通协调的作用。随着技术的发展，智慧图书馆对馆员的要求也越来越高。如馆员要更加积极主动地了解读者需求，将服务由被动转向主动；从读者的多元需求出发，通过过硬的技术和专业知识，进行知识挖掘和加工集成，然后以读者期望的形式进行个性化呈现。以往的图书馆通常提供规模化、批量化、标准化的服务，而智慧图书馆将以个性化的服务为主。

读者是智慧图书馆建设的出发点与落脚点，是智慧图书馆不断发展的动力源泉。资源只有得到利用，才能充分发挥其价值，而读者便是资源利用的主体，所以许多图书馆将读者到馆数量、图书借阅数量、活动参与人数、电子资源下载量等作为重要的评估指标。读者是智慧图书馆赖以生存的构成要素，一切有关智慧图书馆的建设都是围绕更好地为读者服务而展开的。在传统图书馆中，阅览图书、借阅图书的用户被称为读者。随着数字图书馆、智慧图书馆的发展，人们对数字资源的需求越来越大，"读者"这一范畴扩大到使用图书馆及其资源的用户，即图书馆的服务对象均可称为读者。读者既是智慧图书馆的服务对象，也是智慧图书馆建设与发展的参与者，与馆员协同互动和发展。

第二节 高校图书馆智慧化建设实践

一、智慧图书馆的建设原则和内容

（一）智慧图书馆建设的原则

1. 标准化和规范化原则

智慧环境下，图书馆信息的采集和加工、传播和利用，都是以网络为依托的。"无处不在"的互联网，对于图书馆建设的便利性是不言而喻的，但是若要形成全国范围内的图书馆事业体系，甚至全球范围内的共建共享，统一的标准和建设规范是必不可少的。由此可知，标准化和规范化会直接影响智慧化建设的成败。例如国际上通用的数据格式标准规范、统一的网络通信协议、符合行业标准规范的设备等，统一的标准、规范、协议，以及可兼容的软硬件，在数字资源系统建设、技术平台构建、信息服务系统开发等过程中，都是至关重要的，在图书馆系统互联互访到其他系统的智慧化建设中，发挥着不可替代的作用。换句话说，智慧图书馆的未来建设及其功能服务更好的实现，必须建立在统一的标准、规范基础之上。

2. 开放性和集成性原则

未来智慧图书馆的发展，将为读者提供智慧化程度较高的个性服务，同时，读者能够互动式或自主式地参与图书馆的服务与管理。在移动互联网的基础上，信息的创建和处理、传输和搜索，都会达到难以想象的高效和便捷，图书馆馆员不再是唯一的信息制造者和发布者，读者也将成为信息数据的创造者，使得信息的扩散更加迅速，信息在"图书馆—读者"之间的流动更加快而直接。智慧图书馆为用户提供的微信互动、微博分享、网上联合知识导航站，以及电话预约、就近取书等服务，降低了图书馆的进入"高度"，使馆员与读者、读者与读者、馆员与馆员之间能够自由互动、协同参与，在图书馆的管理和服务中，读者可直接或间接地发挥作用。智慧图书馆是在云计算技术、物联网技术的基础上，各个文献信息机构之间、不同类型文献之间，实现跨系统应用集成，跨部门信息共享，跨媒体深度融合，文献感知服务和集群管理。

3. 共建性和共享性原则

全国范围智慧化图书馆体系的建设，一个图书馆的力量是有限的，短时间内很难完成智慧资源建设。几个图书馆之间的信息共享，通过共享人力、物力，可以短时间内丰富馆藏资源，最大化地满足用户需求。由此可知，作为个体的图书馆，若想要尽快实现泛在化、智慧化建设，必然需要与其他馆合作，通过共建共享，贡献自己力量的同时，也获得更多其他馆的馆藏资源。为实现信息资源共建共享，图书馆个体可以相互联盟，例如国际上的OCLC（Online Computer Library Center，联机计算机图书馆中心），以及国内的CALIS（China Academic Library & Information System，中国高等教育文献保障系统）等，一方面，一定区域内的图书馆形成统一体，以联盟的形式采购图书、数据库等，从书商、服务商处获得较低的采购价格，不仅节省资源，也可扩大资源利用率；另一方面，各个图书馆之间可以共享技术、平台资源等，在数字化建设过程中，避免资源重复开发、节约成本，还能有更多的资源用于读者服务，促进图书馆的智慧化建设。

4. 智慧性和泛在性原则

图书馆的智慧化、泛在化主要表现在以下三个方面：

第一，服务时间和服务空间。无线网络技术的发展，更加智能的自动化服务系统的出现，实现在网络所覆盖的地区都能体验到图书馆的服务，且连续 7×24h 的服务。图书馆用户通过终端设备，可以不受时间、地点限制地享受数字资源和服务。

第二，服务对象和服务模式。移动通信技术的发展，图书馆的服务模式势必要发生改变，为所有连入网络的用户主动推送资源、服务，不再仅限于到馆用户，每个人都能公平地获取所需资源和服务，真正地扩大图书馆服务对象的范围。

第三，服务内容及服务手段。泛在环境下，图书馆之间资源的共建共享，使得图书馆用户可获得资源服务，不再仅限于本馆的馆藏，而是整合不同平台的资源，例如共享资源中心、互联网和开放知识库等，同时，对信息加以归纳整理、去伪存真，然后供用户使用，如通过网站、WAP 平台拓展数字化资源的利用率。由此可知，随着时代背景和技术环境的变化，图书馆的建设发展务必要遵循智慧化、泛在化的原则，才能真正体现图书馆的社会价值。

（二）智慧图书馆建设的内容

1. 电子读者证

用户进出馆舍需凭借载有个人身份信息、个人教育信息、门禁、消费以及借阅记录等多功能于一体的"电子图书证"，通过读卡设备可以将读者在图书馆的个人行为（比如进入离开时间、次数、借还书目记录、借还时间记录等）存储在后台当中，给每一位读者建构信息数据库，以便馆员进行信息管理及用户行为分析。新许可的读者进入图书馆以后，在服务台或者自己的手机里输入身份信息及一些其他信息，建立一个新的读者证号码和二维码，然后通过短信、微信或者电子邮件的方式发送给用户。图像是电子证书，可以节省卡的成本。使用电子证书不存在丢失图书证所导致的更换证书的问题。此外，使用电子注册可以简化用户的操作流程，还可以节约纸质资源。读者还可以在网站上填写注册信息。图书管理员在后台批准申请后，完成的个人注册信息可以发送到读者的手中，以便今后入馆出具。这有效地节省了读者的时间，并且简化了发布和认证流程。

目前，这种电子读者证可以与微信或支付宝合作，绑定到微信卡包或者支付宝卡包中，借助微信支付或支付宝来进行用户缴费。比如浙江图书馆就与支付宝合作，把电子读者证放在了支付宝卡包中。

2. 自助借还系统

图书自助借还系统的核心是采用条形码或射频识别技术、网络传输技术和软件工程技术来实现图书的自动借还自助管理的一种 IoT 技术。学者肖焕忠的研究表明，当下图书馆的自助借用和返还系统包括以下两种类型：条形码识别和无线射频（RFID）识别。条形码识别模式的特点是标签价格便宜和抗干扰能力强，而且图书馆现有的书目无需更换条码。射频识别模型仍存在一系列问题，如投入成本高、替换现有书籍、图书馆系统升级等。尽管近几年 RFID 标签的成本已经由几元钱一张下降至几分钱一张，但是对图书馆数量巨大的藏书来说也是一笔不小的开销，况且更换条码的人工成本还没有计算在内，所以现行最好的模式就是条形码和 RFID 码通用。自助借还系统硬件有电脑终端、读卡设备、条码扫描设备、书籍充电和消磁设备以及书籍监控器。该系统主要包括自助借还系统软件、自助借还机系统、管理系统和自助设备界面。当用户申请图书时，系统读取图书证的相关信息，判断读者是否是系统允许借书人（手上有没有过期图书、是否拖欠欠款等），然后提示读者放置图书在指定的位置并扫描书的条形码，系统完成借书步骤。

为了进一步提升图书馆的服务质量，可以在现有的 RFID 技术基础上持续优化自动借还系统，并增设摄像头等监控设施，以便实时检测书籍是否有损坏或被乱涂乱画的情况，并在后台记录使用者的行为，以此来实施相应的奖惩措施。同时，可以通过合理安排每日高峰时段的借还书流程，有效缩短读者的等待时间，体现出更为贴心的服务理念。借助物联网（IoT）和 RFID 技术实现图书管理的全自动化，不仅能够大幅减轻图书馆工作人员的负担，还能显著提高服务效率和管理水平。

3. 智能书架系统

如果说自助借还系统主要是为了方便读者，解放馆员，那么智能书架系统可以说是图书馆馆员的眼睛了。不过目前智能书架系统只能通过射频识别（RFID）技术来实现，所以在全面普及的道路上还有一段路要走。传统的库存方法要求管理员对条形码扫描设备进行一次扫描，并且有必要根据他们自己的记忆对书籍进行分类和存储，这是耗时且易出差错。利用 RFID 技术的空间定位功能，RFID 库存管理系统不仅能便捷地定位那些未归原位或是随意放置的书籍，还可以迅速核实并调整书籍的正确架位，有效应对书籍错架和倒架的问题。此外，由于 RFID 系统支持多本书籍的同时扫描，这大大简化了图书的盘点和检索工作，减少了馆藏管理和查找图书所需的时间和劳动力。第一步在每个书架和每一册藏书上都装上 RFID 码，使用 RFID 读写设备对放置的 RFID 标签进行扫码，就可以获取所查询馆藏的具体信息。智能书架系统利用 RFID 阅读设备通过整个业务流程的内容识别来进行在架位置定位和书本位置定位。通过这个系统，可以及时发现该书是否被借用。智能书架在整个智慧图书馆系统当中的首要作用是帮助读者和馆员准确发现图书的定位并且搜索图书。所以，在这个智能书系统的设计过程中，可以将整个系统分为三个模块：信息采集、数据服务和读者服务。

数据采集模块：系统使用 UHF 标签和阅读器来实现硬件架构。每本书都附带有 RFID 码，其中包含书籍的基本信息和初始货架位置。每个书架都有多个天线阵列组，货架上的天线阵列组可以通过多个标签。天线多路复用器通过后台开关来控制端口，从而实现监视和控制天线和 RFID 读写设备的连接状态，从而使读写设备能够精确扫描书目 RFID 码。

数据服务模块：这个模块是智能书架系统的数据库。RFID 读写设备读取的信息通过内部传输系统或数据线传输到数据库。其中包含书籍本身的基本信息、书架的基本信息和书目是否错放的信息。数据服务器要对这些信息处理并进行深层次的数据二次挖掘。

用户服务模块：用户服务部分主要显示后台管理系统的查询界面。它在系统中的主要作用是向读写器发送控制指令并控制天线的辐射区域。

将 RFID 技术的智能书架系统广泛应用，一方面可以减少工作人员的日常工作内容，提高智慧馆的管理水平；另一方面，它可以确保图书馆为用户提供的服务更加便捷和人性化。

4. 基于大数据的用户行为分析

用户行为数据分析，该分析主要对用户检索的信息、借阅书目的信息和下载的文献资源信息等进行分析，从而分析用户有什么需求，进而调整馆藏资料分配，完善图书馆的服务定位，最终进行个性化服务，从而提高用户对服务的满意度。智慧馆的"智慧"要以每个用户的感受和理解为准，特别是智能知识信息服务。智慧馆的读者中不仅有图书馆的访问者，也有部分无法来访图书馆的读者，不使用图书馆的用户通常有更多的空间。对于用户持有的读者数据记录，他们深入挖掘和分析读者的访问、离开、借阅、下载等信息，来得到读者的借阅习惯、属于哪个学科的范围、喜欢的书目、研究课题等信息，并将这些信息作为提供情报的手段。用大数据对读者的行为进行研究一定要连贯系统，而且要有科学的方向指引，这才是一切智慧服务的基础和根本。比如上海交通大学图书馆对毕业学生的个人信息进行了深入的挖掘，为每一位毕业生提供了其大学期间借阅信息的大数据整合，使得每一位毕业生在离校之际满怀感动。在大数据分析的同时，还要将学校各个系统的数据进行整合，比如每个毕业生的借阅书目、来馆次数、到馆时间、下载数据等进行深入挖掘，同时为毕业生提供毕业就业咨询服务。信息可以以各种形式呈现，比如 H5 小页面等等，既打了情怀牌，又有实际效果。

5. 智能座位预定

在各大高校的图书馆都存在占座问题，为了杜绝占座情况，各高校也是挖空心思，但是都没有根本性地解决占座问题。占座会导致图书馆资源的浪费，有需求的读者得不到满足，容易引发读者之间的口角。智能座位预定功能彻底解决了这一问题，作为目前大部分图书馆采用的方式是在图书馆设置选座机，读者通过在卡机刷卡来实现功能。但是该功能存在一些缺陷，比如在选座高峰期刷卡机前的排队现象，离开时还需要刷卡签退，到一定时间需要刷卡续时，可以代刷卡占座等等，虽然一定程度上解决了占座问题，但是也给读者带来诸多不便。图书馆智能座位预订系统总体集中在 IoT 的三个层面。红外传感器安装在感官层上以确定座椅的状态，RFID 读取器模块确认座位预约信息。连接蓝牙通讯网对数据信息进行实时传输。在传输层中，数据传输和交换主要通过蓝牙和以太网进行，最后将数据存储在 SQL 数据库中，并且将获取的数据反馈给应用层网页选择界面和 Wechart 选择界面。

通过红外线技术人体感应器可以用来应对占位问题。红外设备可以用于确定当前库中是否使用了座位。然而这样的设计存在一个巨大缺陷——将物品遮挡在传感器前，红外传感器就会判断此座位有人使用，针对这一问题于是采用人体红外感应模块。人体红外感应模块是依据生物发出的电磁波的固定波长的红外线来进行工作的。采用人体红外感应器可以判断是人在占座还是物品在占座，这样可以规避掉传统红外感应器的诸多弊端。针对校园图书馆的座位预定系统可以选择用校园卡来进行座位判定，可以方便每一位读者。通过校园卡中储存的信息进行身份校对，并且确认座位已经使用。这里应用到了 RFID 读卡设备。获取到了读者信息之后，通过蓝牙通信装置将信息进行传播，连接人体红外感应系统和射频读卡模块，将信息实时传输至后台数据库中，并且实时反馈到选座界面，以供读者进行选择。

在软件方面，为了实现选座系统整体服务，在网页页面对图书馆的各个区域、各个楼层要进行可视化的构造，用不同的颜色将座位标记为"使用中"和"空座"。读者可以选择暂时离开，当读者离开时需要二次在手机客户端确认离开或者 PC 终端刷卡确认离开，从而在软件层面规避占座行为的产生。

系统保留限制预订时间的权利（包括预订的开始和结束时间以及座位的持续时间）；使用智能座位预约系统，读者可以通过图书馆账号登录任何终端；预订成功后，预约区域访问控制模块将与图书馆馆员交互监督；如果有用户由于临时变更而无法联系，他可以在指定时间之前的规定时间内取消。如果用户在指定时间内没有抵达，系统会自动取消其预订，扣除用户的信用额度后退出座位，扣除一定金额后系统有权暂停用户座位预订服务。

6. 自助打印服务

智能自助打印机相对于传统打印机及其服务的固有优势，例如占地面积很小、安装方式多样、分散式布局、远程监控、便捷支付、完整的管理系统、健全的后期管理、维护及服务体系等。图书馆内的智能自助打印机系统可以最大限度地满足读者便捷、高效、安全的打印需求。对于使用者来说，把自助打印机放到图书馆能够免去读者去打印店的路途，方便读者的打印需求。在线支付功能，读者使用在线支付即可付费，免去支付零钱和找零的麻烦，消费额明确无误。简单便捷的操作，给读者充分的打印自由，免去烦琐的交流沟通，并确保打印资料的私密性。对于智能自助打印机这种硬件设备、软件系统和线下支持相结合的服务项目来说，由于云存储和智能联网技术的推动，使得自助打印机服务具有更好的发展机会，使服务系统进一步完善和多样化，将服务过程变得更加便利和高效。在未来智能自助打印机将会利用云技术提高自助服务的便利性，可以通过云输入方式提高打印输入的效率，用户可以通过多种途径和平台接收、上传或编辑自己即将打印的内容；通过云存储将文件储存到打印系统网上云盘，并绑定到用户的 PC 端个人中心和移动端 App，实现便捷存储，达到免硬盘传输；也可以通过云共享将自己的各类云盘账号相连，实现多通道获取共享文件，同时也可以设置绑定多账号，方便多名用户共同共享云端文件。

二、如何创建智慧图书馆

（一）智慧图书馆建设的理论依据

1. 智慧图书馆建设的必要性

图书馆作为院校的文献信息中心，直接服务于高校教学科研和人才培养，它不仅是读者进行学习和获取信息的重要场所，更是院校教育信息化建设的重要基地。在信息爆炸时代，互联网和信息技术迅猛发展，读者对图书馆的依赖度不断降低。

随着"慕课""微课""翻转课堂""碎片化学习"等教学新理念及模式越来越冲击传统课堂，高校的教学模式面临着巨大的挑战。同时，作为施教与被施教的图书馆，读者获取信息的途径、方式及载体形式大大改变，信息需求也趋于多元化。图书馆不再仅是信息资源的存储地，其信息服务的内涵延伸扩展，图书馆需提供一个嵌入式的、多维度、全媒体、个性化的学习空间。因此，传统的图书馆布局，即存储空间、加工空间、阅览空间已经不能满足各类读者的需求，必须紧跟教学改革及需求变化，以读者为中心，创建适应新环境下的图书馆空间与服务，最大限度地发挥其功能和作用。

2. 智慧图书馆建设的理念

（1）以学科专业为主线，体现专业化服务

为紧跟现代化教学模式，融入混合式教学理念，把图书馆资源与教学科研深度融合，提供教研教学全过程跟踪、全系统嵌入式的新型专业化信息服务保障，智慧图书馆布局采用藏、借、阅、学和研一体的，有特色的、一站式、全开放、自助式、大开间、大流通的服务模式。图书馆资源存储打破传统的以知识门类、文献类型和语种进行布局，而以方便读者一站式获取资源，以专业性更强的学科专业为主题，突出特色，打造专题式存储空间。

一站式资源获取是将基础设施资源、信息资源以及人力资源有效整合，把图书馆现有的图书、期刊、报纸、音视频资源及各类商业、共享及自建原生、特色等电子数据库有序组织，搭建统一的资源入口及跨库检索平台，让读者简化资源发现流程，一站式获取图书馆实体及虚拟资源。专题式存储空间是按学科、专业将图书馆资源进行重组，对图书馆阅读空间重新布局，在一站式快速获取资源的基础上，突出专业特色资源，提升读者阅读体验感，同时提供互联网无线覆盖。营造专业性突出、温馨、自主、动静结合以及高雅的学习阅读氛围。

（2）以读者为中心，体现人性化服务

高校图书馆的藏书面积与读者空间面积占比应为1∶1.8，要体现图书馆"一切为了读者"的思想，不是为了扩大书刊存放空间，而是为了提供给读者更多的可利用空间。注重图书馆空间营造，根据读者不同的学习形态，提供不同的学习空间，例如专题式学习空间、个性化学习空间、沉浸式学习空间、技术体验空间、休闲空间等。利用自然能源，加强空间绿化设计，营造舒适学习氛围，构建美观舒适、绿色宁静的学习交流环境，吸引、引导读者，提升读者体验感。

(3) 以智能化建设为标准，辅助现代化教学

适应混合式教学模式发展要求，加强图书馆智能化建设，将"互联网+"、物联网、大数据、云计算等技术应用贯穿在空间重组的各个方面。随着信息技术的快速发展，除了计算机外，平板电脑、智能手机、博看读报机、超星阅读机等移动设备快速增长，空间重组针对终端多样性发展需布设多种智能控制终端，进行硬件融合和软件集成，搭建互联互通互操作的资源管理集成系统。利用RFID技术感知和定位图书，并与图书馆自动化系统无缝连接，让资源与读者、资源与资源互联互通，实现人、资源、空间、设备的高度融合。统一身份认证、自助借阅、预约、打印、扫描、个性化推送、智能推送等服务，使整个图书馆灵活感知、泛在智能。全馆范围内实现互联网无线覆盖，充分利用网络优势，发挥图书馆"信息辐射源"的作用，辅助现代化教学，实现信息资源在学院范围的共知共享。

(4) 一体化设计，空间重组灵活化

图书馆空间重组应与校园环境和谐统一，现代简约、布局合理、美观舒适。同时，重组设计需考虑灵活化，有特色的设施、形状各异的设备会给读者带来愉悦的感受，激发其创造力。定制家具体现简约及灵动，可以根据读者需求及业务需要随时调整，重新组配，带给读者全新的体验和吸引力。图书馆空间重组设计让公共空间与个性空间形成一体、相得益彰、凸显个性，并富有鲜明的学院特色和深厚的文化内涵。

3. 智慧图书馆设计

(1) 以学科专业为主题，打造专题式存储空间

提升专业化服务水平，拓展特色化服务功能，以学科专业为主题，打造专题式存储空间。

专业信息学术空间设计体现专业化、一站式的服务理念，遵循藏以致用、方便读者的原则，突出专业特点，采用书架、阅览座位相融合的方式，营造"人在书中，书傍人旁"的良好环境，给读者以沐浴知识的美感和享受。配置计算机机位及网络端口，提供电子资源学习环境，实现专业信息资源一站式获取服务。主要分为专业文献借阅区、原生文献查阅区、教材研究区、新技术展示区以及自主学习区等。

(2) 建立个性化学习空间

随着信息技术的发展，教学方法、手段及模式的革新，读者获取信息的模式也向多样化、现代化发展，图书馆空间布局更需要满足读者的个性化空间需求。读者在进行学习时，需要多方位信息保障，图书馆空间需提供数字资源和无障碍信息交互，促进团队协作。建立个性化学习空间可分为大小不一的多种形式，利用大开间建设可容纳 10—30 人的讨论空间，利用小房间建设容纳 10 人以下的小型学习研讨空间。空间内配置桌椅，提供投影、电子白板和音响等展示交流演示工具。配置的桌椅需便于移动，可根据使用规模灵活搭配和组合。个性化学习空间综合实体空间、虚拟资源及学习分享交流平台，为科研讨论、团队创作提供研究空间，也可以为教师提供试讲空间，为学生拓展性训练提供研讨空间，为小型学术报告、学术讲座及多媒体培训提供智能空间。

(3) 营造自主学习空间

自主学习模式是现行高等教育改革的重点，紧跟教育改革需求，图书馆需提供充足的自主学习空间，以增强学生自主学习的能力。在书库中增加便捷座椅，读者取阅图书的同时就构建了个人自主学习空间；将天井改造成馆内花园，读者休憩、阅读时，构建了轻松舒适的学习氧吧；将连廊部分扩展，设置异形阅读桌椅、带光源的阅览座位，提供网络和电源接口，配备新书、新报刊、主题展板等资源及宣传品，建立相对独立、安静的沉浸式学习空间；在图书馆各层楼梯、拐角等区域布置休闲座椅，使之成为学员自主学习、小憩的场所。随处可见的自主学习空间帮助读者营造自主学习的氛围，提高自主学习的能力。

(4) 创建技术体验空间

高等教育的变革发展，给教师及学生带来了极大的机遇和挑战。多样化的教学方法增强了学生解决问题的能力和团队的合作精神，同时培养了学生的创新意识和创新能力，现代图书馆不仅是信息资源的集散中心，也是激发知识创造能力的学习交流中心。技术体验空间建设内容与学校的学科、课程相关，通过学术交流、教学研讨、创新实践，运用编程软件、3D 建模、3D 打印开发制作模型、模具，搭建网站以及开发 App 或游戏等。图书馆提供信息资源及信息检索服务，提供解决问题的场所，支持方案的组织收集整理，让学生接触新知识和新科技，让知识信息和创新相结合，在动手操作中深刻理解知识，提高能力。

(5) 利用网络拓展服务空间

图书馆的实体空间是有限的，而利用网络可以让图书馆的服务空间无限扩大。随着教学改革的深入，混合式教学带给学员新的获取知识的手段，图书馆应紧跟读者需求提供服务。各类图书、期刊数据库让图书馆的实体保障数字化，读者仅需一台计算机，便可随时随地及时地获取信息；电子读报机、电子借书机、数字阅读机等新型电子阅读设备让读者方便、快捷地获得可移动阅读资源；腾讯等即时通信工具将参考咨询服务异地化、及时化；网站资源发布、微信公众号的创建使得图书馆信息发布、推送及活动宣传网络化。无限的网络空间无形拓展了图书馆的服务空间。

(二) 未来高校图书馆空间建设对策及趋势分析

在对高校图书馆空间建设及其存在的问题进行梳理的基础上，从以下几个方面对未来高校图书馆空间建设对策进行探讨，并预测未来高校图书馆空间发展形态。

1. 合理增置智能化设备设施

图书馆除了配备传统工作设备、数字制作工具等外，还可以在空间中配备如智能机器人、iPad 等移动设备、媒体触摸标识、座位预约、射频识别设备、可穿戴智能设备、数据管理与分析系统、全球定位系统、iBeacon 室内定位系统等新型设备设施，为用户提供更优质、更高级的线下感知体验，提升用户使用空间的兴趣与效率。

2. 运用智能技术有机融合各形态的空间

图书馆可以利用物联网技术、云计算、机器人技术、VR/AR 技术、RFID 技术、iBeacon 技术、数字空间整合技术、普适计算理论以及应用等，增强用户与有机一体化的空间的交互，可以使其通过视听触嗅等感知来获得良好的服务体验。如 RFID 技术可以智能控制管理空间内部设施，使整个空间变成一个智慧感知系统；利用 VR 技术为用户提供模拟空间场景，使用户远程体验实体空间，或者模拟纸本翻阅；利用智能机器人技术可以代替人工咨询、导航、借阅等基本服务，给用户更新奇的交流体验；利用 iBeacon 室内定位技术，让用户在空间内不同位置时收到相应的读者服务与资源。

3. 利用数据挖掘为用户推送智慧精准的服务

充分利用大数据对用户进行深度分析与挖掘，更加主动地为用户提供精准的、智慧的信息服务，而不仅仅是移动端的推送内容，最终满足用户的复杂需求。空间中广泛应用的各种终端设备让图书馆积累了海量的客观数据，这些数据的背后是每一个用户的行为习惯与资源偏好等深层价值。图书馆可以运用数据挖掘技术，对读者进行用户细分，预测用户信息需求，为其推送个性化的精准服务，还可追踪跟进用户，及时调节改进服务策略。

4. 加强网格信息安全建设

保障用户信息隐私，让用户安全享受全面便捷的信息服务，同时保障庞大的信息资源不受侵害。一方面配置网络安全系统，过滤不良信息和垃圾信息，防止病毒入侵破坏网络；另一方面，制定全面有效的安全规章制度与应急预案，从制度层面推进网络信息安全建设。

5. 培养高素养智慧馆员

智慧馆员除了应有传统的、基本的素质技能要求，还应该掌握更多的技术，并且善于利用先进的技术与设备，高质量解决问题。图书馆应设立培训部门，提高空间内人员信息素养，例如提高馆员职业道德修养，优化知识结构，提高设备使用等业务能力。同时，用户培训也不可忽视，这有利于提高设备使用率，延长设备使用寿命，使其更好地服务于用户。

纵观高校图书馆空间的发展趋势，随着技术的进步与发展，物理空间的质量将会越来越高，虚拟空间的功能愈发强大，图书馆服务不断转型，越来越智能和主动。随着人工智能技术逐渐成熟并规模性运用到图书馆建设当中，高校图书馆空间的智慧化趋势逐渐明朗，"智慧空间"作为图书馆空间发展的新类型，将成为高校图书馆的建设趋势。

目前学界对智慧空间的理论与实践研究尚显薄弱。一方面在理论上，尚未有确切的"智慧空间"的定义，对智慧空间的要素、特点与价值都没有清晰的梳理与归纳;另一方面,"智慧空间"的落地仍然在探索阶段,图书馆空间的智慧化建设研究多是仅依托于某一技术的实践运用,如利用机器人或 RFID 技术等对图书馆功能进行探索与拓展,而缺乏对智慧空间整体性的构建研究,也尚未有科学性的建设模型以供参考。然而笔者相信,随着图书馆空间建设的不断发展,智慧图书馆将成为未来高校图书馆空间的建设趋势,人们将越来越重视智慧空间的长远发展,其相关的理论与实践也会得到更多的关注。未来图书馆空间的建设发展会更加以用户体验为中心,在如物联网、云计算、虚拟现实技术、机器人、数字空间整合以及 RFID 等规模性的多元智能技术的基础上,将用户与环境融合为一体,为用户提供更加个性化与精准化的智慧服务,智慧空间也将成为集智能化设备齐全的物理实体空间、有机融合的数字虚拟空间和全面丰富用户感知空间为一体的多维空间,这是高校图书馆空间发展的必然方向。

第三节 高校智慧图书馆的智慧服务

一、面向读者的智慧化精准服务

(一) 基于大数据的读者行为分析

以读者为中心的高校图书馆,其服务的智慧性必须建立在每一个师生读者的认知与理解的基础上。高校图书馆的读者不一定是到馆读者,也可能是非到馆读者,而针对非到馆读者的服务往往有更大的空间。针对到馆读者,高校图书馆可对读者的到馆、离馆、借阅、检索及下载信息等进行大数据分析,获得高校读者的专业领域、学习兴趣、研究兴趣、研究方向及阅读习惯等信息,从而有针对性地主动提供个性化资源推送服务、学科服务及知识导航服务等,将智慧服务嵌入科研活动。针对非到馆读者,高校图书馆可根据读者的专业、年龄、研究领域、发文情况、数据库使用及关键词检索等相关信息,主动为其推送感兴趣的学术讲座、科研资讯等,助力读者的教学与科研活动。基于不同类型读者的行为分析必须保持科学性、系统性及可持续性,从而为读者提供智慧服务打下坚实的基础。

(二) 以读者为核心的精准、个性化的信息与知识服务

1. 智慧化科研信息与知识服务

(1) 构建以学者为中心的知识网

利用大数据技术对海量的文献数据进行聚类和整合,当读者输入学者相关词条进行检索时,智慧服务系统能够快速进行匹配,全面且准确地向读者推送相应的知识网,其中囊括了目标学者的基本信息、教育背景、研究方向、科研团队介绍、学术论文、出版物、关联作者、科研数据资源等一手信息,在满足校内师生和科研人员信息需求的同时,又为其提供了高效、便捷的信息保障。

(2) 嵌入科研团队,向其推送该学科领域最新、最前沿的科研数据或资讯

智慧馆员详细记录科研团队每名成员的基本资料、研究方向、学术成果、项目进展、申报信息、科研文献资料、会议记录、查新报告等信息,及时推送学术交流活动通知等最新动态内容,并将这些资料分类整理,建立电子档案,从而达到深化知识挖掘的目的。

2. 为大学生创新创业队伍提供知识服务,并进行智慧化的创新推广

教育部大力实施大学生创新创业训练计划项目,包括深受大学生欢迎的"挑战杯"全国大学生课外学术科技作品竞赛等,旨在鼓励大学生应用所学的知识开展创新项目研究,为国家培养创新型高水平人才。高校图书馆可以凭借信息资源、设施设备、空间环境、人员指导等优势,通过分析大学生队伍特征,向其推送相应的专业化资料、讯息,并组织馆内资源为其提供创新指导,从而充分发挥"知识营养站"的作用。

3. 智慧化教学信息与知识服务

高校教师数量多,而国内高校图书馆往往面临人手紧缺的窘境,因此可以采取教师自主申请,或选取若干个重点学科进行试点的模式,然后逐步拓展实现"以点带面"的效果。图书馆根据用户录入的目标学科教师信息和教学信息需求,对相应学科教学信息进行收集和整合,建立相应学科信息资源库,并根据教师教

学大纲、进度、重难点、更新需求，以及学生接受知识的规律性、课后反馈、测试成绩等，自主向用户推送相应学科的前沿知识、教学方式建议、学生学业成绩分析等，以辅助其开展教学活动。

4. 智慧化教学管理信息与知识服务

高校图书馆作为学校的教辅部门，主要职责是为学校的教学与科研服务。智慧图书馆应利用自身的人才与资源优势，通过大数据分析、知识挖掘等方法，为学校管理层在学科发展、专业建设、学生培养、学校定位等方面提供决策咨询服务。目前我国各高校正在努力向"双一流"大学建设迈进，智慧图书馆应有针对性地服务好一流专业，配合学校打造优势专业学科。如南京大学图书馆为该校的每个一流学科设置了专门的资源服务页面，其中包括该校的三个A类学科：地质学、图书情报与档案管理、天文学。智慧图书馆可利用读者到馆情况及图书借阅记录，分析其利用图书馆的情况与学业成绩的关系，从而为教学教务管理及人才培养提供决策依据。笔者认为图书馆服务为高校教学管理提供决策服务尚处于起步阶段，还有很多价值可以挖掘，是深化图书馆服务的一个重要方向。

二、面向读者的智慧空间服务

（一）智能座位预定

图书馆自习室的座位问题一直是高校图书馆共同面临的难题。占座这一现象在高校图书馆普遍存在且屡禁不止，是困扰图书馆管理者的一大顽疾。一些学生热衷于考研、升本的本科与高职院校，自习室座位紧张问题更是突出。占座帮助了已有座位的读者，但也造成了座位资源的大量浪费，不利于座位资源的公平使用。面对这个问题，不少高校推出了两种解决办法：一是采用座位预约系统，二是开放网络自习室。

座位预约系统是最为常见的一种解决高校图书馆占座难题的办法，已有不少图书馆通过小程序或微信公众号的形式来实现。读者登录座位预约系统可查到自习室有哪些空座，并对心仪的空座进行预约。当读者座位预约成功之后，读者应在预约的时间内到达该位置，若未在规定时间到位签到，该座位会被释放，重新呈现给所有读者进行预约。座位预约系统对违约的读者也会采取一定的惩罚措施，如暂停若干时长的预约选座权限等，以此帮助读者规范使用自习室座位。

网络自习室也是在自习室座位不够的背景下图书馆所提供的一种新形式服务，最先提出且影响较大的是湖南省图书馆推出的云自习室。读者可通过 TOMOTO、CoStudy 等多个平台加入图书馆的云自习室。读者可在宿舍参与，但必须遵守云自习室的规章制度，不得玩手机和做与学习无关的事情。云自习室推出之后受到了不少读者的欢迎，也在一定程度上缓解了高校图书馆自习室座位紧张的问题。

（二）书籍精准定位

在传统图书馆藏楼模式下，一般需要馆员采用手工检索的方式，虽然方便了读者，但却给馆员带来了极大的工作量。随着技术的发展及读者数量的快速增长，图书馆进入开架借阅模式。在开架借阅模式下，读者需要自行去书架寻找想要借阅的书籍，对藏书位置不熟悉在一定程度上给读者带来了不便。在该模式下，读者需确定所要借阅图书的具体位置，才能进行借阅。智慧图书馆采取了 RFID 技术和物联网技术对书籍进行精准定位，读者可根据手持智能设备的定位与图书定位进行导航，当读者与所需图书位置接近时，图书可通过发光或发声的手段提醒读者。目前 RFID 技术在图书馆中的使用已经非常成熟，故书籍精准定位技术在智慧图书馆中的应用是完全没有问题的。读者可通过图书馆系统查看所需图书的上架时间、借阅状况、复本数量等信息，以便为读者图书借阅提供参考。

（三）馆内智慧导航

随着国家及高校自身对图书馆建设的重视，高校图书馆也取得了长足的发展，主要体现在以下三个方面：一是对高校图书馆的经费投入日益增高；二是使用新的智能设备、硬件设备与操作软件等；三是在空间建设上，新建的高校图书馆馆舍面积大、布局新颖，符合绿色建筑标准。由于高校图书馆建筑面积普遍较大，出入图书馆的读者往往会浪费大量时间在寻找功能区上，故笔者认为智慧图书馆的馆内智慧导航是非常有必要的。虽然每个图书馆都有人工咨询窗口，但也应做好室内导航方面的工作。智慧图书馆可利用 WIFI、GPS 导航以及人体热力系统等技术做好室内导航工作，从而帮助读者以最快的方式到达想去的功能区。

（四）智慧化自助服务

与其他阶段的图书馆相比，智慧图书馆中读者自助服务的种类会更为丰富。读者可进行自助图书借还、自助文献资料扫描打印复印、自助饮料食品购买等。与此同时，读者也可自助预约自习室座位、自助参加线上线下活动报名、自助参加研讨会或自助体验创客空间服务等。故笔者认为在智慧图书馆环境下，读者与馆员进行直接面对面沟通的比例会大幅度下降，更多的是读者的自助型服务。

三、高校智慧图书馆服务创新

随着馆藏资源的不断增多以及智慧服务的不断深化，图书馆为读者提供了各种智能设备与工具，为读者带来了便捷、高效的服务体验。读者面对的图书馆资源具有海量、多源、异构等特点，对未经专业培训的读者来说很难有效利用图书馆资源。鉴于此，智慧馆员应紧跟时代发展的步伐，不断更新知识，提升自身的知识结构和技术能力，充分学习新技术，掌握各种信息技术，对海量信息进行深加工，从而满足读者多样性的信息需求。随着智慧图书馆的不断建设，智慧馆员的服务应有所改变：一是由围绕文献资源研究向辅助决策的研究与分析决策报告转变；二是由学科领域研究向服务社会、经济、科技与管理等方面的管理创新进行转变；三是由面向馆内读者的常规性服务向为管理与决策提供战略支撑的研究转变。在高校图书馆智慧服务建设过程中，学科服务、情报服务及智库服务是相对常见的高校图书馆智慧服务。

第六章 现代高校图书馆数据素养教育概述

第一节 数据素养的基本理论

一、相关概念辨析

（一）信息素养

最早的信息素养（Information Literacy）概念由保罗·泽考斯基于1974年提出，他认为信息素养是能够利用大量的信息工具以及主要信息解决问题的能力。目前最新、最权威的信息素养定义是美国大学与研究图书馆协会（Association of College & Research Libraries，ACRL）于2015年1月6日通过的《美国大学与研究图书馆协会高等教育信息素养框架》（ACRL Information Literacy Framework for Higher Education）中的定义："信息素养是包含反映发现信息、理解信息产生和价值、使用信息创造新知识和参与社群学习的综合能力的集合。"

（二）数字素养

数字素养（Digital Literacy）最早由Paul Gilster于1997年提出，他认为数字素养是理解及使用通过电脑显示的各种数字资源及信息的能力。以色列公开大学的Eshet-Alkalai以框架的形式解释数字素养，即图片——图像素养、再创造素养、分支素养、信息素养、社会——情感素养和实时思考技能，将数字素养概括为理解和合成信息、批判思考、再创造、知识建构等多方面的能力的综合。

（三）数据素养

1. 涵义

数据素养（Data Literacy），又称数据信息素养（Data Information Literacy）、

科学数据素养。关于数据素养的定义，目前相关领域尚无统一的界定，国外被业内学者引用较多的定义有两个，一个是 Stephenson 和 Caravello 对数据素养的定义，即找到、评价和有效合理使用信息（包含数据资源）的能力；另一个是数据素养定义：阅读、解释、分析、批判性思考统计数据以及将统计数据作为证据的能力。数据素养主要指研究者在科学数据的采集，组织和管理，处理和分析，共享与协同创新利用等方面的能力，以及研究者在数据的生产，管理和发布过程中的道德和行为规范。

2. 涵盖的具体内容

在对已有文献进行总结的基础上，本研究认为数据素养教育涵盖的主要内容包括：①数据意识：主要指在科学研究过程中对数据的理解和敏感性。②数据能力：主要指数据获取、管理、分析、评价、存储、保护等的能力。③数据伦理：主要指用户在数据的整个生命周期中所遵循的道德规范和行为准则。

上述三个方面的素养内容中，数据能力是核心，归根结底，数据素养指的是一种能力，是对数据进行获取、管理和利用的能力，一些常见的软件，如 Word、WPS、Excel、PPT、Photoshop 等数据整理软件，SPSS、Bibexcel、Ucinet、Netdraw、Citespace 等数据分析软件，EndNote、NoteExpress 等数据管理软件的熟练使用，都是数据素养所必备的能力；数据意识是数据素养的前提，没有对数据的正确认识和敏感性，无法快速准确地判断出数据在自己科研工作中的价值，更谈不上对数据的利用，也就谈不上数据素养；数据伦理是保障，因为任何对数据进行获取和利用的活动，都必须在遵循法律法规和道德规范的基础上进行，数据伦理是在体现数据能力时必须遵守的行为规范和准则。这三个方面的内容构成了完整的数据素养的知识和能力。

（四）概念辨析

1. 数据素养与信息素养

数据素养与信息素养的本质区别主要在于数据与信息的处理方式不同，数据的处理方式比信息处理方式更加复杂。数据素养更倾向于强调对数据的处理能力，以及分析、推理和洞察能力等；信息素养则注重对信息资源的挖掘、整合与利用，更倾向是一种信息组织行为。

2. 数据素养与数字素养

数字素养更加强调对信息技术的运用，利用信息与通讯技术检索、理解、评价、创造并交流数字信息。如图书馆工作过程中的文献数字化等工作，要求图书馆员具有一定程度的数字素养。有学者指出，数字素养不仅强调信息的创造，而且注重数字技术的使用。数据素养虽也强调技术的运用，但与数字素养有着较大差别。数据素养将技术的运用视为获取数据的一种方法，如利用网络爬虫按要求获取万维网信息等；而数字素养更加强调数字化过程，即利用数字技术将图片信息解读成文本内容。

数据素养的基本内涵至少应包括三个层面：一是意识层面，即要求主体应该具备良好的数据意识，包括大数据意识、数据敏感度、法律意识以及数据需求等；二是知识层面，即掌握与数据素养相关的管理、法律等方面的知识，为数据素养的培养与应用保驾护航；三是技能层面，主要表现为数据获取、处理、判断、使用、生产、共享。三个层面之间的关系密不可分，三个层面的顺序也非常重要，是开展数据素养教育最基本的内容。

二、高校图书馆数据素养教育理论基础

（一）图书馆即教育

高校图书馆开展数据素养教育是对"图书馆即教育"的体现，图书馆在数据素养教育过程中承担着教育主体的角色，明确了数据素养的教育主体，是新时代对"图书馆即教育"的准确阐释，有利于图书馆事业的进一步发展。"图书馆即教育"的观点对强调图书馆在数据素养教育过程中的重要性，对规范当前我国图书馆数据素养教育、发挥图书馆员在数据素养教育中的积极性、创造性、丰富数据素养教育方式具有重要作用。

（二）"三适当"准则

图书馆数据素养教育正是对"三适当"准则的贯彻：在适当的时间——大数

据时代，为适当的读者——为极容易接受新鲜事物的群体——大学生，提供适当的服务——提供数据管理的知识与技能。"三适当"准则为图书馆数据素养教育工作提供理论基础，对为有不同数据素养基础与需求的群体提供具有针对性、层次性的数据素养教育具有指导意义。

（三）人的全面发展理论

数据素养教育立足于以人为本的思想，是对人的全面发展理论的实践，让大学生在学习专业知识的同时，掌握数据素养的知识与技能，并将这些知识与技能应用于学习过程中，有利于促进大学生的全面发展。高校图书馆开展数据素养教育，既从内在目的层面将大学生塑造成具有数据意识、数据能力、数据伦理的高水平的、全面发展的人才，同时也为大学生日后从事科研工作与学习或步入社会、满足社会发展需求奠定坚实基础。

三、高校图书馆数据素养教育的必要性

（一）外部推动力

大数据时代不断涌现的数据和第四研究范式中数据处理的要求是高校图书馆开展数据素养教育的外部动力。互联网数据中心（Internet Data Center，简称IDC）发布的调查报告称全球数据量每两年翻一番，其中85%以上是半结构化或非结构化数据，难以处理。大数据中所谓的"大"有四层含义，即大数据的4V特征：一是指数据量大；二是指数据种类多；三是指运行速度快；四是指数据价值高。在此背景下，新的研究范式应运而生。《第四范式：数据密集型科学发现》的出版使得人们进一步提高了对数据素养的认识。社会及用人单位对数据型人才的需求逐渐增加，促使高校为提升本校学生在未来就业与职业发展中的核心竞争力，对大学生提供数据素养教育。

（二）内部牵引力

用户需求是高校图书馆开展数据素养教育的内部动力。数据是科学研究的基

础,科研人员在科研过程中首先面临的就是数据收集,包括数据收集工具和方法的使用、数据格式、数据引用等;其次,数据分析管理,包括数据分析管理软件的运用掌握、数据分析方法、数据表示方式等,都是科研人员所需的能力。由于图书馆在信息素养教育过程中积累了丰富的资源和经验,因此比其他机构更适合开展数据素养教育。大学生是科学研究的重要后备力量,研究生和高校教师已参与到科研工作当中,他们在科学研究过程中都发挥着重要作用,并且对数据素养能力的需求也在日益凸显,面对高校用户的需求,高校图书馆必须积极担负起为读者提供数据素养教育的责任。数据改变着人们生活、工作、学习的方式,促使大学生产生强烈的数据需求,以及对于数据素养知识与技能的需求。

四、高校图书馆数据素养教育的优势

高校图书馆对大学生开展数据素养教育符合杜威提出的"图书馆即教育"的观点以及"三适当"准则。高校图书馆开展数据素养教育不是凭空出现的,与高校图书馆所拥有的多种资源及技术密切相关,高校图书馆开展数据素养教育的优势主要表现在以下几点:

(一)较强的数据存储优势

高校图书馆纸质藏书量巨大、数据资源丰富,是整个高校中掌握资源最密集、技术最先进的部门之一,在整个高校中具有重要地位。在大数据时代以及第四研究范式兴起的大背景下,大量纸质馆藏逐渐数字化,高校图书馆具体工作也逐渐向智能化发展,这使得高校图书馆需要存储和处理的数据量激增。不断成熟的数据存储与处理技能为高校图书馆开展数据素养教育提供基础,海量存储数据为大学生将数据素养技能应用于实践提供了便利。

(二)专业的数据馆员

高校图书馆庞大的数据存储量促使馆员必须熟练掌握数据处理技术,以保证整个图书馆甚至整个高校科研工作的正常运转,而这些数据处理技术又刚好能够应用到数据素养教育教学过程中，减少一定的对教育者进行数据处理技术的培训成本，这些掌握熟练数据处理技术的专业数据馆员在大学生数据素养教育过程中扮演着教育者的角色。

（三）专业的技术优势

高校图书馆作为整个高校引进先进技术较多的单位，掌握较多的数据处理技术，这些技术有较强的综合性，也具有较强的专业性，为高校图书馆开展数据素养教育提供教育内容和技术支持。我国大学的信息素养教育已相对成熟，高校图书馆员在信息素养教育过程中积累的成熟经验可以引用到大学生数据素养教育中，图书馆员可以做到熟练应用这些经验开展大学生数据素养教育工作。

第二节 科学数据素养教育的意义

科学数据素养教育有助于人们在对数据、科学数据的获取、管理、分析和发表等过程中发现问题，并提出相关解决方案，以提高科研效率。科学数据素养教育也有利于在数字资源检索过程中针对某个主题或研究领域，发现新的研究方向。

社会发展科技创新是指在生物技术、人口健康、海洋、资源、环境、气候变化、防灾减灾、新型城镇化、公共安全、文体事业等领域，开展科学研究、技术开发及其成果转化应用，支撑引领经济社会发展的价值创造活动。因此，不论是国家、社会，还是个人，科学数据素养教育有着重要的现实意义。

一、提高公民的科学素养能力

拥有一定的科学数据素养，就如同拥有了打开智慧大门的金钥匙。人们可以泛舟书海，认知和解读科学数据、媒介信息、数字资源等，并有效地使用这些信息服务于个人生活、工作学习和社会发展。

科学数据素养教育可以有效提升公民的科学素养能力，包括媒介素养能力、信息素养能力和数据素养能力等。科学数据素养是当今社会人们必不可少的科学素养能力，它能帮助公众提升对各种媒介信息的解读和批判能力，有效使用媒介信息，运用信息和信息技术的基本知识、基本技能为个人生活、工作、学习及社会发展服务。科学数据素养教育是科学素养能力培养的重要组成部分，不论是在学习期间还是在工作期间，都需要培养和训练。

二、科学研究的重要组成部分

科学研究首先是从广泛的文献调研开始的，即从课题调研掌握的资料、信息起步。科学数据素养有利于在基于课题研究最新动态、研究进展等基础上，快速进行开拓性研究，提高科研效率，甚至可以将研究提升至新的理论水平或时间高度。如科学研究方法中的文献综述法，即某一时间内，研究人员就某一主题或专题，通过检索，获得大量的原始研究成果中的数据、资料、主要观点，并加以归纳整理、分析提炼、总结行文的研究方法。

科学研究成果的结题、评价和鉴定等也需要对研究课题的创新性进行广泛的查新实践，才能做出客观评价，从而得出正确结论。在计算机通信技术发达的今天，科学数据素养能力的高低，往往影响着科研成果的利用程度。例如，申请国家技术发明奖、国家科技进步奖，申请国家自然科学基金项目、省市自然科学基金项目，申请科技成果验收、评估、转化，申请国家发明专利、国家重点实验室评估，博士生开题等，一般都需要进行科技查新或查收查引，以确保研究课题的科学性、创新性。

三、避免重复研究造成的资源浪费，提升创新能力

科学研究过程中，任何一项课题从选题、试验到最后出成果，都离不开信息资源，尤其是各种数字资源。科研工作者在选题开始之前，十分有必要进行广泛的检索，以了解同行在相关领域已经做了哪些工作？正在做哪些工作？谁在做？研究进展如何？在此基础上的研究一定程度上避免了重复研究造成的资源浪费，

节省了研究人员的时间。也可以在已有研究中寻找研究盲点，提升创新能力。

四、有利于获取新知识

我国教育部印发的《普通高校图书馆规程》规定："图书馆应积极拓展信息服务领域，提供数字信息服务，嵌入教学和科研过程，开展学科化服务，根据需求积极探索开展新服务""图书馆应重视开展信息素质教育，采用现代教育技术，加强信息素质课程体系建设，完善和创新新生培训、专题讲座的形式和内容"。图书馆通过开展数字信息服务、信息素质教育等多种方式，积极服务于高校的教学和科研工作。而科学数据素养教育是信息素养教育在科技创新时代的发展和延伸，可以帮助学习者获取新知识，提高科学研究水平。

五、数据素养教育对职业发展的影响

在现代社会中，数据素养教育对个人的职业发展起着至关重要的作用。随着数据在各行各业中的普及和应用，具备良好的数据素养已经成为许多职业的基本技能之一。以下将探讨数据素养教育对职业发展的具体影响：

（一）讨论数据素养教育对就业和职业发展的影响

数据素养教育不仅仅是简单地教授数据处理与分析的技能，更重要的是培养学生对数据的理解能力、数据应用的创新思维以及数据隐私与安全意识。具备良好的数据素养可以帮助个人在职场中更好地理解和利用数据，做出准确的决策，并能够更好地适应不断变化的职业环境。

（二）分析数据素养对不同行业和职业的重要性

在如今数字化的时代，几乎所有行业都需要处理大量的数据。无论是医疗、金融、教育、信息技术还是市场营销等领域，数据素养都是十分关键的技能。具备数据素养的人才在各行各业中都能够胜任数据分析师、数据科学家等职位，为企业和组织提供宝贵的数据支持。

(三) 探讨数据素养教育对未来职场需求的反应

随着人工智能、大数据、云计算等技术的快速发展，数据在未来职场中的地位将越来越重要。因此，对数据素养教育的需求也将持续增长。未来职场需要更多具备数据素养的人才，这也意味着通过数据素养教育获得的技能将会成为未来求职和职业发展的竞争优势。

综上所述，数据素养教育对职业发展的影响是深远的，不仅可以帮助个人在职场中脱颖而出，更能够适应未来职场对数据技能的持续需求。因此，提升数据素养教育的质量和普及程度，将对个人职业发展和社会整体进步产生重要影响。

六、未来数据素养教育的发展趋势

随着科技的不断发展和社会信息化进程的加快，数据素养教育将面临新的挑战和发展机遇。未来数据素养教育的发展趋势主要体现在以下几个方面：

①跨学科整合：未来数据素养教育将更加注重跨学科整合，将数据素养与计算思维、科学素养、信息素养等其他教育内容有机结合，形成更为全面、多维的教育体系。

②个性化学习：随着人工智能和大数据技术的应用，未来数据素养教育将更加注重个性化学习，根据学生的兴趣、特长和学习风格，定制个性化的数据素养教育方案，提升教育效果。

③实践与创新：未来数据素养教育将更加注重实践和创新能力的培养，通过项目驱动、实验教学等方式，激发学生的创造力和实践能力，使其能够灵活运用数据素养解决实际问题。

④教师专业化培训：未来数据素养教育的发展需要教师具备更加专业化的知识和能力，教师需要接受持续的数据素养培训，不断提升教育教学水平，更好地引领学生应对信息化社会的挑战。

⑤国际合作交流：未来数据素养教育的发展需要加强国际间的合作交流，借鉴其他国家和地区的成功经验，共同探讨数据素养教育的最佳实践，推动数据素养教育的国际化发展。

第三节　高校图书馆数据素养教学体系

对图书馆来说，大数据时代是其转型发展的重要阶段，图书馆应充分把握时代所给予的发展机遇，加快改变自身职能与服务方式，积极开展数据素养教育。在此期间，应深刻理解数据素养教育的理念与目标，最大限度地发挥出图书馆在数据素养教育中的作用。除此之外，还应合理吸取国内外成功经验，根据自身实际情况与用户需求，进一步探索新的数据素养教育路径。用户则应在数据素养教育中深化自身对大数据和数据素养的理解，切实提高数据能力。为了让图书馆更好地适应当下的时代背景开展数据素养教育，笔者分别从教学目标、教学对象、教学形式、教学内容、教学评估、宣传方式、合作路径等七个方面提出相应的对策。

一、高校图书馆数据素养教学对象

高校图书馆的教学对象大多数是本科生以及研究生。数据素养教育需要设定明确的教学对象，对不同年级、不同专业以及不同需求的对象，设定不同的教学形式以及开展不同的教学内容。

在大数据时代，数据素养能力已成为全社会的需求，这意味着教育的受众不再像以往的素养教育那样只针对教师、学生和科研人员，数据素养教育应注重全民教育。它的教学目标不仅贯穿于整个大学教育，而且需要根据每个阶段的学习和研究需要来实施。此外，社会专业人士和互联网用户也应纳入教育体系。扩大后的教学对象群体比以往有了更多的优秀素质。而且，以往高校的受众主要是教师、学生和科研人员，素质普遍统一，学科分类明确，在时间和空间上都易于控制。但是，如果把普通公众纳入服务范畴，就要充分考虑不同知识储备、不同学习能力群体的接受范围，甚至是弱势群体。同时，不同学科的数据素养教育方法和最终目标往往不同。在高校，受众的学科需求一般比较明确，但对于社会大众来说，尤其是对于不同的网络用户语言，在学习过程中要刻意区分。此外，由于

153

缺乏各方面的制约，社会化教育对象的学习态度也不尽相同。他们中的一些人渴望学习，有明确的目标；有些人倾向于被动接受；有些人持可有可无的态度。而高校内部的教育设施配备齐全，可以面对面授课，但高校以外的社区却大相径庭，普及教育必须考虑一些群体的远程学习障碍。不同教育对象的这些不同特点影响着数据素养教育的最终教学效果，这就需要有针对性的教学形式来保证数据素养教育效果的最佳体现。

二、高校图书馆数据素养教学内容

根据用户的不同需求，我们应该为本科生建立特定的和灵活的教学内容，研究生和研究人员，形成一个特殊教育系统内容，满足不同层次的用户的需求通过结合学习者的经验，发展相关的多层次和多维教育内容。以本科生为例，"一般"执行数据素养教育分为三个时期：第一阶段，重点在于达到认知目的和行为水平的基本教育内容：阅读和获取图书馆的数据知识，以及数据技能相关工具的理解和利用。在中间阶段，主要对数据管理的高级内容进行介绍，比如数据的关键识别、大致的科学观念和对学习的自我反省。最后阶段，需要综合管理引入专业的数据素养能力，并且需要增强科学性的思维、科学思维方法和更多数据伦理的培养。对于研究生和研究人员，应根据其专业背景发展不同层次的"基于研究的"教育，包括：基本的数据获取，分析和存储技能；以生命管理周期研究为基础的数据素养教育。

此外，教学内容与教学课程的设置是紧密联系的。课程作为高校数据素养教育的首要问题，其教育效果的好坏在很大程度上是由课程结构及其内容决定的，比如结构是否合理、内容是否恰当、功能是否得到了最大限度的发挥等。尤其在最近几年里，尽管已有高校专门开设了大学生数据素养课程，但课程内容极为简单，且教学方法也明显滞后于大数据技术的发展水平，尚未形成明确的教育模式。因此，在构建数据素养教育体系时，必须立足于课程设计，一改以往单一的课程教学模式，联合多个关联学科来设计课程，彼此学习，取长补短，以此来保证课程的协调发展，提升课程教学效果。

由于数据素养教育的课程设置涉及内容较多，除了要迎合当代人才的培养需求，还要严格遵守课程教学的基本原则，更关键的是要构建互补的课程体系。首先，要围绕数据素养教学的内容进行设置，从数据意识、数据技能、数据应用以及数据的道德规范等内容来进行设计。可以分为以下三个部分：数据素养的意识教育、数据素养的技能教育以及数据素养的应用教育。其次，要根据不同学科的学习任务以及学习方向来设计，以此来满足大学生对于数据素养的需求，让其能够全面发展。对此，最为可行的办法是将有关大数据、数据素养的知识与学科相融合，有序拓宽数据素养的教育范畴。最后，能够使数据素养教学资源得到充分的利用。综上可知，数据素养的教学课程资源覆盖内容较广，不仅有有形的课程资源，还有无形的数字资源，校内外资源更是五花八门。这也从侧面说明了数据素养的教育资源对丰富其教学内容有极其重大的意义。

高校图书馆的数据素养教育主要是培养用户的数据素养能力，让用户学会获取、处理和分析各种数据。然而，这些都离不开图书馆本身的丰富资源。因此，高校图书馆应重视用户数据素养能力的培养，从现实出发整合数据资源。对库中的数据资源进行整合，使用户能够快速获取自己想要的数据资源。增大数据来源途径，使之不再受限制于大学图书馆，并增进大学图书馆之间以及大学图书馆与研究机构之间的数据分享。基于资源建设特色数据组织数据库，开展具有馆藏特色的数据素养教育，也是未来图书馆服务拓展的方向之一。数据资源是数据素养教育的源泉，为教学的有效开展提供了保障，包括基础设施和平台的建设。

从现有的课程设置来看，目前数据素养教育课程建设存在的问题就是课程内容不全面，比较分散。本文将从以下四部分对数据素养的课程内容进行系统的设计。

（一）数据意识

作为课程内容的开端，让大学生认识数据素养是非常重要的。数据意识的培养主要是让学生能够意识到数据的价值，了解数据信息在现实生活和生产操作中（尤其是在研究和其他活动中）有着至关重要的地位，而且需要对数据有一定的敏感。

(二) 数据技能

数据技能可细分为以下四个：一是数据采集；二是数据处理；三是数据分析；四是数据评价。对于数据的获取，首先要帮助学生明确数据管理的概念，可以通过本学科领域的具体实例加以说明，帮助学生理解课程，积极参与课程。其次，这一部分主要是关于信息的收集和获取。由于学生以前接受过良好的信息素养训练，具有发现和获取数据的能力，本部分主要是在此基础上提高这些能力。在当今时代背景下，大量的数据应运而生，这对学生和研究者获取数据提出了新的挑战。要特别注意提高数据评价能力，保证数据采集质量。同时，还应注重数据采集过程记录能力的培养。收集内容还应包括收集数据的格式。一方面，这方面的改进能力可以确保收集的数据始终与原始数据保持联系。另一方面，通过清晰的数据格式可以完成各种格式之间的转换和互操作，防止数据丢失。学生可以通过创建数据列表和分析文档来完成记录过程。

(三) 数据应用

数据应用技能的培养在获得各类数据之后，最终目的就是要应用这些数据。在数据应用技能培养过程中，主要是数据交流与数据表达相关能力的培养。即进行借用数据交流平台如何展示和分享研究结果，以及学会用数据分析软件分析数据和展示数据。

(四) 数据伦理与道德

数据伦理道德的主要教学内容是数据的相关政策和一些使用数据的行为准则。它主要涉及数据的存取和所有权问题，对学生使用和共享数据至关重要，所以在这部分重点介绍了课程内容，向学生介绍了一些共享数据期间的知识产权和存取问题，以及本课题在规范和标准领域的应用，帮助学生在使用和发布数据时，更好地维护数据利益相关者的权益，同时也帮助用户通过对自身数据的恰当描述获取数据，使数据能够在合理合法的范围内得到广泛的使用。

三、高校图书馆数据素养教学评估

随着互联网时代的到来，大数据技术也得到了迅猛的发展，高校教师可借助大量数据支持网上教育，作为评估和分析学生的平台。教育的效果更多的是出于目的，更倾向于参与者通过学习活动所知道和做的内容。教育或学习的效果是一种具体的、可衡量的、可观察的、以学习者为中心的活动或表现。通过对教学效果的评价，可以清楚地看到我们做了什么，需要改进的地方。数据素养教育也是如此。优秀的教育不会止步于结束之后。相反，参加的人的反应和评价是确保教育活动能够继续发展的动力。数据素养教育可基于多个不同的视角来分析并设计问题，而在反馈教学效果时，不管是为了改善教学质量，还是获得更广泛的参与，都可以提高数据素养教育的水平。

评价教学效果必须参考数据素养教育评价标准，评价体系的建立无法独立完成，而需要由图书馆引导，邀请数据领域的专家参与全国各高校的发展。最后，由政府相关部门组织协调，开发出适合大多数用户的评价体系。要考虑到需求的差异，制定有针对性的政策，准确反映教学效果。对数据素养教育的评价也有助于明确现阶段用户学习能力的作用，并根据不同用户的需求制定相应的数据素养教育计划，进而推动大学的图书馆数据素养教育继续朝着健康的方向发展。

四、高校图书馆数据素养宣传方式

为有效营造校园数字文化氛围，各高校可充分发挥各部门现有的资源，积极调动图书馆、宣传部、教务处以及团委来组织并开展形式各异的宣传活动。

①利用微信公众号、校园广播、学校官网以及微博等媒体渠道来为学生普及大数据的基础知识，不断深化师生对大数据的宏观了解。

②不定期邀请国内外专家学者、大数据应用企业以及数据库提供商等来校召开专题讲座，围绕大数据在人们生活中各个领域的应用进行宣讲，同时也要表达出时代发展对数据素养的迫切要求。

③展示大数据应用案例，以便于师生能够直观地感知大数据的使用方法与实

际用处。

④举办各种技能竞赛，也可组织趣味活动，鼓励师生以大数据分析的方式来解决现实问题。

第四节 高校图书馆数据素养的教学模式

一、基于 5W 模式的高校图书馆数据素养教育体系构建分析

（一）5W 模式应用于高校图书馆数据素养教育体系构建的适切性

1. 5W 模式的理论内涵

这五个 W 分别是英语中五个疑问代词的首字母，即 Who（谁）、Says What（说了什么）、In Which Channel（通过什么渠道）、To Whom（向谁说）、With What Effect（有什么效果）。5W 模式构建了传播学的理论框架，但是它有一个明显的缺陷就是只关心信息的单向流动，忽略反馈的作用。于是后期有学者认为，传播活动不应是简单的直线性传播，而是由受众、反馈信息和传播者构成的循环、发展的完整过程，因此对 5W 模式进行了改进，加入了反馈这一个环节。

2. 高校图书馆数据素养教育本质是信息传播

5W 模式是传播学研究史上的一大创举，奠定了传播学的理论框架，而从本质上来看，高校图书馆数据素养教育就是一种典型的信息传播活动，因此数据素养教育应当遵循信息传播活动的一般规律与模式。高校图书馆数据素养教育具体的信息传播过程为：教育主体（传播者）通过一定的方式（媒介）将数据相关知识与技能（信息）传播给教育客体（接受者），从而使教育客体的数据素养水平得到不同程度的提升（传播效果）。此外，5W 模式还表明传播过程是一个具有目的性的行为过程，即具有企图影响受众的目的，而高校图书馆数据素养教育也是一个目的十分明确的实践行为，具有提升教育客体数据素养水平的目的，这

一方面二者具有高度契合性。

（二）基于5W模式的高校图书馆数据素养教育体系构建要素分析

体系构建的意思是聚散为整，指的是合理地把零散的东西联系在一起，组成一个整体，构成一个体系，便于整体研究。将5W模式与高校图书馆数据素养教育这一实践过程相对应进行解析，高校图书馆数据素养教育体系可划分为教育主体、教育内容、教育方式、教育客体与教育评价5个构建要素。这5个要素功能各异、相辅相成，按照一定的规律进行整体协调运作，其中教育主体、教育客体是具有主观能动性的两翼，教育内容是核心与关键，教育方式是媒介与路径，教育评价是方向标与润滑剂，将这5个要素进行有机组合，便构成了高校图书馆数据素养教育体系。此外，在这5个要素的基础上加入反馈环节，让高校图书馆数据素养教育体系成为一个不断循环、优化、发展与深化的闭环系统，从而形成"教学—评价—反馈—优化—再教学"的生态教学链。

1. Who：教育主体

数据素养教育主体是指在数据素养教育活动中有目的、有意识地认识和作用于教育客体的人或组织，是数据素养教育活动的具体承担者与实施者。数据素养教育主体是多元的，主要包括：①高校图书馆。高校图书馆拥有大量数据资源，积累了丰富的用户教育经验，是数据素养教育的主要承担者。越来越多的高校图书馆开始重视数据素养教育，陆续加入数据素养教育的行列，并不断丰富完善数据素养教育内容与教育方式，数据素养教育水平逐步提升。②相关学院。图书情报学院、数学统计学院、计算机学院等相关学院拥有雄厚的师资，很多教师具备数据管理相关的学科背景，且承担了数据管理相关的教学实践。

2. Says What：教育内容

数据素养教育内容即数据素养教育主体向教育客体传播的信息，具体是指教育主体向教育客体传授的与数据有关的知识与技能。数据素养教育内容主要是由数据素养所包含的内容决定的，主要包括：①培养数据意识。数据意识即对数据的敏感度与数据价值的判断力，是对数据的必要性和资源性的一种敏感性认识，主要包括数据价值意识与数据安全意识，它是数据素养的前提与先决条件。用户只有具备一定的数据素养意识，才会具有较高的数据需求、获取与评价的自觉程度，才愿意接受数据素养教育。②培育数据能力。数据能力即基于数据生命周期与数据相关的知识、技能与方法，主要包括数据获取、数据分析、数据管理、数据应用等，它是数据素养的核心与重点。③树立数据伦理。数据伦理即在数据交流、援引、利用与共享等过程中应遵守的伦理道德规范，主要包括数据隐私、数据安全、数据合理利用、数据交流共享规则等，它是数据素养的准则和标准。

3. In Which Channel：教育方式

数据素养教育方式即为实现数据素养教育目标而采用的策略性方法与途径，它是教育内容与教育客体之间沟通的桥梁，是传播教育内容、实现教育目标的载体与媒介。数据素养教育方式在高新科技的驱动下日益多元化，主要包括：①讲座。讲座是目前我国高校图书馆最常用的数据素养教育方式，许多高校图书馆在信息素养讲座中嵌入了部分数据素养类讲座。②课程。课程包括实体课程与在线课程，与讲座相比，课程有学时保证，内容更为丰富、更成体系。③导航。导航为用户更加快速找到数据提供了快捷通道，如北京大学图书馆在主页的"数据服务"专栏下就设有"学科开放数据导航"。④竞赛活动。数据竞赛是促进学员对数据进行深度应用的良好形式。

4. To Whom：教育客体

数据素养教育客体即数据素养教育内容的接受者和受动者，是教育主体的作用对象，也是教育效果的体现者。随着条件的日趋成熟，数据素养教育客体呈现逐步泛化的趋势，主要包括：①高校师生。高校师生是高校图书馆的主要服务对象，同时也是数据的主要生产者、使用者与传播者，故高校师生是数据素养教育最主要的客体。②图书馆员。图书馆员是数据素养教育的具体实施者，其数据素养水平是数据素养教育质量的基本保障，并且新兴的数据管理服务也需要图书馆员具备较高的数据素养水平，故图书馆员也应该属于数据素养教育客体的范畴。③其他职业人员。越来越多的行业如互联网、金融、医疗等日益受到数据的影响和驱动，相关从业人员只有不断提高自身的数据素养，才能在行业中立足。④社会大众。大数据逐步涉及日常生活的方方面面，社会大众只有具备基本的数据素养,才能适应未来的数字生活。

5. With What Effect：教育评价

数据素养教育评价即为实现不断提升教育效果的目的,根据一定的教育目标和价值标准,对教育活动满足教育客体需要的程度做出判断的活动。数据素养教育评价是一个有机体系,主要包括：①教育客体参与度。参与度即通过统计教育客体的总体数量与覆盖面来体现数据素养教育的效果与影响。②教育客体满意度。满意度即主动通过在图书馆主页设置用户反馈系统、发布线上调查问卷、发放线下纸质问卷、举办用户座谈会等线上线下相结合的方式调查教育客体对教学方式、教学内容的满意程度。③教育客体数据素养提升度。提升度即通过教育客体完成课程作业情况、参加数据类竞赛结果、从事科研时数据获取利用能力等直接体现教育客体数据素养水平的提升情况。

(三) 基于5W模式的高校图书馆数据素养教育体系构建策略分析

1. 协同化：实现数据素养教育主体合作化

协同化即高校图书馆要与其他数据素养教育的利益相关者在人力资源、资金投入、平台建设等方面实行广泛、深入、持久合作,发挥出"1+1>2"的协同效应。数据素养教育主体合作化主要可通过树立合作理念、健全合作机制、泛化合作内容三个途径来实现：①树立合作理念。合作理念是实施合作行为的前提与基础,高校图书馆要深刻认识到数据素养教育是一个复杂的系统工程,协同合作是其深入持久发展的必由之路。其他高校图书馆、相关院系教师、相关研究机构组织、数据库商等皆是数据素养教育的利益相关者,在数据素养教育过程中,高校图书馆要积极发挥主导作用,与这些利益相关者构建跨机构的协同合作机制,只有这样才能真正提升数据素养教育主体的软实力。②健全合作机制。合作机制是实施合作行为的支撑与保障,具体包括沟通交流机制、合作评估机制、合作利益分配机制、合作主体约束机制、合作主体激励机制等。③泛化合作内容。合作内容是实施合作行为的引导与指南,数据素养教育各合作主体可在人力资源、资金投入、设备购置、平台构建、实践基地、项目研究等诸多方面进行优势资源的共建、整合、共享与利用。

2. 系统化：实现数据素养教育内容体系化

系统化即高校图书馆数据素养教育内容要按照一定的逻辑秩序构成一个有机体系与整体，各教育内容之间相互依存、相互协调、相互补充。数据素养教育内容体系化主要包括通识性与专业性相统一、理论性与实践性相结合、内容层次的递进性三个方面：①通识性与专业性相统一。通识性教育内容主要是指整体宏观介绍的数据管理基本理论与方法，这是所有教育客体必须掌握的基础知识，对教育客体无学科背景和先修知识的要求。专业性教育内容主要是指聚焦某一具体学科领域，有针对性、深入系统介绍的与该学科领域相关的数据管理理论与方法，对教育客体有学科背景和先修知识的要求。通识性与专业性相统一可以保证数据素养教育内容既满足普适性的共性需求，也满足特殊性的个性需求。②理论性与实践性相结合。理论性教育内容主要是指通过讲座、课程等讲授的数据管理理论知识，实践性教育内容主要是指通过参加竞赛活动、参与项目的学习、基于问题的学习等实训教育来提升数据管理的实际操作技能。教育内容的理论性与实践性相结合可以真正有效保证教育客体数据素养水平的提升。③内容层次的递进性。教育内容层次的递进性主要是指各教育内容之间具有严密的逻辑性，由浅入深、由易到难，形成基础学习、进阶学习、提升学习等分层次、分阶段、螺旋上升的递进逻辑体系，这也符合科学的学习规律。

3. 多元化：实现数据素养教育方式多样化

多元化即高校图书馆数据素养教育方式要百花齐放、兼收并蓄、多样并存。调查显示，学生对数据素养课程的接受程度与教育方式的多样化呈正相关。教学方式多样化，增大了用户选择空间，重视选择的普适性和有效性，有利于教育效果的最大化。数据素养教育方式多样化需要坚持立足实际、适时创新、联动互补三个原则：①立足实际。高校图书馆使用哪些类型的数据素养教育方式，需要立足自身实际，紧密结合实际馆情、所在学校的校情以及与其他教育主体的合作情况，同时也要兼顾教育客体的特点与实际需求，在审时度势后做出合理的选择。②适时创新。高校图书馆要与时俱进，在保留已有教育方式的基础上，积极主动地利用高新技术，使用一些创新性的教育方式，如开设数据素养类 MOOC 与微课、开展在线讲座、构建数据素养课程群、搭建数据管理资源导航等。③联动互补。讲座、课程、导航、竞赛活动等数据素养教育方式都有自身的优点与不足，高校图书馆要尽量使用多种类型的数据素养教育方式，构建一个多元联动、功能互补的数据素养教育方式体系。

4. 社会化：实现数据素养教育客体开放化

社会化即高校图书馆数据素养教育客体要突破本校读者身份的限制，将社会大众纳入数据素养教育客体的范畴，从而推动并实现数据素养教育客体的开放化。数据素养教育客体开放化主要可通过树立教育社会化理念、积极践行开放化教育两个途径来实现：①树立教育社会化理念。无论是基于数据素养对现代社会大众的重要性，还是基于高校图书馆的社会职责，高校图书馆均应牢固树立数据素养教育社会化服务理念。②积极践行开放化教育。数据素养教育客体社会化、开放化是一个循序渐进、逐步实现的过程，开放数据素养类讲座课件、开展在线讲座、开设数据素养类MOOC、开设数据素养类微课等将是实现数据素养教育客体开放化的主要措施。高校图书馆要积极推广数据素养教育工作，在促进数据素养教育社会大环境形成的过程中发挥先锋模范作用。中国图书馆学会阅读推广委员会连续举办的两期全民信息素养教育公益大讲堂活动就为数据素养教育社会化作了极好的表率与示范。

5. 评估化：实现数据素养教育评价科学化

评估化即高校图书馆依据一定的评价标准对数据素养教育效果进行全面客观评价，以评估达到促教促学的目的，实现数据素养教育更高质量的可持续发展。数据素养教育评价科学化主要可通过制定科学的评价标准、选用有效的评价方法、持续评价与即时反馈相结合3个途径来实现：①制定科学的评价标准。数据素养教育评价标准是数据素养教育评价的依据，应由国家级政府部门或权威性组织机构（如中国图书馆学会）进行组织和协调，可根据不同地区、不同学科的数据素养差异性，制定区域性数据素养标准及基于学科的数据素养评价标准。②选用有效的评价方法。评价方法众多，在科学分析评价方法优缺点的基础上，结合实际情况，综合选用定性定量相结合、自评互评他评相结合的有效评价方法，以绩效评估为手段，不断提升数据素养教育的专业化水平。③持续评价与即时反馈相结合。评价不是一件一蹴而就的事情,必须具有持续性,评价也不是最终目的,必须要将评价结果即时反馈给相关机构部门或人员。持续评价与即时反馈相结合可以保障在后续的数据素养教育过程中,评价结果对数据素养教育内容的制定、教育方式的选取、数据素养课程的设置、数据素养讲座主题的设定等发挥重要导向作用。

二、基于用户差异的高校图书馆数据素养教育

(一) 关注用户差异,因材施教

由于不同的用户群体之间的数据素养需求存在一定的差异,且同一群体间用户的数据素养基本水平也各不相同,高校图书馆在开展数据素养教育时要重视因材施教,根据用户群体的需求特点进行数据素养课程安排。在开始课程之前,馆员可以通过调研了解用户群体的数据知识,有针对性地向其宣传数据素养知识,使其对数据素养的内涵以及技能有所了解,提高用户的学习意识。对于数据素养比较薄弱的学生群体,馆员可以侧重设计数据获取、处理和分析能力的教学内容,从基础性的知识起步进行教学,对于有一定数据素养基础的教师和科研人员、馆员,高校图书馆可以将数据素养教育的重点落于数据共享、管理、利用以及数据伦理与道德方面,通过精准化的教学安排实现数据素养教育的系统教学,全方位、多角度地提升用户的数据素养能力。

(二) 与专业课程对接,深度融合

高校图书馆数据素养教育的有效途径之一就是与专业课程对接,深化与专业教师之间的合作,发挥教育主阵地的作用,将数据素养融合到现有的教育体系之内。高校图书馆可以组织数据素养教育的专业馆员、各专业学科带头人、教师以及科研人员共同参与学习活动,为其提供数据素养教育培训活动,在实践中提高自身的数据素养,满足为其他用户群体提供教育的能力需求。在与专业课程进行融合后,数据素养教育可以服务于用户的科研、学习等活动,使学生、教师等有意识地接触数据素养教育,通过不同的教育模块提升数据素养教育的实际成果,

在学习专业课程的同时落实所学的数据素养技能。同时，这种合作教学模式创造了良好的沟通环境，馆员可以借助教师对学生的了解确定学生的数据素养层次以及实际素养需求，形成良好的反馈。

（三）开展多样化的教育，打破局限

开展多样化的数据素养教育、丰富教学活动的形式是满足不同用户数据素养需求的重要手段。高校图书馆除了开展已有的数据素养培训课程外，还要对用户的学习形式偏好进行调查，根据实际需求情况进行教学活动安排。在教学形式上，高校图书馆可以组织数据素养能力竞赛、举行讲座等形式为学生、教师等补充数据素养相关的知识，提高其实践能力，同时，高校图书馆还可以利用网络教学平台和数据库等，如中国大学 MOOC，结合优秀的网络课程为用户提供更多的学习机会。高校图书馆还要积极探索数据素养实践平台的建设，或者与大型数据驱动型公司合作，通过数据平台为学生、教师等用户提供数据素养能力实践的机会，将馆员主导的数据素养教育转向为用户的自主学习教育，借助数据实验平台引导用户挖掘数据的价值，提升对数据的获取、利用与处理等能力。高校图书馆构建的网络教学平台要允许用户根据自己的实际需求选择学习的模块，如面向本科生的数据检索课程、面向教师以及科研人员的科研管理软件课程、面向馆员的数据挖掘课程等，打破传统教育模式的局限，全面提升数据素养教育的教学效果。

第七章 国内外高校图书馆数据素养教育实践

第一节 国外高校图书馆数据素养教育实践

高校图书馆因为一直承担着文献检索和信息素养教育的重任，很早就意识到对师生的数据素养教育在大数据信息时代具有十分重要的地位，所以很多高校图书馆都主动开展了数据素养教育工作和相关的科学研究工作。在美国，很多研究性大学的图书馆，如康奈尔大学图书馆，主动把对师生的数据管理技能列入了所开设的信息素养教育课中，不定期地举办相关的讲座和培训活动。

近年来，科研方式发生了很大改变，数据管理需求与日俱增，所以国外很多知名大学的图书馆，如麻省理工学院图书馆、牛津大学图书馆等，都深刻意识到数据素养教育的迫切性和重要价值，纷纷开设相关课程，成立专门的数据管理团队，不断创新数据服务和管理方式，从多方面、多角度、多层次开展与数据时代相适应的数据素养教育工作。

事实上，国外的高校图书馆在数据素养教育上一直走在前列，他们不但能较早意识到数据素养教育的重要性，具备较新的理论知识，而且主动把理论运用到实践中，积极开展数据管理导航、咨询、课程研发等各种数据素养教育工作，逐步建立了科学全面的数据素养教育服务体系。

一、国外高校图书馆的数据素养教育现状

国外高校图书馆数据素养教育起步早，发展迅速，积累了丰富的教学经验。通过阅读国内外相关文献，登陆国外高校图书馆的网站等，从教学内容、方式、主体、评估、对象五个维度选取案例，对国外高校图书馆开展数据素养教育的情况进行信息整合和研究分析，在此基础上为我国高校图书馆进行数据素养教育工

作提供一些参考性意见和建议。

（一）教学目标和教学对象

通过对国外八所高校图书馆的调研发现，为了更好地开展数据素养教育，国外高校图书馆都有具体的教学对象，并且设置了明确的教学目标。剑桥大学图书馆的教学对象主要是考古学和社会学专业的研究生。该图书馆的教学目标是提高科研数据管理能力，为其他图书馆总结经验和教训。对考古学专业而言，目标是培养该专业研究生的数据管理意识和管理操作技能；对社会人类学专业而言，其主要目标是帮助研究生理解数据管理的相关理论和数据生命周期的内涵，了解该领域的科研数据特征和发展历程，参加相关的学术活动学习借鉴比较先进的数据管理经验；普渡大学图书馆主要针对电子与计算机科学、农业与生物工程专业的研究生、科研人员开展数据素养教育，旨在帮助他们将科学知识与社会问题相结合，帮助他们发展专业交流技能和终身学习的能力；爱丁堡大学图书馆、维多利亚大学图书馆、麻省理工学院图书馆、滑铁卢大学图书馆的数据素养教育主要是培养科研工作者管理和备份科研数据的技能；阿尔伯塔大学图书馆旨在满足科研项目研究过程中的数据管理要求，保存数据、共享和发表数据；马萨诸塞大学医学院图书馆针对本科生和研究生开展数据素养教育，旨在帮助他们建立数据素养教育基本内容体系和提供数据素养教育资源。

教学目标的设定和教学对象的特点密切相关：低年级学生在学习能力上还有一定的局限性，因此在教学过程中要以基础的数据操作技能为主，避免难度较高的数据管理技术为其学习带来障碍从而降低了学习的积极性，应当以通识教育为主，使学生对数据管理有一个基础的、整体的认识；而高年级的本科生和研究生的教学目标比较高，他们需要掌握一定的数据管理技术，需要提高数据搜集、整理分析、保存共享等方面的能力；对那些在领域性比较强的专业（如土木工程、电子与计算机科学、考古学等）的人员和专门从事专业研究的科研人员而言，不仅需要掌握数据管理的基本理论知识和一般技术，更需要具备较深的理论和较高的专业技能。

（二）教学主体

国外高校图书馆开展数据素养教育时主要有三种教学方式：一种是数据管理资源导航和实践指南的教学模式，第二种是数据素养通识教育的教学模式，第三种是学科专题数据素养教育的教学模式。其中，数据素养通识教育应当包含不同的类型，主要有在线教育、专题培训等形式。

1. 数据管理资源导航和实践指南

数据素养教育的初级形式之一是数据管理资源导航的建立，该模式一般提供科学数据管理资源的网络资源目录与导航，协助科研工作者对科学数据管理的相关概念有一个大体上的了解，帮助他们熟悉科学数据管理的基本方法、科学数据管理工具和可利用的数据资源。

华盛顿大学图书馆通过建立名为"数据管理指南"的数据管理资源导航，介绍数据的管理计划、组织和格式、共享和存储、相关的图书与期刊等数字资源；耶鲁大学图书馆通过建立名为"研究数据管理"数据管理资源导航，主要介绍数据的再利用、数据管理计划、一些研讨会和资源的链接地址。

在国外的数据素养教育活动中，有些高校的图书馆偶尔采用实践指南这一模式为学生们的学习提供便利。麻省理工学院图书馆创建了以"管理您的数据"为主题的网络指南，这个数据管理和指南管理对于学生学习来说都是非常实用的，涵盖了整个生命周期的管理数据，其中就有伦理和法律问题、文档/元数据、数据分享、数据安全及备份、数据组织引用数据、归档、数据集成、文件格式、资助者要求和数据管理规划等等。

2. 数据素养通识教育

数据素养通识教育一般针对的主要是学校的研究生和特定学科的科研工作者，概要性地向他们介绍和数据管理相关的基本理念和方法，使他们从整体上对数据管理的知识有基本把握。开展数据素养通识教育可以有很多种形式，例如开设学分课程、开展专题讨论、开展在线教育等。

①传统学分课程模式。学分教育在教育的发展历史上留下了非常浓重的色彩，这种授课模式，不仅仅能够充分调动学生们学习的热情，还能活跃授课氛

围,在这样的课堂上,我们经常能够看到许多学生和老师,一起思考去解决同一个问题;你也时常能够看到老师和同学因为一个学术问题争辩不休;这种传统的课程模式在数据管理的授课中,同样如此,会充分调动学生的积极性,促进学生不断参与到课堂中。现阶段,设立学分课程的并不多,部分是由大学图书馆承担的,称为"Library-based course"。

康奈尔大学在自然资源学科开设了"一学分迷你课程 Mini-course",该课程专业教师参与数据管理教学,共同努力,不断完善教学方案和内容,其中教学内容主要涵括以下几个方面:数据库建设、数据管理知识和技能;德里印度理工学院图书馆也开设了为期9周的"网络智能和大数据"学分课程,该课程内容主要包括:数据的搜索、数据的意义分析、数据库建设和管理、大数据技术和趋势、数据分类技术与聚类技术、大数据挖掘分析技术、数据的预测分析等。

②在线教育课程。在线学习和网络课程模式是目前高等教育领域面临的新变革,国外已经普遍使用这种模式开展数据素养教育。在线学习通过提供"更多的机会与学习者进行动态交互和对学习者进行评价"而使学生受益。在线课程主要借助网络开展教学,教学对象可以根据自身方便的时间段来进行学习,在线课程不受空间的限制,可以在任何可以上网的地方进行学习,也不受人数的限制。在线课程和传统的课堂教学相比,教学方式灵活,教学对象广泛;在互联网背景下,教学对象可以在电脑上学习,也可以在移动客户端(如各种 App 软件)学习,是开展数据素养通识性教育很好的一种方法。在线课程形式灵活方便,不受时空因素的限制,也受到图书馆和学生的青睐。

明尼苏达大学的图书馆开发了一种在线课程,包含三个主题,其中有针对数据安全的隐私与数据安全在线课程,定量科研数据管理和定性科研数据管理等。为了充分调动学生们的积极性,提高学习效率,该校图书馆也开设了数据分析工具、数据挖掘等在线课程。

③讲座和培训课。目前,国外的讲座和培训在形式上比较多样化,十分灵活。其中以数据素养讲座和培训为主,内容包括数据素养基本概念的介绍,除此之外还要对相关数据处理软件的操作使用进行培训。国外大学的图书馆设置了一系列的培训课程,通过授课对科研人员进行科研数据管理的讲述,这种方式快速

高效地使其对该管理方式有充分的了解。

④专题讨论会。在教育方法学中，专题研讨会有其特殊的意义，它是一种教学组织方式，旨在培养参与人员的自主学习、实践运用等实际能力和团队之间的协作。通常是以某一个特定的主题展开，进而集合资料收集、场景设计等前期准备以及演示讲解、案例分析、小组讨论等现场活动综合展开教学。不仅如此，讨论会、经验交流会也是经常被采纳的数据素养咨询服务教育方式，国外大学常采用这种方法，研讨会的方式优势很显著，不仅给科研人员学习讨论提供了机会，还充分调动了大家学习的主动性，讨论中暴露的问题也得到了有效的解决。

普渡大学及俄勒冈大学等不少高校针对数据素养方面做出了努力，联合在一起发起了专门与这方面有关的专题会议。该会议的主题为"数据素养"，重点对图书馆管理人员的定位进行了讨论，探索了其在研究生数据管理及能力培养上应有的作用，同时阐释图书馆在各种数据素养科目教学中的感悟及经验。通过该研讨会，包括很多学科在内的数据管理及培训等方面的要求明确了下来。借助相关的探索及讨论，依照现如今数据管理教学的实际情况及感悟，分别规划出了基于服务对象差异化的教学课程及内容。

⑤咨询服务。对于国外大学来说，给予学校学生及科研工作人员应有的数据咨询服务是他们的特色所在，也是他们进行数据素养咨询服务的重要体现及方法。也就是说，国外学校的图书馆不单单专门设置了与数据素养相关的教学内容，而且还给了与此相关的配套服务。在校学生及科研职工可以借助两种方式参与其中。第一种是利用电话或邮箱等媒介给予预约；第二种是专门前往图书馆咨询。通过这些预约方式，他们可以获得图书馆人员给予的服务，并从相关人员那里得到帮助，例如数据管理政策问询、计划等。在国外，弗吉尼亚理工大学图书馆就设立了专向的数据咨询馆员，这些数据馆员主要提供空间信息的问询，与软件、数据剖析等有关的咨询，获取资料及数据的方法问询等。学生和科研人员根据自身的学科领域和数据需求，通过电子邮件进行预约，或者和数据馆员进行一对一面对面的沟通咨询，以获得专向的个性化服务。

⑥嵌入式教学服务。嵌入式课堂教学模式，它的形成比较早并且处于持续发展的过程中。课堂教学中涉及数据、统计、定量方面的教学应该属于传统的数据

素养教育的内容和形式。因为学科馆员、数据馆员和相关专业课程教师经常进行合作，所以通过嵌入式教学开展数据素养教育也越来越频繁，越来越专业。伴随数据处理分析和数据可视化的推进，国外高校图书馆已经着手考虑为专业课程教师在开展课堂教学的时候怎么样帮助他们提供专业化的数据服务，也就是说怎样把图书馆的数据服务嵌入到专业课程教学中去。

伊利诺伊大学香槟分校图书馆通过以下方式为数据教学和数据研究提供帮助：图书馆员直接在课堂教学中提供数据资源，并对数据有关的软件和数据服务进行介绍推广，数据馆员也和专业课程教师在课堂上展开合作，共同进行数据资源和数据软件的教学；图书馆的数据馆员为专业课的课程教学组织数据，为的是协助专业课教师收集教学需要的数据来开展数据教学；该校的数据馆员还借助介绍数据服务来协助专业课教师的数据素养教育，协助专业课教师详细了解和数据资源、数据管理有关的知识。

3. 学科专题数据素养教育

这种教学方法要求教学主体需要有很高的数据素养，它在开展数据素养教育中比较专业化，它对教学主体的数据管理经验和数据服务经验要求也比较严格。因此，学科专题教育对高校图书馆的要求也很严格，当前，我国开展学科专题数据素养教育的大学图书馆并不常见。开展方式灵活多样、针对性比较强，是学科专题数据素养教育的特点。学科专题数据素养教育，可以针对某个主题和特定的专业学科进行深入的学习和讨论。综合来看，和泛在教育相比，学科专题数据素养教育围绕特定的学科展开，它的针对性很强，在学科上更为专业和深化，它主要针对个体来进行教育，且这种个体具有相关学科领域的数据素养基础知识和技能。

综合来看，虽然教学的方式、模式有很多，但是最为广泛使用的一种教学模式还要是研讨会和培训讲座的形式，这种形式对于大多数人都是适用的，对于刚开始接触数据管理的人来说，讲授的知识特别基础，简单、易懂，独特的交流方式，还会激发人学习的意识，但是二者在面对的教学对象上有不同的要求。比如，对于讲座来说，是针对绝大多数学生的基础性授课，而对于研讨会来说，是专门针对少数人群的专业性授课。第二种就是学分制的课程，这种课程模式是以传统教育为基础进行改良的，优点就是，课程涵盖的内容非常全面，在课堂上就能实现学生与教师的交流，激发学生的学习乐趣；第三种就是网络课程教育，这种模式是基于互联网发展而建立的新型模式，不限制时间、地点，可以作为私人专属的个性化课程。

（三）教学评价

第一，使学生以数据生命周期为中心在整体上掌握数据，对数据知识进行更加透彻的了解，把数据更好地应用到实践之中，使数据管理工作更加完善。

第二，能够更好地使用数据，能够更好地规范数据和管理数据。

第三，能够把数据管理、科研工作、课程学习这三个方面结合到一起，很好地结合理论和实践。

第四，学生在学习了数据管理知识以后可以使学生的数据素养水平提升，为以后更好地开展科学研究奠定坚实的基础。除此之外，根据评估的结果，该门课程存在着一些缺陷，需要进一步地优化：

①根据学生的观点，该门课程应当作为一门长期的课程，与此同时，应当对开课的时间进行合理地安排（不应当在第一学期进行教学，学生刚进入一个新的环境，需要适应一段时间，还没有进行实践方面的工作，没有形成自己的数据，在这个时候开课起不到很大的作用）。

②老师在进行教学的时候应当注重知识的层次性，先讲解基础知识，再教学生使用数据资源、数据工具，最后再讲解比较高级的知识。

③在设计教学内容的时候应当充分考虑学生对知识的接受程度，合理安排教学内容和教学案例。

第四，应当充分地考虑每名学生对数据素养的需要，而不是一概而论。

老师在结束了教学以后，会考核学生的学习情况，并且让学生对该门课程做出评价，这正是剑桥大学图书馆的评估方法。根据课程评估的结果，以下是 DataTrain 课程模型的优势所在：

①ADS 充分地肯定了考古学课程的教学评估结果。

②不管是评估课前地学生需求，以及对学生需求的调研，还是老师在讲课的

过程之中，项目组都积极地和学生进行沟通和交流，以便于使学生的数据素养得到更好的提升。

③把专业教师、数据管理服务及实践图书馆员聚集到一起，组建专门的项目组，充分地结合理论和实践。

④所有项目组的研究人员都进行积极的协同合作，在很大程度上提升了项目的实践效率。

根据教学评估的结果，剑桥大学总结出了以下经验：

①在人们的实际生活中，是否应当对数据共享还值得商榷，因为许多数据非常敏感，具有保密的性质，会涉及法律法规，所以应当辩证地看待这种数据。

②在进行教学的时候，教学方法应当灵活，不墨守成规，对课堂的趣味性进行提升，以便于激发学生的学习兴趣。

③可以通过小组学习的方法使学生的学习效果得到提升。

④相比较于一天两节课，一周四天的课程安排，使用一整天的研讨会授课方式显然更有效果，这样能够使学生的出勤率得到保障。

⑤为学生提供的学习资料以及参考资料使用的效率并不是很高。

⑥对于与科研工作有关的知识和技能学生非常重视，但是与科研工作无关的知识和技能学生并不愿意学习。

二、国外大学图书馆数据素养教育的特征

（一）有着明确的教学目标

在对数据素养教学内容进行设计的时候，国外大学的图书馆都有着明确的教学目的。也就是培养用户的数据意识，让用户掌握管理数据的方法，并且利用这点作为根本出发点来安排课程。从调研结果来看，教学目标的设定和教学对象的特点密切相关：对于处于低年级的本科生来说，设定的教学目标并不复杂，基本是给予他们一些数据管理的相关理念及知识，使学生对数据管理有一个基础的、整体的认识；而高年级的本科生和研究生的教学目标比较高，他们需要掌握一定的数据管理技术，需要提高数据搜集、整理分析、保存共享等方面的能力；对那

些在领域性比较强的专业（如土木工程、电子与计算机科学、考古学等）学习的人员和专门从事专业研究的科研人员而言，不仅需要掌握数据管理的基本理论知识和一般技术，更需要具备较深的理论和较高的专业技能。

（二）划分教学对象的层次以及领域

①划分学习人员的层次。由于用户群体对数据有着不一样的需要，使用数据的人在实践之中也有着不一样的管理权限，所以，在进行数据素养教学的时候，应当对教学对象的不同进行充分的考虑，例如，图书馆员、项目负责人、研究人员、研究生是 MANTRA 课程主要的教学对象，并且针对这些对象进行培训。研究生是 DIL 项目的主要教学对象，研究人员、研究生、本科生是 NECDMC 课程的主要教学对象。

②对各个教学对象的学科领域进行充分的重视。由于学科的性质和学科的特点不一样，所以也有着不一样的数据管理需求，不一样的数据管理技术，计算机科学与电子、生物与农业工程、生态学、土木工程、自然资源是 DIL 项目的五个试点学科，工程领域、科学领域、健康领域是 NECDMC 课程的主要内容。

（三）多种方式的教学方法

利用合适的教学方法，可以很好地完成教学目标，激发学生学习的兴趣，使学生的学习效果得到提高，使教学效果得到提升，许多图书馆在开展数据素养教育的时候都利用了多种教学方法。比如，普渡等大学图书馆的系列研讨会、嵌入式图书馆服务、一次性课程、在线课程、一学分迷你课程等，爱丁堡大学图书馆的在线课程、马萨诸塞大学医学院的学分课程。除此之外，对于新的教学方法以及新的教学技术，这些大学的图书馆都非常重视，比如翻转课程、慕课等。

（四）在对教学内容进行设计的时候以数据生命周期作为中心

虽然国外各个大学的图书馆在对教学内容进行设计的时候所设定的教学模块不一样，但是总体上都是以数据的生命周期作为中心，对应数据收集、剖析、处置、保存、留档、共享等诸多阶段。这里面涉及的数据方面的知识及内容非常多。不单单包括数据的道德及伦理方面、收集及检索方面，同时还将数据处理工具及评价手段、数据安全及质量等方面囊括了进来。同时，数据管理的类型、名称及共享等方面的内容也需要涉及进来。例如，DIL 项目在设计课程大纲的时候利用的是数据管理的各个阶段需要的数据技能。再比如 NECDMC 课程对处于不一样生命周期的数据格式以及数据类型进行了介绍。

（五）强调教学反馈和教学评估

在开展教学的过程之中，教学评估是非常重要的一个组成部分，这正是国外大学图书馆能够较好地开展素养教育的一个原因，利用考核学生的学习成绩以及对课程进行评估，对反馈的信息进行搜集和整理，对课程进行不断的优化以及完善，使其数据素养变得有可操作性、可持续性，比如，DIL 项目在每节课结束之后会与学生进行积极的沟通和交流，在课程全部结束以后发放调查问卷让学生填写，把学生分成小组进行讨论，对反馈的信息进行收集。NECDMC 课程会利用课堂测试以及让学生回答问题的方法对学生的学习情况进行考核。

第二节 现代高校图书馆数据素养教育问题及对策

一、高校图书馆面向学生的数据素养教育发展问题

（一）数据素养教育尚未普及

从高校图书馆网站的专栏设置来看，大部分高校数据素养教育的开展还是嵌入在信息素养教育中，没有高校设立"数据素养"专题，说明高校图书馆对数据素养教育的重视程度不够。从高校图书馆的组织机构来看，很少有高校图书馆针对数据素养教育开设专门的服务机构，说明高校图书馆在数据素养上还需加大投入力度。高校应该抓住"双一流"建设机遇，发挥自身丰富的知识资源优势，在信息素养教育的基础上，结合学科服务，开展专业的数据素养教育。

(二)数据素养教育体系不健全

图书馆现有的数据素养培训并不全面,培训的内容脱离了数据生命周期,也没有围绕整个科研流程去开展,仅仅只是就局部技能进行培训,着重于数据处理软件的使用、数据库的利用等方面,不够系统化,综合度也低。但是科研工作与数据生命周期具有紧密关系,学生在学习以及研究的过程中,不应该存在将数据素养分割成几个部分的现象。所以说,生命周期的规律是科研数据必须遵循的基本原则。这就要求在进行数据素养的培训过程中,图书馆需要充分考虑到数据生命周期并将其融入其中,开展启发式教育。

在软件的培训上,高校图书馆普遍开展的软件培训有 Excel、SPSS、CiteSpace、Matlab、CiteSpace、Scopus 和 HistCite 等,但是这些只是基础性的数据处理软件,缺乏与学科服务的结合,在软件种类上无法满足学生的专业化需求,学生对数据管理软件、文献计量软件、数据分析软件等需求较大,图书馆下一步应当根据不同学科的不同特点,以学生需求为导向,在培训软件方面做到多元化。在数据素养教育服务质量控制上,未能建立起高校图书馆数据素养教育服务质量评估框架和体系,对于数据素养教育活动开展的效果好坏、反馈情况没有一个很好的评估和监管机制。

(三)数据馆员队伍建设有待加强

数据馆员是图书馆数据服务深化后的产物。其工作内容可以从数据生命周期的角度进行划分,包括数据采集、优化数据存储结构、对数据进行统计和计算,并生成可视化图表,实现对数据的处理和分析。而学科馆员一方面需要主动地把文献资料提供给师生群体,让图书馆的资源得到有效利用,另一方面要根据对口院系的科研需求,为图书馆的资料采购提出合理建议,力求让图书馆的馆藏资源更加科学合理。可以看出,数据馆员与学科馆员在工作内容上有很大的差异。图书馆若想提高自身的服务质量,就应该明确学科馆员与数据馆员的差别与联系,在规章制度、服务形式、工作内容上加以完善调整,明确分工,实现从学科馆员到数据馆员的角色转变。

（四）数据素养教育平台建设不够深入

数据服务平台可以提供数据保存、数据管理、数据共享的功能，有利于学生进行数据存储，并且通过共享数据信息进行交流，进而深挖数据价值。在数据服务平台建设上，一方面，我国目前只有北京大学、复旦大学、东南大学、浙江大学、中国科学技术大学、武汉大学等六所高校进行了研发，数量较少；另一方面，在平台建设的服务功能上大部分仅限于数据分析、数据管理、数据引用等，在数据出版、数据评估与验证等方面涉及的不够多，所以在平台在服务功能方面还需要扩充。

二、高校图书馆数据素养教育发展优化策略

（一）提高数据素养教育意识

想要做好数据素养教育，就必须提高教育对象的数据意识，有了意识才能提高人们利用数据的自觉程度，而良好的文化氛围对于提高师生数据意识具有积极的促进作用。提高数据素养教育意识要从图书馆自身和加强学生的数据意识两方面共同发力。

从高校的图书馆网页就可以看出，图书馆的数据素养教育大多设置在信息素养教育专栏下，没有一个独立的数据素养教育体系，说明高校图书馆在数据素养方面的意识较为薄弱。高校图书馆想要提高自身的数据素养意识应从人员和行动两方面入手。一方面，在人员上，上至馆长等领导层，下至馆员都应该提高对数据素养教育重要性的认识。图书馆领导层不仅要多研究国外高校图书馆的数据素养教育发展成果和现状，汲取优秀经验，结合本校实际，制订教育规划，也要认真领悟国内颁布的和数据相关的文件精神，对馆员进行培训，从而更好地落实制定的数据素养教育培养方案。图书馆馆员不仅要积极参加图书馆组织的和数据相关的培训，了解数据素养教育的重要性，也要主动深入校内各院系和师生进行联系，了解他们对数据的需求，这样才能意识到开展数据素养教育的紧迫性。另一方面，在行动上，图书馆可以在官网主页设置数据素养教育专栏，对于数据素养

教育内容进行分类，引导不同主体进行学习，积极开展调研，及时收集反馈信息，为今后数据素养教育内容的开展更加体系化、科学化打好基础。

在加强学生数据意识上，图书馆应当在做好宣传工作的同时认真落实好制定的培养方案，从而提供精细化数据服务。一方面，通过微信公众号、手机应用、微博等校园媒体，以微视频、线上解答等形式宣传大数据相关知识，提高师生对大数据的全面认识；另一方面，邀请国内外专家学者、大数据应用企业、数据库商等不定期举办各类知识性讲座，介绍大数据在学习、生活、工作以及科研领域的广泛应用，以及大数据时代对数据素养的迫切需求；除此之外可以进行大数据应用案例展示，用更加直观、立体的方式让师生了解和感受大数据的使用方法与其实际应用价值；与此同时举办各类技能竞赛、趣味活动，让师生探索如何利用大数据来分析解决实际问题。从而让数据素养意识更好地在学生中间传播，形成积极向上的校园数字文化氛围。

（二）完善教学内容培训体系与服务质量评估体系

1. 构建以数据生命周期为基础的教学体系

数据生命周期是对科研工作中的科学数据在生命周期中各个时期的状态与规律进行研究，分为：启动科研项目、根据项目的研究目标与研究任务制定研究的计划、按照计划开展调研工作并获得相应的数据、对数据进行保存、利用科学合理的方法筛选数据进而分析数据、将筛选出来的数据通过处理进行二次储存等阶段。在进行科学研究的过程中，数据是以动态的形式存在的，会不断地更新完善，因此，高校图书馆必须立足于数据生命周期提供教育服务，这样才能将数据的科研价值发挥得淋漓尽致。

以数据生命周期为出发点，采用具有启示性的教育形式是图书馆数据素养教育应该秉持的教育原则，旨在通过科研项目或者是数据实践操作，全面提升学生的数据素养能力。以数据生命周期为主线，开展涉及数据获取、筛选、管理、共享、保存、分析处理等课程的学习，以及相关政策解读、数据伦理规范等知识的培训。基于学生对数据软件种类多样化的大量需求，高校图书馆可以征集院系师生需求，购买多种类的软件工具，增设如 Python、SAS、R 软件等方面的培训，通过实践操作的形式培养学生数据处理与分析的能力。一方面引导学生建立正确是数据价值观，提高了学生的数据意识，另一方面设置实践课程对数据相关知识进行普及，二者相结合可以促进学生形成审视数据生命周期的意识，在面对海量科学数据时，做到理性处理，科学分析，保证数据动态的更新与无误。

2. 建立健全服务质量评估体系

教学评估和教学反馈是高校图书馆开展数据素养教育信息收集的手段之一，数据素养教学的有效与否很大程度上与教学评估体系的完善程度呈正相关。也就是说，高校图书馆可以通过数据素养教育的教学评估体系，将广大师生的反馈收集整理，为数据素养教育的教学内容与教学方式的完善与改进提供思路，以此探索出一套独特的、适用性高、可操作性强的数据素养教育模式为本校所用。

一方面，高校图书馆数据馆员团队可以设置一个考核的机制，用以评估学生的数据素养教育成果。机制的特性是可量化、可操作，形式可以是定期检查，或者是不定期抽查。比如说，随堂测试，或者是布置课后作业，甚至是对学生进行问卷调查等，以此检验其对数据素养的有关内容与技能的掌握。另一方面，对于数据馆员这个群体而言，可以采用打分或留言的方式，让学生对其教学服务进行评价，比如在高校的教务处或者图书馆建立一个专门的评价网站，以此收集学生们的反馈。又或者是采用问卷调查以及访谈等形式，获取学生们的意见和建议。在此基础上，适时地调整教学方案，获得最佳的教学效果。

（三）组建高质量数据馆员队伍

1. 推动学科馆员向数据馆员进行转型

以学科馆员作为重点培训对象，开展系统化的教育培训，帮助馆员夯实数据管理技能，引导他们从传统的馆员升级转型为数据型馆员，这也是接下来高校图书馆的一个重点任务。

在通过培训，现有馆员向数据馆员转型的实践中，高校与高校之间可以进行联盟合作，联合开发新的图书馆培养管理体系、数据课程，开展面向数据人才的培训。此外，高校也要创造大数据的学习环境，鼓励学科馆员自主学习，组织馆员多参加专题研讨会、学术论坛、数据馆员沙龙等活动，进行学习交流以促进自身数据素养提升。如果条件允许，高校图书馆也能在馆员中挑选一些优秀且有学习热情的去参加国际论坛，了解一下国外高校图书馆的成功做法，借鉴优秀的经验。

2. 加大对数据馆员的培训力度

数据素养教育涉及的学科广泛，因此，数据馆员本身的综合素质要达到一定的程度，知识的储备量也要相对丰富。从数据素养的概念出发，馆员数据素养的养成所涵盖的范围是非常广泛的，学习图书馆学、情报学等专业知识固然重要，但是掌握更多其他方面的内容，以及具备各类工具的使用技能也是同样必不可少的。可以说，数据素养是馆员所面临的一个巨大挑战。故此，在对数据馆员的培养中，新型的专业能力与服务能力是高校图书馆必须引起高度重视的栽培重点，与此同时，强化馆员的适应能力，提高其创新能力都是培养过程中不可忽视的一环，如此才能有效推动高校图书馆在数据素养教育方面的发展。

为了确保培训效益的最大化，高校图书馆首先应该明确培训方向，以数据生命周期理论为基础，制定培训内容，使培训内容更有科学性；其次，可以邀请信息管理、情报学、大数据编程、大数据运营等各个学科领域的专家教授来对数据管理及相关服务知识进行系统讲解，保证培训的专业性；除此之外，培训方法也是影响培训效果的关键因素之一，可以采用理论讲解和实践操作相结合的方法。除了正常的理论授课等形式，在实践环节采取小组讨论的形式，更具备趣味性。最后，建立培训考核及奖励机制，通过笔试、实践操作技能、沟通面谈等方式对参加培训的数据馆员进行量化考核，这也是确保数据馆员队伍质量的关键。

在对数据馆员进行培训的同时，图书馆要鼓励数据馆员开展实地调研，主动深入不同学科、不同院系，了解不同教育背景的学生和科研工作者的数据需求。采取这样的方式，不仅仅师生们的数据需求得以满足，也能促使馆员全面提高自身业务水平。

(四) 加强服务平台建设与技术工具研发

1. 做好创建数据管理平台的筹备工作

科学数据管理平台的构建，一方面可以满足科研人员对数据管理的迫切需求，另一方面也让学生等群体有了对数据管理观摩与实践的机会。可以说是既解决了科研人员的诉求，也促进了数据管理教育的发展。然而，在我国的高校图书馆中，只有6所图书馆创建了数据管理平台，数量不多，因此高校图书馆要把创建数据管理平台这项工作提上日程，做好数据管理平台的前期筹备工作可以为后期的研发打下基础，提高效率。在筹备工作中，高校图书馆不仅要为此项工作提供资金支持，还要积极联系信息技术人员，对平台研发做一个基础的了解。除此之外，对国内外各大成熟的科学数据管理平台要进行深入考察与研究，寻求指导性建议，并且把平台的功能完善度、界面的清晰度、使用的友好度、反馈机制的成熟度等情况作为评判数据平台的创建是否合格的标准。与此同时，制定数据管理平台在未来运营过程中的相关规范性文件，把数据更新周期、平台维护都列入其中。

2. 研发"一站式"科学数据管理平台

注重从数据生命周期的角度驱动数据管理平台的开发应用。首先，高校图书馆要注重平台功能的完整性，可以依据系统特点及学科建设需求进行系统选型。如北京大学开放研究数据平台以 Dataverse 为系统选型，以"倡导开放科学"为宗旨，开发了具备长期保存、发布、发现、再利用和再生产科研数据等功能，通过数据服务供给来促进跨学科的协同创新，助力"双一流"高校建设。其次，依据数据生命周期流程研发与应用科研数据管理工具。工具资源的研发与应用在保障类型"齐全"的基础上，追求功能的"专精"，鼓励高校图书馆按照数据生命周期各阶段的工作，研发包含数据管理计划创建、数据收集、存储、出版、分析处理、可视化、统计、清洗、共享、引用和验证等多种类型的工具资源。最后，要做好工具资源的遴选工作，选择能够适配多阶段、多学科的科研数据管理工具资源，通过对科研数据引用工具的功能进行比较，向科研团体和用户推荐适合的引用工具，并提供相关工具资源的使用培训。

在构建数据管理平台时，图书馆也应该培养学生的数据安全意识。专业性强、涉猎面广、种类多、内容杂是科研数据的几个显而易见的特点，这就要求图书馆在建立数据管理平台之际，有必要采取一定的措施保证数据的安全，比如设置不同的访问权限等方法，并且教育学生在进行数据储存和共享访问时，注重自己的数据共享安全。与此同时，引导学生"依法行事"也是图书馆的主要任务之一，想要让他们根据标准流程进行数据管理实践，那么图书馆的数据服务机构就需要跟数据馆员形成配合互动机制，并进行多渠道的引导宣传。

总之，需结合传统的参考咨询、学科服务形式，并通过技术平台与工具资源的研发应用拓展服务路径，以"技术驱动、创新引领"为宗旨建立高校图书馆科研数据管理平台，为在校师生提供高质量的数据服务。

第三节　面向大学生数据素养教育的情境优化

一、数据素养与情境教育

（一）数据素养

数据素养（Data Literacy）是信息素养在大数据环境下的拓展和深化，最早由 M. Schield 于 2004 年在对信息素养、统计素养和数据素养的比较研究中提出。数据素养也可表述为数据信息素养、科学数据素养、数据管理素养、研究数据素养、数据可视化素养等，而"数据素养"是其常见且主要的称谓。针对数据素养的基本内涵，数据素养是个体采集、存取、利用、整合、展示数据的能力，这个概念也成为早期开展数据素养教育的主要理论依据，但当前此界定已经不能涵盖大数据环境对个体数据素养的现实要求，对数据素养的研究成果不断涌现并丰富了数据素养理论体系。数据素养是发端于信息素养、统计素养，但又与二者有明显差别的素养体系，除常规的数据操作能力外，数据素养还表现为个体发现数据、理解数据的能力，以及将数据转化为信息或知识并运用于参考决策的能力，也表现为个体适应不断变化的数据环境的能力、对差异化数据采取针对性管理措施的能力、解释数据的能力和批判思维能力。

（二）情境教育

"情境"是"环境、背景、人物、动作等诸多因素组成的统一体"，其中教学情境、教育情境是情境在教育领域的发展和具体应用。重视情境教学,情境教育的重要性和发展前景得到了充分肯定,基于情境的教育模式也成为教育领域的重要形式。虽然基于基础教育的情境教育特征并不能完全适应面向高等教育、社会教育的数据素养教育需求,但运用情境教育的基本理念推动和发展数据素养教育也是时代的应然。

(三) 数据素养与情境教育分析

根据数据素养的知识综合性、普适性、过程性和工具性四个主要特征,数据素养教育情境的构建也可以从数据的收集、整理、应用、转化,教育资源内容的整合、物化、宣介,以及教育场景、网络情境等角度着手。情境教育模式能够有效促进个体数据素养的提升,增强个体达成既定数据管理和服务任务的能力,应当将数据素养教育与实验实践、科学探索等相关情境教育相结合。提升数据素养教育情境与用户需求的契合度,可有效提升数据素养的教育质效。

二、数据素养教育情境及要素分析

结合数据素养教育活动关联多样化情境的事实,数据素养教育情境是面向不同的教育需求、教育内容、教育方式和学科背景个体开展针对性教育的重要抓手,也是提升个体数据意识和数据操作、批判、转化等不同层面能力的有效助力,能引导教师通过不同的情境实现对学生素养能力的专项培养。作为施教者,教师不仅要善于分析教育技术、理念变革所引发的跨学科教育情境变化,也要能够根据学生的学科背景、数据素养水平调整教育内容和策略,以及优化现有的数据素养教育情境。同时,结合学生的发展需求,教师还需要能够应用技术与网络情境获取对应的学科资源或是跨学科资源,结合社会文化情境,优化数据素养教育与学习情境、课程与评价情境、物化和宣介情境,提升数据素养的教育质效。根据不同情境之间的关联,数据素养教育情境主要由外部情境和内部情境两个范畴组成。

关于内部情境,结合数据素养教育、评价、内容组织传播等需求,涵盖:

数据素养教育与学习情境:包括数据素养教育教学所需的基础设施设备环

境、基础数据操作环境、大学生的学习环境，以及学生自身属性和学科情境等。其中基础数据操作技能是指：个体对数据和数据素养本身的了解、熟悉和认识，包括有目标的主动应用和潜意识的非主动应用，主要强调个体结合日常的数据素养教育教学，吸纳并掌握日常学习、工作、生活中所需的数据素养基本知识与能力，也包含基础数据采集、汇集、表达与辨识能力。

数据素养物化和宣介情境：包括数据素养教育内容的组织、教育活动的组织、教育内容传递和教育经验分享，以及组织和开展数据素养教育的具有社会影响力的系列活动等，包括与授课、教学和评价有关的数据素养知识、理论、资源传递等情境要素。在数据操作能力教育基础上，持续提升大学生对数据的认知，教师需要将对数据资源、数据素养的理解和认知，内化到数据素养课程、教学活动中，并借此使学生进一步提升数据转化和评价的能力。

数据素养课程与评价情境：包括数据素养教育内容、教育形式、评价指标、评价活动等情境。教师则需要根据教育内容和培养目标，引导学生结合不同课程内容中的知识元素和跨学科数据整合分析要求，构建其针对不同学科的领域知识获取、分析与评价的能力。一方面，教师要充分理解并评价数据素养课程、教学流程、教学策略以及数据素养评价方式等内容；另一方面，学生也需要持续提升将数据转化为决策、知识的能力，同时提升对自身数据素养水平的评价能力，通过本学科或跨学科的数据实践增强对数据素养的理解。

关于外部情境，结合数据素养教育的整体要求和社会、经济、文化、技术、环境等因素，包含：

数据素养社会与文化情境：社会大众对数据意识、数据伦理等问题的一般认知，以及用户对数据的获取、认知、应用和传播。在个体的数据素养提升过程中，数据意识、数据伦理既是个体建构数据素养的基础，也是促进个体不断提升素养水平并形成对数据客观认知的关键。大学生可以通过对数据素养的社会和文化情境的总结、认知与理解，以及对数据的获取、认知、应用和传播过程，促进数据素养教育的有效实施并对他人的数据意识和数据伦理形成正面影响，在这一过程中，经常性的分享、回顾和总结是较为有效的方式。

数据素养技术和网络情境：对技术情境的构建需要结合人工智能、5G、机器学习、虚拟现实、数字孪生、元宇宙等技术的发展，深入理解并应用创新技术构建和优化教育和学习、课程和评价、物化和宣介等情境，借用人机对话或协作研学等方式，打造更为适切的数据素养教育情境。对网络情境的构建需要整合社交平台、在线资源、网络课程等网络教育元素，结合数据素养教育对象、教育目标和实践锻炼，使大学生从学习、实践中提升数据素养。

三、优化面向大学生的数据素养教育情境

数据素养的教育质效不仅与教师和大学生直接相关，还与数据素养的教育情境直接相关。以数据素养课程教育为基础搭建数据素养教育体系，成为前期数据素养教育的主要做法，但由此带来的数据素养教育情境建设的不到位，也成为阻碍数据素养教育情境优化的主要因素，必须优化数据素养教育情境。具体而言，数据素养情境教育优化可从如下几个方面入手：

（一）优化数据素养教育与学习情境

结合针对大学生的数据素养培养内容，数据素养教育可以阐释为利用多种教育形式和手段，着重培养个体数据意识、数据能力和数据伦理认知的教育实践活动。当前，数据素养教育成效不高的主要原因之一就在于教师对本学科和跨学科数据素养教育需求的理解存在偏差，这种偏差会影响教师对数据素养教育情境的构建思路从而影响学生的学习效果。所以，提升数据素养教育质效，首先应优化数据素养的教育与学习情境。因此，一是要优化数据素养教育面向多学科协同的教育情境，促进教师结合学生群体的学科背景和跨学科学习需求，助力学生对数据素养的知识建构；二是搭建面向多学科协同的学习情境，使大学生不再围绕单独的理论或是单一问题来构建数据素养，而是围绕自身的需求现状来解决数据素养教育与提升问题，着眼于将数据素养教育的优化思路与数据思维、数据批判意识相结合的学习形式。重庆大学图书馆将数据素养教育课程分为数据获取、评估、利用三个主题，分别通过构建知识发现系统导学课程、评估数据资源、在学习和科研中合理引用数据资源等形式，引导学生提升数据素养。

(二) 丰富数据素养课程与评价情境

从现有的数据素养教育模式来看，课程教育与评价仍然是解决大多数用户数据素养教育问题的首选方式，同时也是高校数据素养教育的主要形式。所以，数据素养课程情境仍然是影响数据素养教育质效的关键因素，而教学活动与数据素养评价则是保障数据素养教育实现既定教学效果的重要手段。一是强化课程的跨学科融合。结合数据素养教育的跨学科性，需要教师将课程情境与多学科或跨学科教学模式相融合，同时还要适应基于不同学科的教育教学情境转换，体现以具体学生、具体课程、具体学科为中心的数据素养课程教育。二是优化在课程情境设计。教师需要适应智能教育、移动学习教育趋势下的在线课程情境教学形式，主动探索线下教学与线上教学的融合点，通过创新数据素养课程情境，在教学工具及教学素材中融入数据素养理论、数据操作能力、数据伦理等内容，充分运用主动思考、合作研究、自主研究、探究式教学等形式来组织教育情境。三是在学生层面强化评价活动。是否通过数据素养教育习得和提升了数据意识、数据批判思维，掌握数据操作和转化能力，是评价个体数据素养水平的主要观测点，针对数据素养评价情境，既要注重设计从满足个体既定需求的数据采集、整理、分析、转化数据的评价来构建个体数据素养水平评价情境，也要通过数据管理和服务平台、数据生命周期管理系统等途径创新数据素养评价手段，综合测度个体的数据素养水平并发现其短板，为调整数据素养课程情境提供依据。如天津大学图书馆，按数据素养教育过程，将数据素养教育分为课前、课中、课后三个情境，分别从课前向用户推送数据素养学习资料与素材的背景材料，课中深入解读、示范并提升用户的实操能力，课后跟踪用户的学习反馈并进行针对性专向教育等，据此提高数据素养课程与教育评价的针对性。

(三) 强化数据素养物化和宣介情境

对不同学科背景、地域文化、学员情况的认知差异，以及在实施数据素养教育过程中的线上线下教育的融合与协作推进问题，都对数据素养教育的物化和宣介效果存在影响。根据数据素养的教育需求，教师结合用户的学科背景和现代信息技术进行数据素养及其能力知识的物化和宣介，能加速数据素养理论、功能和价值的物化和宣介情境建设，能够更加有效地促进数据教育环境的建设。结合当前数据素养教育的主要模式，一是拓展对物化和宣介的认识，数据素养教育的物化和宣介形式可以是纸质内容，也可以是汇集了数据素养理论知识和操作技能的流媒体内容，包含讲义、PPT、分析报告、实践手册，以及微课、MOOC 和游戏闯关操作为主要形式的知识讲解和技能训练内容。二是持续优化物化和宣介内容，物化和宣介还可以是借助思维导图、概念图和流程图等形式展现的数据批判思维训练方式方法，以及促进数据素养教育的活动组织、内容表达和经验分享，涵盖有助于构筑数据素养教育的社会环境、实施数据素养教育的一应知识传递和技能培养情境。如东南大学图书馆所打造的数据素养教育团队就联合数据馆员与专业课教师，将面向不同学科的数据素养教育需求纳入学科必修课，采取竞争激励与学分激励等方式，强化对数据素养内容的物化和宣传展示，引导大学生从本学科和跨学科的角度理解并学习数据素养知识。

（四）构建数据素养社会与文化情境

数据素养教育的目标是提升学生的数据素养水平，使其适应数字环境对个体学习、工作、生活的新要求，增强其融入数字社会的能力。从数据素养教育的社会文化情境构建来看，形成具有较强影响力的数据素养文化，能够从社会、文化和环境的角度来提升个体对数据素养及其价值的整体认识。一是培养大学生善用数据的理念和认知，针对具体的数据集，不仅要引导学生从数据本身来解析和印证问题，还要引导学生从具体的社会情境、文化情境和研究主题等角度来理解数据关联，培养学生敏锐的数据意识和数据批判思维能力，实现"上下联动"的情境验证思路和"综观全局"的系统思维，提升对数据和数据集的整体认识。二是增强国家、社会、地方、高校对数据素养教育的重视，受国家、社会、地方、学校等各个层面对数据素养教育的价值、理念和教育的重视程度的影响，数据素养教育所依托的空间、平台和设施设备也需要一定的社会经济支撑和文化环境保障，既包括在师资建设、平台建设、课程建设上的投入，也包括对社会数据素养教育环境和综合认知的引导，保障教师能即时获取和习得新的教学理念和教学方法，学生能及时获得数据知识并提升认识,形成与数据素养教育社会文化情境的双向促进。

(五) 活用数据素养技术与网络情境

从信息时代到数字时代,面对新的技术和网络环境的变化,数据素养教育也在不断地发展和革新,实现对学生数据素养知识、能力和认知的重塑。目前,不论是教师还是学生,都需要适应数字教育环境,适应数字技术、网络技术对教育理念、形式带来的影响。一是借助技术与网络情境优化教育情境,从具体的教育过程来看,数据素养教育需要借助大量的互动与实践,基于"教师+技术"的以人工智能为主要特点的智能教育,优化教育手段,帮助教师弥补在时间和精力上的不足,为学生提供更为个性化的技术和网络服务支撑。二是强化对学生学习状态的动态分析,借助大数据和学习分析技术可以持续、动态跟踪学生的学习过程,评估学习成效,助力教师即时调整数据素养教育内容和方式。三是依靠创新技术聚合在线资源,利用人工智能等创新技术更为精准地为教师和学生聚合数据素养资源,加速资源聚合生成、学习同伴的智能匹配和学习路径的推荐,提升教学质效。四是增强教师对创新技术的应用能力,教师可以运用教育技术工具和网络情境,优化面向不同学科背景、能力水平学生的数据素养教育情境,提升数据素养教育的质效;包括借助5G虚拟现实技术、数字孪生技术、元宇宙为学生建立沉浸式、具身式的数据素养教育技术与网络情境,让学生通过多感官参与,建立对数据和数据操作能力的深度体验和认知。

第八章 大数据背景下的高校图书馆信息服务转型与数字素养提升

第一节 图书馆大数据的技术与发展战略

一、大数据的概念及特点

（一）大数据的概念

大数据是一个较为抽象的概念，维基百科关于大数据的定义是：大数据是指利用常用软件工具来获取、存储、管理以及处理数据所耗时间超过可容忍时间的数据集。这个定义并不是很准确，常用的软件工具非常多，所以无法确定其真正的范围，它的可容忍时间也只是一个粗略的描述。IDC 中将大数据定义为：大数据会包含两种或者两种以上数据形式，一般情况下它要收集超过 100 TB 的数据，并且是高速、实时数据流；也有可能是从对小数据的收集开始，但是每年的增长率会在 60% 以上。IDC 将大数据进行了一个量化的定义标准，也只强调了数据量的庞大、数据种类的繁多以及数据增长速率快这些基本特点，对大数据的定义也不够全面。大数据是一种数据量大、增长快速的信息资产，它需要新处理模式的加入才能具有更强的决策力、洞察发现力和流程优化能力。这仅是简单的描述性的定义，只是在对数据描述的基础上融入了处理这些大数据的方法特点，然后根据这些特点对大数据进行描述。

（二）大数据的特点

1. 数据量大

近些年由于云计算、物联网、社交网络等的飞速发展，各式各样的数据呈现爆炸式增长。人们通过互联网查询和分享信息虽然更加方便快捷，但是人们有意识或者无意识地分享信息也会产生大量的数据，这些数据累加起来就形成了一个庞大的数据集。现在的数据往往不再是单一的文字信息，伴随而来的是多媒体信息，例如图片、声音、视频等二维数据。3D 技术的诞生和发展使得数据描述世界更加真实，数据量也更加庞大。数据的计量单位已经不再以 MB 为单位了，而是以 TB 为单位，有时候甚至是以 PB 为单位。不管你接受或者拒绝，大数据信息时代就存在你身边，大数据已经出现在我们生活的方方面面，或多或少地影响着我们的生活。从某种程度上说，对于个人隐私信息的保护需要加强，此外，我们也需要不断去适应大数据为我们的生活提供的便利和改变。

2. 数据具有多样性

以往的数据类型和数据结构都呈现出单一的格局，而大数据的数据种类和数据形式都比较复杂多变。由于计算机技术的快速发展，新型的交流方式让人们对数据的获取产生强烈的意愿。现代化的通讯设备，例如智能机、平板电脑等的出现，也使得用户随时随地产生了获取新消息的意愿。正是由于人们想主动获取数据，单一的数据类型已经无法满足人们的日常需求，半结构化和非结构化数据就应运而生。所谓结构化数据就是指数据的出现是将事先已经分析好的数据的属性用机构表来进行表述，将结构表存储在指定的数据库当中，供人们再一次使用和传播。非结构化数据是指我们平时上网所遇到的邮件、浏览的各种新闻、在微博和微信上传播的图片等。非结构化数据是不规则的数据，人们自己往往对其很难进行处理。通过对结构化和非结构化数据的处理才能满足人们日益增长的物质文化需要，因此大数据时代数据的类型结构就是多种多样的。

3. 价值密度低

大数据主要由结构化数据和半结构化数据构成，且非结构化数据之间的价值关联度更不高。大数据的处理方式和以往的数据处理方式不一样，以往对数据的处理多为采集、加工、存储、应用等，对大数据的处理是为了获取所处理事物的完整的信息。为了获得事物的全部信息，大数据处理会采取全部数据的整体采样。所谓的价值密度低是指在大量的数据集中真正有用的数据量很小，例如一段监控视频可能长达两小时，而其中只有两分钟的信息是我们所需要的，这就是大数据价值密度低的表现。还有定义是这样解释的，就单纯的数据而言不存在对或错，如果将数据关联起来就有对错之分了。因为非结构化数据是随机出现的这些数据的组合，所以就可能会产生错误信息，这也是产生的大数据价值密度低的原因之一。同样，大数据可以加强企业的信息安全处理，或让企业了解到他们的产品是如何向着更高质量的方向改进。也就是说，通过新的方式和技术的结合来分析。

二、图书馆大数据技术的应用原理

大数据的应用原理包含三个方面：首先是数据采集，大数据的结构复杂且类型众多，数据体量大，因此进行大数据采集时一般先对数据源进行集成，通过关联和集合之后提取关系和实体并采用一定的数据库存储方式来存储数据。通常需要先对集成和提取的数据进行清理处理以保证数据的质量和数据的可用性，再将其转换成模型，方便对其进行处理和控制。目前的数据抽取和集成技术已经趋于成熟，而从数据集到模型还有待发展，相对比较完善的有四种类型：基于物化或ETL方法的引擎、基于联邦数据库或中间件方法的引擎、基于数据流方法的引擎及基于搜索引擎的方法。

其次是数据分析，大数据的价值就是从数据分析中提炼出来的，为了保证大数据的质量，只有将传统的数据处理方式进行调整。如何挖掘有价值的数据成了数据分析的关键。大数据时代的核心算法也应作出调整，应该将数据处理的时效性放在首位，并需要保证大数据的一些基本特征，从中提取出更有价值的信息。

最后是数据解释，因为大数据结构的复杂性，想要在电脑上直接显示查询结果不太容易，所以在一定的环境下可以采用可视化的分析方法让用户自己体验这个过程，也能更容易理解大数据带来的直观分析结果。

三、图书馆大数据的发展战略

（一）加快大数据人才培养

随着大数据产业的快速发展，对大数据的要求也由之前的差异化转变为信息管理实践和技术的最低门槛。各地对大数据人才的需求不断增长，几乎每个行业都离不开大数据人才的支持，人才紧缺已经成为制约产业发展的突出问题，没有大数据技术支持的企业，很容易被时代淘汰。大数据基础人才即大数据工程技术人员缺乏问题最为突出，大数据工程技术人员现有的数量与实际需求相比都存在很大的缺口。在人才竞争如此激烈的背景下，发展机遇多的地方总是能够汇聚更多专业人才。所以，需要进行大胆创新，积极制定吸引大数据时代人才的政策，同时为培养大数据人才提供政策支持。

1. 统筹教育资源，建立培养基地

应当注重各类教育资源的统筹规划，对于大数据关键领域核心技术研发人才的培养需要着重关注，适当建立人才培养和人才实训基地，逐步构建批次化、系统性的人才培养体系。从长远的发展角度来看，一方面依靠重点高校及科研院所的人才培养和输送，致力于培养和造就一支懂指挥、懂数据采集、懂数学算法、懂数学软件、懂数据分析、懂预测分析、懂市场应用、懂管理等的复合型"数据科学家"队伍；另一方面，大数据方面的高素质应用人才不可或缺，对于培养和塑造高素质应用人才可以采取多元化的培养方式，即根据国内各高校的专业水平及办学能力在某些高校设立与大数据相关的专业，培养具备大数据技术应用和管理的人才；支持职业学校开展大数据相关职业教育，培育专业技能人才；鼓励高校和科研院所针对大数据产业相关技能对在职人员进行专业培训，缩短大学培养人才的周期来满足数据产业对人才的需求。

2. 以比赛形式吸引人才

可以通过举办一些有影响力的标准化竞赛，吸引全国优秀人才和团队参与，培养大数据领域创新型领军人才，带动大数据产业发展；同时，加大大数据方向的投资力度，吸引海外的大数据高层次人才来华就业、创业。建立、健全适合大数据发展需求规划的人才培养及评价机制，建立多层次、多类型的立体化大数据人才培养体系。

（二）加快推进政府数据资源开放共享步伐，鼓励民间向政府部门开放大数据

信息化、互联网的飞速发展推动着社会进入了大数据时代，政府的统计部门和大数据之间有着密不可分的关系。各大企业是大数据发展的先驱，也是最直接的受益者，他们是应用大数据的主力军，越来越多的企业开始投入到数据的生产、分析和交换中，与此同时还衍生出了许多的新产品，如数据设计、制造和营销等。市场决定着大数据的资源配置，加强企业与国家之间的数据共享和合作，能够实现企业的效益和利益的最大化，同时也在一定程度上增强了政府统计部门的统计能力，使统计部门能够获得更丰富、更完善和更加及时的数据资源，从而建立更加真实、更加全面的基本单位名录数据库，减少被调查对象填报表的任务和时间，减轻被调查者的负担，进一步提升工作效率和工作质量，使所统计到的信息更为客观、真实、有效。

政府帮助企业吸引更多有资源、有技术、有经验的人才投身大数据应用与开发的浪潮中，使企业得以转型升级、良性发展，对于推动现代化服务型统计的建设具有十分重要的作用。政府在大数据应用方面的战略研究为大数据的发展提供了有利的条件，为大数据的提取、存储、分析、共享和可视化提供了良好的条件。

大数据已经上升到了国家重要战略资源的地位，政府部门作为公共数据生产的核心和拥有者，应当积极利用和开发大数据的潜在作用。加快一些政府数据与民间数据之间的共建共享，这样能够将数据的使用价值最大化，并且其强大的示范效应有利于加快数据产业的市场化脚步。

政府机构应该尽快确立数据开放的相关原则，带头开放一些公共领域的数据，同时鼓励和推动民营企业或民间机构开放其生产经营、网络交易等的过程中所形成的数据信息。一些政府部门的现行行政体制较为封闭，缺乏公开性，这使得政府部门的一些共享数据资源进展缓慢。大数据的关键是需具备统一的数据资源标准，所以政府部门需要加大对大数据统一标准的制定工作，加快建立健全大数据技术的标准、分类标准和数据采集标准。统一数据标准是破解"数据孤岛"

问题的一个有效方法。针对商业记录、互联网相关信息、行政记录等不同数据的特点，分析和研究不同数据之间的衔接和数据源的整合方法。规范大数据的输入和输出格式，使用统一的指标、含义、数据口径等基本属性，为数据的公开和共享利用奠定坚实的基础，积极推动大数据开发利用的科学性、统一性和规范性。

除此以外，相关政府部门应转变工作重心，全面深化行政体制的改革，便于民营企业或私营机构向政府开放数据，也更好地从统计部门获取公共数据，从而更好地服务社会，服务人民。当前，要积极推动大数据应用相关法律法规的制定，创新行政管理方式，为大数据使用者创造更好的社会法治环境，提高数据产业资源配置效率，有力保障和维护各方合法权益。

（三）要保障大数据安全

1. 数据完整的防护

在发展大数据的同时也需要防止数据的丢失，信息时代的安全问题变得越来越广泛，对数据加密技术的要求也不断提高。多模透明数据加密技术成了最好的选择，这种技术结合了对称与非对称两种算法技术的优点，在保证加密质量的同时提高了灵活性。数据处理的方式越灵活，对大数据的安全越有利。此外，在数据透明加密技术的加持下，普通人感觉不到这些大数据是经过加密处理的。这种技术基于系统内核，有着更好的兼容性。加密软件是保护数据安全的一种重要方法。针对性强、防护全面的加密软件如同哨兵一样保护了大数据的发展。目前一些企业已经拥有了快速检测数据的能力，以防数据丢失。

2. 大数据不同于关系型数据库

大数据与关系型数据库两者之间表面上看相差不大，却有着很大的区别。首先，它们的实时性和数据量都存在着差别。其次，两者的分布式架构也不尽相同。此外，大数据的存储与查询的模式也与关系型数据库不同，它还需要协调不同的网络会话。许多数据安全技术在大数据环境中已经失效，比如在监视与分析日志、发现数据和评估漏洞等方面的作用不大。所以，为了满足大数据安全的需要，应设计架构层面上的安全工具。

3. 大数据加固网络层的安全策略

将数据结构化是数据安全开发中的一种较好的方法，该方法不仅更加方便数据的管理和加密，而且降低了数据处理和分类的难度。当有非法入侵时，数据安全系统就能准确高效地分辨出入侵行为，保证数据不被破坏。这种方法虽然提高了系统的工作效率，但数据安全格局的本质并没有发生改变，仍存在着一定的风险。数据结构化已经成为安全模式的一种发展趋势。

分层构建是当前数据安全模式常采用的方法，仍需进一步完善。现有的端点安全模式在网络攻击次数激增以及云计算造成的攻击方法较为隐秘的情况下，已经暴露了其弱点，这使得网络层受到的压力异常大，所以在维护端点数据安全时需要增强网络层方面的防御，需要把数据结构化、辨识智能化与本地系统的监管机制联合起来。

4. 本地数据层面的安全策略

在大数据时代的浪潮下，数据能够带来非常丰厚的经济效益，但同时也会带来一些弊端，如信息泄露，然而其中大部分的问题是内部产生的。于端点而言，本地安全防护看似铁桶一块，实际上却容易造成一种安全假象。所以必须调整安全防护思路，在本地安全策略中融入内部监控的功能，并启用纯数据模式以防人为的故意破坏，还需要加强各环节的协作。在数据调用时存在很大的风险，所以需要进一步划分链接，改进存储和缓存方式才能规避这种风险。数据存储作为"终端"受到了高度重视，但安全保护措施欠缺，亟需加强，这样才能适应新的数据模式。需要完善作用于存储隔离与调用之间的数据逻辑策略。

在大数据领域中，只有少数开发资源能被投入到增加安全的功能当中，而其他如分析、易用性和可用性等功能则占据了大部分的资源。另外一个较为突出的问题是多数现有的系统都有与之相配套的安全产品，也难以应对一些较为常见的威胁。此外，非关系性数据库、Hadoop 等并不包含大多数的安全产品，构建用户自己的安全策略就显得极其重要。本地已有的一些安全策略或多或少地存在未知的隐患，这就需要用户自行开发和完善自己的系统。

5. 个人层面的数据安全

对于个人用户来说，将数据存放在别人的服务器中存在较大的安全隐患，对方想用时不存在任何的阻碍，极容易造成个人隐私的泄露。

（四）做好大数据治理工作

数据治理是应对数字社会、信息社会、智能社会的重要方式之一。这些新型社会形态与传统的工业社会、农业社会之间存在较大的区别，若完全延续或照搬既有的行政组织，套用传统的行政组织法原理，可能难以为数据治理提供有效的组织保障，因为数字时代的（大）数据有其独特性。

1. 有效的大数据治理能够促进大数据服务创新和价值创造

大数据具有许多潜在的价值，通过对大数据的开发能够为人民、企业、政府和国家创造许多价值。通过优化和提升大数据的数据架构、数据质量、数据标准、数据安全等系列技术指标来治理大数据，显著推动大数据的服务创新工作，从而为国家和社会创造出更多更广泛的价值。因此，大数据治理的重要作用之一就是促进和推动大数据方面的服务创新和价值挖掘。这是大数据治理与数据治理的最显著区别，也是大数据治理的最终目标。

2. 科学的大数据治理框架有助于提升组织的大数据管理和决策水平

科学的大数据治理框架包括治理策略、治理过程、组织结构和职责分工等，科学的大数据治理框架能够帮助企业更为有效地规范和管理数据。如为各业务部门提供统一的大数据的定义和管理制度，以及统一监管大数据质量的方式方法等。科学的大数据治理框架同时还有助于协调各业务部门的目标和利益，提供更为广泛、更有深度和可信度更高的数据，从而产生于各部门有着相同目标、更强的洞察力、更具前瞻性和更为高效的决策。

3. 有效的大数据治理能够产生高质量数据，增强数据可信度，降低成本

大数据治理需要建立大数据相关的规则、实施过程和实施标准，有了这些基础，才能实现基本业务职能，因为大数据治理必须在遵循所建立的大数据规则的基础上执行任务。有效的大数据治理能够产生高质量的数据，减少冗余数据，在增强数据可信度的同时不断提升数据质量，所需要的组织经费也随之降低。

4. 有效的大数据治理有助于提高合规监管和安全控制，并降低风险

大数据的两大核心领域是合规监管和安全控制，这关系到用户隐私的保护、

数据的存取管理、安全控制及相关行为规范、数据操作标准和内部规定。现在的一些组织在数据使用上极具侵略性，它们为了更好地开展业务，通常会在一些于它们而言较为关键的领域搜集、分析和使用各种用户、产品、业务环境等方面的信息。许多组织缺乏对数据的管理能力和数据安全意识，从而违反法律规范或丢失隐私数据。因此，大数据治理必须坚持以下3个原则：

①大数据的治理必须在业务范围内，并且必须在合乎法律法规的框架内进行。

②各社会企业部门及各组织单位的大数据治理政策及规则的制定必须与政府和行业制定的标准相一致。

③在主要业务及跨业务部门之间所使用的数据标准也必须一致，为合规监管创造统一处理和分析数据的环境。大数据的治理工作需要自上而下地统筹规划安排，通过有效的治理工作能够明显地降低安全风险。

第二节 大数据背景下高校图书馆信息服务的变革

一、高校图书馆大数据内涵与价值

（一）高校图书馆大数据内涵

一般而言，图书馆基本数据主要包括业务数据、文献数据和用户数据。图书馆业务数据指图书馆各个业务部门和图书馆人员、经费、馆藏和服务等日常业务工作的管理数据。图书馆的采访、编目、数字化资源建设、参考咨询等业务活动产生的数据首先是工作状态数据，如每个馆员的业务量、业务内容、业务质量；其次是相关业务交流产生的数据；再次是对外服务时产生的数据，比如图书馆各个业务中心的工作日志就是一项数据，这种数据可以是文本、音频、视频，收集这种数据可以分析图书馆各项工作情况，从而获得改进内部业务工作的决策参考依据，强化自身建设。图书馆文献数据包括图书馆历年购置的各类文献资源（包括数字的、纸本的）、图书馆自建的书目数据库和文献数据库、各类网站、网页等。用户数据包括用户的个人信息、个人网站、个人博客、微博、微信和用户对图书馆各类文献资源的使用数据等内容。从数据角度而言，用户数据应是图书馆大数据的核心部分，也是目前难以全面有效地搜集、管理的部分。这三种数据可以是大数据或者说将可能成为大数据，我们应该运用大数据思维昭示隐藏在这些海量数据背后的某些规律性的东西或数据群与数据群之间的关联关系。

（二）高校图书馆大数据价值

图书馆通过对系统管理数据、服务系统运营数据和用户服务数据，以及社交网络数据、移动互联数据、传感设备数据、科研共享数据等用户大数据的存储、管理和挖掘与分析，可以发现图书馆在人员安排、空间布局、资源配置与运营模式中存在的问题，可以发现数据资源之间、用户与数据库之间、不同数据库之间的相关性和融合性，可以发现现有文献配置与文献经费使用中存在的不足，发现用户需求、阅读方式和阅读取向的变化，为图书馆科学决策，及时解决人员、经费、文献、空间、技术、服务等方面存在的问题提供依据，为图书馆系统运营、资源分配和用户服务过程的准确分析、预测和评估提供数据保障，从而提升图书馆管理和服务的效能。

图书馆通过利用大数据资源的信息分析和价值挖掘来提供精确服务，一方面，可以准确掌握读者的阅读行为、阅读个性、阅读兴趣、阅读社会关系等信息，从而制定符合读者阅读兴趣、阅读需求的服务模式，实现有效的个性化推送服务、跟踪服务，并进行个性化服务有效性的评估和管理；另一方面，可以对读者群进行分群、分层的管理与分析，通过读者群资源、研究团队的阅读行为、阅读模式、阅读终端类型、阅读社会关系和位置信息等数据资源，利用数据挖掘、聚类分析和相关分析等技术，对用户进行精准的分群，并根据分析结果对用户群进行信息资源的精准推送服务，同时优化图书馆信息资源的配置，改变资源购买的决策模式。这种针对读者的差异化需求而开展的针对性服务，具有资源配置科学、服务针对性强等特点，是图书馆增强服务效能、提高读者满意度的有效途径。

二、大数据对高校图书馆信息服务的影响

(一) 对图书馆信息咨询服务的影响

1. 数据存储

由于文件、图片、音频、视频等数据的不断增长，造成了知识库严重过载，因此对信息资源的有效管理便成为大数据时代主要要解决的问题。对大数据的管理还存在许多的问题，首先，目前的信息咨询服存储很难解决大数据的性能共享问题，原因是大数据结构太复杂，其中包含了结构化数据、半结构化数据和非结构化数据三种数据类型，要想对这些数据进行存储和共享都非常困难。其次，由于数据量的快速增长，网络传输性能同样也会受到影响，采取怎样的措施来对文件进行管理和保护都是需要解决的问题。网络是一个开放的环境，信息安全随时都受到威胁，信息污染经常发生，因此对信息资源的保护是完成信息资源服务的基础。最后，长期积累下来的数据难免会存在很多重复的文件，它们所占的存储空间就造成了资源的浪费。因此大数据时代，图书馆首先要解决的就是数据存储问题。

2. 数据处理

随着云计算技术的兴起，读者阅读需求的转变，云计算、大数据、物联网和传感器网络等技术，已成为数字图书馆构建与用户服务保障的关键技术，一些图书馆信息咨询服务中的数据存储和处理问题得到了解决。然而，大数据时代对数据的传输、存储、处理能力提出了很高的要求，通用技术已经无法满足大数据的处理。大数据的数据种类繁多，结构复杂，想要用传统的信息咨询系统进行分析和处理已经遇到了困难，只有不断提升信息咨询技术才能解决大数据的处理问题。目前常用的大数据处理技术有 Hadoop、MapReduce、NO-SQL、云计算、关系型数据库等，这些技术都是随着大数据时代的来临所出现的。图书馆在处理大量信息的时候就可以采用这些技术，为图书馆信息服务做技术支撑。

3. 信息安全

大数据本身就是数据，只要是数据就存在一定的安全问题。在网络开放、各

种信息资源共享的今天，可能会出现信息安全问题。例如，图书管理员和用户在分享和交互知识时，可能不注意网络环境是否安全，容易造成信息泄露，对个人信息安全造成威胁。现在的数据信息安全和过去的信息安全问题有很大的区别，人们既想得到数据的开放，又想更大限度地保护自己的隐私，这使得在大数据时代必须让二者相互保护和平衡，共同发展。

为了有效应对敏感数据未来面临的安全威胁，图书馆必须以读者需求和自身服务能力提升为中心，在将最前沿的安全防护技术运用到敏感数据保护的同时，还应依据国家相关法律制定相应的敏感数据安全管理行业规定，并培养高素质的图书馆大数据安全管理和分析、决策人才，才能确保敏感数据安全、高效、可控和可用，才能为图书馆提供可靠的大数据决策支持。

综上所述，图书馆为了适应大数据发展，对图书馆信息资源应该有一个调整，从大数据的采集、存储、处理和应用方面来构建大数据架构，从而更好地解决信息咨询服务中的数据存储、数据处理和信息安全问题，为信息咨询服务打下坚实的基础。

（二）对图书馆信息服务环境的影响

高校图书馆工作是一个日积月累的过程。经过多年的资源建设、业务管理、信息服务，每个高校图书馆都拥有大量的馆藏资源数据、业务运行数据、用户信息数据、用户行为数据、资源使用数据、系统日志数据、科研数据、管理数据等。这些数据量庞大繁琐，需要进行统一的管理。

在大数据的背景下，传统图书馆的信息服务设施已经相对落后了，也无法满足大数据的数据处理。随着大数据时代的来临，各种不同类型的数据正在向图书馆的服务设施和工具发起挑战。一般的文献资源用数据库就能完成操作，但是面对结构化、半结构化和非结构化数据的时候，数据库就无法完成操作了，图书馆只能引进新的操作技术才能完成大数据的处理。目前大数据的处理工具有 MapReduce，它是当前最流行和普遍研究的大量数据处理方法；Hadoop，它凭借开源性和易用性成为大数据环境下数据处理的首选技术；NOSQL 数据库，NOSQL 是 NotOnlySQL 的简称，它没有固定数据模式并且可以水平扩展，是一种灵活性好的非关系型数据库。有了这些技术才能更好地处理大数据，为广大读者提供一个方便快捷的信息服务环境。

（三）对图书馆信息服务模式的影响

1. 建立交互式共享平台

受到一些社交网站的影响，图书馆也慢慢开始建立网络互动平台，通过开设网络互动平台，可以吸引更多的用户，为他们提供畅所欲言的场所。图书馆开设互助吧、论坛、社区栏目等交互式共享平台，用户可以通过它来实现图书管理员和用户、用户和用户之间的实时交流。有了这些交流平台，图书馆可以大力地提升图书馆信息咨询服务，利用集体的智慧来充实自己，从中获取到更多有价值的信息。同时图书馆还可以利用这个平台进行资源整合，用户不仅能够检索下载资源，也可以将自己的一些研究上传到论坛供大家参考，这样就可以拓宽学术领域，为大多数科研人员发挥有效的能动性，为图书馆增添更多的信息资源。当然，用户上传的信息参差不齐，图书馆应该发挥组织和筛选能力，去粗取精，去伪存真，最终得到可利用的资源。

2. 信息资源组织的转变

所谓信息组织，是指信息工作者利用信息技术收集、处理、存储、分析和应用数据，形成可用系统的过程。由于大数据的数据结构复杂，种类繁多，其中包括结构化数据、半结构化数据和非结构化数据，对这些数据进行处理存在一定的难度，传统的数据处理方式无法满足大数据时代的要求，只能采取更加个性化的方式来处理这些数据。

（四）对图书馆信息服务方式的影响

随着移动互联网的发展，传统的信息服务方式已经很难满足用户的需求，图书馆应找寻新的突破口来提升自己的信息服务能力。首先，图书馆应该提升文字、图片、音频、视频等文件的收集能力，并对其进行加工，以丰富自己的馆藏资源。其次，图书馆应该提升对互联网上的信息资源的整合能力，以丰富自己的数字化信息载体，完善图书馆的各项服务。同时图书馆应该通过互联网为用户提供个性化服务，目前用的最多的就是信息定位服务，例如微信上有一个定位功能，只要启用这个功能就可以知道你所在的位置以及周边的美食和景点，为我们的出行带来了方便，这就是大数据时代信息发展的结果。图书馆同样可以通过手机客户端为用户实时推送最新新闻动态，让用户及时地了解图书馆信息，为我们的信息查询和跟踪带来了方便。

三、大数据下高校图书馆信息服务创新

（一）强化数字图书馆建设，创新信息服务意识

随着现代互联网技术和信息存储技术的不断进步和发展，数字图书馆应运而生，成为一个全新的数字概念。它主要包括图书资源的收集、图书资源的检索和图书馆管理的数字化等，是一个内在联系的有机整体。随着读者阅读习惯和电子阅读设备的发展，数字图书馆建设已成为高校图书馆建设的重要路径。

利用现有的条件和技术构建大数据时代高校图书馆的应对模式和创新举措，有助于高效利用大数据技术驱动图书馆提升服务能力，引领高校图书馆实现由数据到知识的转化、由知识到发展的跨越，为推动学校一流学科发展、建设高水平研究型大学保驾护航。

强化数字图书馆建设，一方面能够极大地提升高校图书馆信息资源的存储数量，与此同时，通过网络借阅等具体环节，能够全面准确地收集读者信息，在信息推送等方面、进一步实现精准化、突出针对性，是践行"大数据思维"的重要表现。强化高校图书馆的信息服务水平，建设数字图书馆，还能够尝试向社会人士开放数字图书馆，让更多的人得以利用高校图书馆丰富的信息资源。

（二）创新服务理念，从根本上践行"以人为本"的服务理念

理念决定实践，图书馆作为信息服务机构，可通过树立基于大数据的信息服务理念、构建联合信息服务模式、建立多方协作的图书馆资源体系、加强人才队伍建设、加强用户教育、发散现有服务模式和拓展高校图书馆信息服务范畴等方式，促进高校图书馆信息服务的转型发展。当今社会中，信息生产成本比较低、

信息生产方式呈现多样化、信息增长速度也非常迅猛，为时代提供信息知识储备和信息服务的高校图书馆带来了巨大的冲击和挑战。传统的依靠图书管理员的知识水平与经验来为读者提供借阅、资讯等服务的方式，显然已经不能够满足今天读者的个性化需求。所以，高校图书馆不但需要转变其服务方式，其服务理念也应该进行相应转变，切实践行"以人为本"的理念，主动了解读者的需求，并根据读者的需求，积极开拓、深入探索，找出解决问题的多种渠道，更好地满足不同用户的多种需求。不仅如此，高校图书馆还需要具有比较超前的服务意识，要能够根据读者的兴趣、喜好及以往的问题，准确分析出用户之后可能会面临的问题或是对信息的新需求，进而提前准备好解决这些问题的信息源。

（三）基于学校学科建设，拓展信息服务渠道

高校如果想要提高自身的竞争力，获得更加广阔的发展前景，必须要加强学科建设，学科建设离不开高度配套的知识信息资源，以及专业高效的知识及智力服务，而高校图书馆所提供的学科服务在学科建设中具有无可替代的作用。作为高校信息存储与服务中心的图书馆，必定要把自身的发展与教学、科研联系起来，并投入到学科建设中去。

①应该创建学科馆员制度，密切图书馆与各院系之间的联系，准确了解各院系教师及科研工作者在教学、研究等方面的需求，提供有针对性的个性化信息服务。

②图书馆馆员应该对本高校的重点学科建设有足够的了解，要能够建立以重点学科为专题的信息导航，搜索、查询互联网上关于重点学科建设的有价值的信息，并进行归纳和整理，把最精华的网络资料呈现给用户，进而帮助有需要的学生、教师、科研工作者准确获得最新的权威机构、出版社、专家学者、学术信息的动态。

③应该创建相应的学科信息服务相关平台，并全面搜集最新的学科动态、学科专家观点与评估及学科期刊的投稿与刊登等信息，建立资源共建共享、在线交流、RSS 信息制定等服务。

（四）大数据驱动下高校图书馆的可视化服务模式

虽然大数据技术在近些年才开始兴起并得以发展，但实际上，数据挖掘技术在多年以前就已经诉诸应用领域研究之中了。一些高校都参与了相关的科研项目，并在高校的图书馆尝试运行。高校图书馆在运行的过程中，基础数据通过程序加工处理以后，就会形成文档形式或报告形式。但是，如果这种数据信息以图像的形式呈现出来，不但能够满足读者所需要的信息，还会使信息传递的速度变得更加快捷。这种可视化的信息传输模式为读者提供数据服务，实现了多种非结构化数据的融合，使得数据信息经过归纳、分析及处理之后，变得更加鲜明。特别是动态化的可视信息，可以给读者以非常强的视觉冲击力，不仅能够使大量的数据在有限的时间中得以有效传输，还会使读者在既有的时间内获取更多的有效信息，并且能够在可视画面上按照自己的需求对信息进行快速选择。

通常商业信息的传递会采取上述的信息传递方式，其主要目的是提升用户对信息的吸引力，以对商品产生较大的兴趣。高校图书馆在大数据技术的驱动下采取较为雷同的运行模式，能够使得传统的需要阅读的信息通过观看就可以获得。

（五）建立微信公众平台，加强与用户的沟通与联系

在新媒体环境下，图书馆的服务边界不断拓展、服务广度不断延伸，从对传统服务的宣传拓展到新型知识服务传播，如利用微信宣传、推送图书馆的服务与资源，提高服务质量，拓展服务空间。腾讯公司推出的微信平台，使人们能够在各种智能手机操作系统上进行文字、语音、图片及视频等信息传播，而且可以提供多人聊天等功能，迅速得到青年人的热烈追捧。微信公众平台带来了沟通方式上的变革，方便快捷的信息传递方式越来越被广大用户所接受。为了拓展与用户的沟通渠道，优化信息呈现，提升用户的服务体验，高校图书馆通常选择建立相关的微信公众号，利用微信宣传、推送图书馆的服务与资源，提高服务质量，拓展服务空间。不断将自己的贴心服务、前沿图书和优质电子资源传递给用户，从而缩短图书馆与用户之间的距离。高校图书馆利用微信公共平台可以提供以下服务：

①定期制作并发布"微报",及时宣传和推送自己的服务与资源。

②提供在线信息咨询服务,及时有效地帮助用户解决各种问题并获得信息资源。

③利用微信"群聊"功能构建学习互助空间,帮助用户搜索具有共同研究背景或交叉学科背景的其他用户,共同探讨问题,共享信息资源。

第三节 大数据时代高校图书馆信息服务转型策略

一、互联网端口信息服务

(一)互联网端口信息服务分析

1. 互联网端口信息服务类型

(1)门户网站信息服务

门户网站信息服务模式,是我国最基础、应用最早的互联网信息服务模式,如搜狐、网易、新浪等。传统的门户网站信息服务模式主要为用户提供搜索和目录服务,日益激烈的市场竞争使门户网站开始重视新型服务类型的拓展,现如今门户网站提供的最主要的信息服务是移动增值、网络游戏和网络广告。

(2)垂直网站信息服务

针对某一特定需求、某一特定人群和某一特定领域提供的有一定价值的信息,称为垂直网站信息服务模式,其宗旨是追求专业性与服务的深入,具有专、精、深,以及行业色彩等特点。垂直网站信息服务模式十分注重信息的专业性,主要为用户提供信息传递、信息交流、信息检索等服务。

(3)电子商务信息服务

电子商务信息服务模式主要为用户提供信息搜索服务、网上支付服务、网上交易和会员制服务等。

（4）搜索引擎信息服务

搜索引擎主要指利用网络自动搜索技术对网络资源进行收集、整理与组织，并提供检索服务的一类信息服务系统，帮助用户查找各种信息是其主要任务。搜索引擎信息服务模式主要为用户提供出租搜索引擎、广告关键字搜索、竞价排名等服务。

2. 互联网端口信息服务的特点

信息化、网络化加速了知识经济和信息社会的变革，互联网信息服务面临的竞争也越来越激烈。信息服务具有两个核心难点：一是表现出不同特性的传统信息服务；二是更新效率与查询效率。数据广播的优点是便于高速更新，但是却不利于提供查询功能，而光盘数据库恰恰相反，它可以与用户的计算机高速连接，很容易实现有效的检索，但无法实现及时更新。微机通信网虽然能兼顾两方面的要求，但在当时的通信条件下却由于成本过高而难以普及。

（二）互联网端口信息服务策略

1. 引入先进互联网技术设备

（1）完善资源投入机制

在移动互联网环境下，为了满足用户在移动数字端的信息需求，高校图书馆首先应该对本馆的数字资源整合优化。在资源建设上，加大对各种类型的数字信息资源的整合。除了传统的我们熟知的那些结构化数据，还有很多是我们传统业务系统中无法整合的数据资源，如古籍文献、特藏文献、多媒体资源、电子期刊、图片资源、音视频资源、自建学位论文资源，还有就是专题文化资源；传统节日专题、革命专题、经典文化专题等，这其中包含了众多的半结构化和非结构化的数据资源。将这些信息数据源建设成基于知识发现的统一资源发现平台，实现全校范围内的信息资源的统一揭示、导航和检索、不同载体和不同类型的数字资源的整合。加强与学校主管部门的沟通和联系，获取学校的重视和支持，加大对数字资源建设的投入力度，加强建设能够在移动端进行高效利用的、适合移动终端浏览、检索、下载的电子图书、电子期刊等电子资源。在移动客户端的移动信息资源上，高校图书馆应该加强与数据库商的合作与开发。将本馆购置的电子书、期刊和学位论文数据库等资源整合到移动端，实现网页与移动客户端的无缝对接，丰富移动客户端的功能，提高移动客户端的使用率。

（2）改进部门运行机制

高校图书馆在人员管理和建设上应当适应当今移动互联的信息大环境，同时这也是创新图书馆移动信息服务的基础和要求。在人员管理上，对传统的采访、分类、编目、典藏、流通等部门优化运行机制，进行机构重组，提高服务效能，体现新的移动环境下的服务理念。将工作的重点转移到资源的整合、揭示、导航和评估上，重视提供学科服务以及在移动端为用户提供个性化的移动信息服务上。在新时期"服务为王"理念的指引下，高校图书馆可以将信息服务部门进行精细划分，将信息服务工作做细、做实、做精，以此来满足移动互联网环境下的各种信息需求。当前，高校图书馆移动信息服务的优化发展面临的不确定因素很多。高校图书馆应该立足自身，转变服务理念，开展好用户信息行为习惯和用户需求的调研工作，尤其是了解高校师生的信息需求。根据调查结果，对用户的需求进行科学合理的评估，结合移动信息环境，构建多种移动信息服务平台，形成整体的图书馆移动信息服务体系。在电子信息资源采购方面，高校图书馆应该以用户的需求为导向，结合本校师生的专业情况，合理采购电子信息资源，能够满足不同学科不同需要的用户。在信息系统构建方面，应该本着便捷、全面、先进、科学的原则，构建一套完善的信息服务系统。用户可以使用多种移动终端设备，随时随地访问图书馆移动信息资源，最大满足用户的移动信息需求。

（3）引入先进技术设备

图书馆依托文献信息资源，根据用户的需求提供服务需要先进技术作为支撑，近些年来，不断涌现的信息技术和飞速发展的移动技术可以为图书馆的移动服务提供更多发展创新的可能。从语义网、关联数据到物联网技术，从开放获取到移动定位技术，从大数据到人工智能、VR可视化技术，每一项技术的出现都在影响着图书馆的发展和进步。高校图书馆应该紧紧抓住每一次技术革新的机遇，发展图书馆的业务，将新技术与图书馆的具体实际相结合不断推出新型服务。

图书馆的服务技术也必然随着外界环境的变化而不断发展，比如，人工智能技术的出现就突破了人们过去对于智能技术的认知。它是人类智慧在信息技术领域的重要发展成果，可以想象人工智能技术必将在我们的生活中广泛应用。人工智能技术在图书馆的应用价值也非常大，应用前景十分广阔。

高校图书馆还可以利用人工智能技术在海量数据中快速查找能力为用户提供更加精准、及时的情报分析服务以及更加科学、便捷的咨询服务，满足用户的个性化需要。另外，人工智能技术在图书馆的文献检索中能够解决传统的文献检索系统存在的弊端，提高文献检索的效率。而在图书馆的文献分类中，高校图书馆可以"利用人工智能技术中的专家系统来模拟图书资料的分类原则，并在此系统中注入专家思维方式，实现图书分类的自动化发展"。人工智能技术已经向我们展示了其巨大的发展潜力，随着技术的不断成熟和智慧图书馆的发展，以人工智能技术为代表的先进技术会不断应用到图书馆的智慧化建设中，推进图书馆不断向前发展。技术推动图书馆的发展最终还是为了服务用户，它的出发点应是以用户为核心，面向用户，面向未来。图书馆的服务水平是图书馆的核心竞争力，技术让图书馆的服务水平不断提高，也让当今移动互联网环境下图书馆的整体地位得到了提高。

2. 加强信息资源宣传

（1）开展资源营销宣传

高校图书馆的发展要着眼于图书馆的发展定位，不断完善高校图书馆的各项服务，完成好新时代赋予高校图书馆的主要任务。而在国内，高校图书馆的快速发展主要体现在信息技术和信息设备的大量使用和投入，从而实现了高校图书馆服务数字化、网络化、自动化。但是，目前国内高校图书馆还没有形成完善的信息素质教育体系和模式，对于高校大学生的信息素质教育还处于初级的简单讲授阶段。随着网络技术的发展，越来越多的高校图书馆开始重视对于大学生信息素质的培养，探索关于培养大学生信息素质的方式。浙江大学是国内较早在网上开展学生信息检索能力培养尝试的高校，南京邮电学院图书馆在图书馆主页上建立"计算机检索虚拟教室"，北京大学、清华大学图书馆也开展了"网络环境下的文献信息用户教育研究"，建立起自己特色的用户信息素质教育体系。高校图书馆在培养大学生信息素质时应该注意"因材施教"，利用新媒体创新培养方式和方法。首先，可以对高校的各个年级和不同专业大学生进行分级、分课时、分批次的信息素质教育，根据大学生的自身素质和专业需求进行精确培养。在培养过程中要丰富培养方式，可以采用线上老师讲解和线下实地参观、动手操作等方式。同时，结合当代大学生的学习习惯和图书特色，积极利用新媒体，通过微信、论坛、视频直播等方式为学生宣传和讲解。高校图书馆应该联合学校学生培养办公室，将信息素质的培养列入高校大学生综合成绩考察当中，增强大学生学习的主动性。

（2）提升知识服务水平

为科研和教学提供信息服务是高校图书馆一项重要的服务内容。首先，高校图书馆应该加强对师生的科研信息和学科服务需求研究，发现和了解当下学科的发展趋势和研究热点，把握住学科研究领域的新进展，以便发现并确立为广大师生进行信息服务和文献资源建设的方向，有针对性地服务。其次，应该将图书馆的信息服务推向全校的师生，助力科研。在图书馆的网站，根据学科和研究方向设立不同的图书频道和服务平面图，并设立基于移动客户端的访问入口，不同学科的人可以检索、查找关于本学科研究内容的信息资源。在服务平面图上，对不同的学科分别有不同背景的学科馆员负责，可以详细了解到负责该学科的图书馆馆员的信息和联系方式，可以随时随地进行信息咨询。同时，也可以通过这个平台为教学科研提供精准的信息服务，提供个性化的信息订阅服务，提供精准的科研数据和科学的数据分析服务。其次，高校图书馆和学校教务管理部门应当合作，共同建立移动端可以访问的高校机构知识库，用来收集、整理、长期保存本学校的知识数字成果，包括专著、期刊论文、研究报告、课件、论文集、多媒体资源等，并提供开放获取的资源信息服务。在机构知识库中，可以定期邀请知名学者和专家参与互动，可以在线或者留言进行咨询，进行学术探讨，或者也可以将知名学者的报告或者课堂以视频或在线直播的方式进行推广学习。

3. 提高用户融合度

社交网络平台的广泛应用是互联网飞速发展的主要原因之一，以微博、微信朋友圈、人人网、论坛和豆瓣为代表的社交网络平台，为用户提供了多样的社交联络方式，好友间可以分享感兴趣的信息内容，加快网络信息资源的传播，密切了用户之间的好友关系。社交网络是由一种或多种特定类型的基于个人或组织在价值观、理想、观念等有往来的节点构成的一种社会结构。它是基于 Web 的一种服务方式，且在有权限设置的系统内，使用者可以浏览或分享好友的联系列表，按照自己的兴趣建立不同开放程度的个人信息档案，同时，还可以浏览分享链接。高校图书馆的移动信息服务不仅应该根据用户的行为特征和阅读习惯发现用户的需求，更应该帮助用户发现自己、挖掘自己真正感兴趣的信息资源，拓展用户获取知识的范围。图书馆移动信息服务融入社交网络体系，可以帮助用户通过社交体系获取自己感兴趣的知识，培养用户积极自主获取知识的兴趣，拓宽用户获取信息的渠道，从而尝试发现自身新的知识关注点。比如，在高校图书馆的 OPAC 系统中引入豆瓣的在线书评，实现社交网络和图书馆藏资源的部分信息互通，让用户在豆瓣就可以浏览到书目的内容和评价，调动用户阅读的积极性，并将个人的评价反馈到荐购图书资源中去。

二、移动客户端信息服务

（一）提升移动信息服务质量

1. 拓展移动信息服务

现今我国高校图书馆提供的移动信息服务比较单调，主要根据短信、浏览器等形式，展示图书在图书馆的相关信息，无法满足读者的需求。部分高校图书馆的移动信息服务工作只能保存数据库的内容，缺乏信息交流与服务。可以借鉴国外的图书馆移动信息服务的发展过程，做好大量信息和资源数据的积累，打好高校图书馆移动信息服务的基础，为使用者提供图书信息、实时搜索等，使学生获取完整的信息资讯，满足用户的要求，提升信息传递的速度。

我国图书馆的移动信息服务工作实施比较晚，在实际发展过程中，要建立移动信息服务平台，在构建移动信息服务工作中，可以借鉴国外图书馆移动信息服务工作的最新案例和经验进行创新，创建自己的图书馆移动信息服务系统数据库，全面学习。与国内外研究者寻求技术支持，创新服务理念，实现有效的合作方式，确立高校图书馆移动信息服务发展目标，根据高校图书馆个性化发展特点，展现高校图书馆以信息移动端为主的发展特点。使图书馆的移动信息服务技术工作始终处在不断学习应用研究中。在国内高校图书馆的移动信息服务发展过程中，要获得一定的发展经验，可以邀请一些优质的高校图书馆管理人员进行授课指导和专业培训工作，为图书馆的移动信息服务工作提供有效的依据。通过推广和应用图书馆的资源，使学生的阅读水平得到进一步的提升。

2. 提升服务理念和创新意识

高校图书馆在实际服务过程中，要不断拓展提升移动信息服务的创新理念，通过全面发展自身的特色，满足用户对于移动客户端的要求。依据以往的信息服务的调查，创新高校图书的信息服务工作，通过客户端、浏览器和其他形式提供服务。在高校图书馆的实际发展过程中，要依据以往的风格进行创新，对相关的信息进行汇总分析，针对以往存在的问题进行细致解决，最终流入到实际应用中，使高校可以提供更加公平有效的图书馆移动信息服务，在以往工作的基础上，推广应用移动图书馆、手机 App 等技术，使学生可以获取更多的信息资源，高校图书馆实现资源共享的理念。

3. 增强图书馆移动信息服务的服务能力

要为高校图书馆的用户建立个性化的信息服务平台，不断提升图书馆的移动信息服务水平，提供馆藏资源，建立服务理念，创建有特色的图书馆信息交流平台，使用户可以获取自己所需的资源。通过数字化资源不断充实进入图书馆移动信息服务系统，用户可以直接搜索，找到自己所需要的信息机，为用户提供便捷的信息传播渠道，提升图书馆移动信息技术的使用量。

加强对用户需求的研究。在图书馆的移动信息服务中，高校图书馆无论是自主开发软件或引进网站，都要对用户信息的需求加强研究，可以通过开展用户网络调查问卷，关注用户对学校图书馆硬件设施及移动信息服务的体验反馈，分析用户个性化的需求，提供图书馆信息检索等服务，改进手机 App 等，进一步提高图书馆移动信息整体的服务质量。

（二）建立多元化互联网智慧平台

1. 提供精准信息分析

高校图书馆也应该利用高校图书馆的特定环境，将自身特点和情境感知技术紧密融合，包括高校图书馆的建筑结构、馆藏布局、高校用户类型和高校知识体系等，为用户提供更加人性化的图书馆情境感知服务，增强用户对高校图书馆的需求黏性。

高校图书馆开展情境感知服务经常利用的情境信息包括：位置、时间、天气、学生信息、专业、终端设备等。

①定位用户位置的情境服务。高校图书馆提供全面感知的移动导航、精准定位服务，用户在手机端就可以精准获知图书所在的书架的具体位置；利用 RFID 和三维立体动画模拟仿真技术，实时再现图书馆图书资源的空间位置、馆内布局以及馆舍的利用情况，使得图书馆的具体情况能够准确清晰地呈现在用户的移动终端上，用户在移动终端就可以畅游图书馆，并且可以根据自己的需求并结合图书馆的具体情况做出自己的选择。

②基于图书馆开放时间和开放条件的情境服务。高校图书馆可以根据用户在图书馆的不同时间段和不同天气状况，为用户提供适宜的灯光、温度和湿度，提升用户的满意度。

③基于多维度融合的情境服务。图书馆的情境感知服务有时候需要融合多个维度的情境感知，综合各个方面的需求为用户提供最优的服务，从而保证服务的质量和效果，得到用户的认可。

2. 建立用户反馈机制

图书馆的移动信息服务应该追踪用户的反馈，建立完善的用户反馈机制，把用户的需要和建议作为未来开展工作的参考，听取用户创造性的建议，根据反馈结果不断改善工作中出现的问题，实现用户和图书馆的良性互动。高校图书馆可以在图书馆官方网站和移动客户端设置用户服务反馈通道和留言板，邀请用户在体验完信息服务后对服务进行打分。对信息服务的整个服务流程、服务内容、服务方式等各方面划分不同的服务等级，根据用户的反馈得到一个综合的评定，有针对性地完善服务，吸纳用户合理的建议，提高服务质量和服务水平。

3. 优化移动终端业务

高校图书馆应该构建多元化的移动智慧平台，将图书馆的服务通过移动互联网和数字化的方式延伸到任何时间、任何地点，提供一种泛在化的信息服务体验。在形式上，高校图书馆可以从完善移动终端的页面入手，合理优化页面的内容布局，用科学合理的页面布局和色彩吸引用户，丰富页面信息的表现形式，不局限于图片和文字等形式，增强页面的美观性。在功能上，可以在图书馆移动端的网页上或者微信公众平台上提供图书馆"专业客服咨询"，设置一个类似于网络购物式的在客户端专人负责的即时客服，专门负责用户各方面的咨询工作，不仅提供帮助查找、检索、借还书、数据库的使用等在线咨询工作，也可以提供用户信息需求和情报分析的工作；个人身份认证和绑定，用户通过提交自己的学号和院系信息通过认证，然后通过RFID技术实现一部手机终端和用户身份的绑定，用户直接手持移动端的手机就可以出入门禁系统，不必经过刷卡才能识别用户的身份，也可以使用手机在自助借还书机上实现借还书；优化图书馆移动客户端和微信平台服务，用户在移动端检索、浏览图书资源时，可以在线实现读者荐购图书。高校图书馆要不断增强移动终端的服务功能，强化用户与移动终端的交互性，对于一些个性化的设置，可以让用户自由添加，提供用户的服务体验。

掌上图书馆、手机App等移动客户端是图书馆移动信息服务的重要技术支撑。只有完善技术支持，图书馆移动信息服务才有推广的可能。高校可以借鉴其余高校或国外的经验，依据本校图书馆的实际情况和对用户的详细全面的调查，选择适合本校图书馆移动信息服务的手机移动客户端，在用户中进行推广。掌上图书馆、手机App可以模拟图书馆，并具备检索功能，与图书馆强大的数据库相连接，随时进行电子书和论文等相关资料的检索，促进图书馆的利用率。可以加强宣传，推动学生的使用量，帮助学生养成良好的阅读习惯。

（三）完善移动用户服务体验

1. 定期开展读者推荐活动

通过在高校图书馆移动信息服务平台展现图书馆推荐等互动，可以有效提高图书馆移动信息服务的使用率。在开展移动信息服务时，用户阅读特点已经逐渐发生了变化，用户的阅读需求已经变成不分时间地点都可以获取图书资源，对于图书馆移动信息技术提供的服务内容，用户可以更加便利地自行选择，图书馆可以针对不同的用户特点，利用信息技术和数据库技术的汇总分析能力，针对性地展开图书推荐活动，提高移动信息服务的使用率。

2. 完善移动图书馆的用户体验

高校图书馆移动信息服务是高校图书馆信息化的重要部分，移动图书馆的用户可以在下载客户端后，用手机 App 体验图书馆的效果，并直接反馈。高校可以在用户界面加入反馈按钮，在用户使用过程中，可以直接将使用中的不便反馈到图书馆移动信息服务中，直接反馈信息，信息服务在接收到后，可以进行改进，并不断升级平台，从而提高用户体验，完善图书馆的移动信息服务。

（四）加强图书馆移动信息服务的宣传

高校图书馆要关注移动信息服务的宣传工作，结合图书馆移动信息网络的建设推进情况，根据图书馆的移动信息服务特点，不断提升宣传程度，满足用户对移动信息服务的需求，增加宣传渠道。在校园信息传播等方面，不断提升高校图书馆移动信息服务的知名度，可以通过定期开展讲座等形式，加强对图书馆移动信息服务的宣传，培养学生应用图书馆移动信息服务的习惯。

三、基于用户需求的信息服务

（一）明确用户需求

高校图书馆既是用户创新资源提供方也是创新资源服务方，除对用户需求调研之外，最重要的是对图书馆自身各个方面的资源条件进行精细的盘点调研，在充分认识本馆所能提供的服务资源，如空间资源、馆员资源、馆藏资源、设备资源、网络技术等基础上，根据本馆实际条件规划创新资源服务的具体工作，以避免服务现实与用户期望发生错位，导致服务过程被动。对盘点之后的各项资源进行归纳整合，例如文献资源、数据资源等形成资源管理库，研究工具、设备等构建工具库，以此保证高校用户可以准确、方便地获取所需资源。

高校图书馆资源应主要集中在以下几个方面：①高校图书馆是否有相关的专业馆员或服务队伍；②高校图书馆是否有丰富充沛的文献资源、数据库、工具资源等；③高校图书馆是否有足够的创新学习空间服务运营成本；④高校图书馆是否有足够的空间根据用户的不同需求建设创新知识集训区、个人学习研修室、团队共享研讨区、创新体验实践区、创新成果展示区和其他功能区等。

用户需求具有个性化、多变性、多样化的特点，关于盘点之后的各类资源不一定满足用户个性化的需要，因此对于高校图书馆创新学习空间尚需完善方面应通过用户需求进行分析。根据用户所属专业背景，所需资源类型，进行有针对性的构建、采编以及收集整理工作，高校图书馆可根据本馆实际情况制定相关服务内容与策略。用户需求调研可采取多种调查方式，既可采用传统调查问卷、访谈等方法，也可采取数字化交互软件平台，例如 QQ 群、微信群等与用户进行实时沟通与交流，对于用户在接受创新学习空间服务过程中产生的新需求、新问题，创新服务团队可实时动态调整服务策略，以满足用户不同阶段的不同服务需求。

（二）优化服务资源

高校图书馆创新学习空间不是传统意义上的单一空间建设，而是基于用户不同需求的多服务空间形式。其旨在为用户提供空间与资源设备并行的促进用户科研创新与体验的服务场所，创新学习空间搭建包括实体空间与虚拟空间，为用户创新活动提供所需空间环境以及方法工具，可有效激发参与实践和体验的每个用户的创新意愿。创客空间围绕学习创新、知识共享理念为用户提供创新实践场所、增强动手实践、改变用户学习行为促进知识创新等服务，有效增强了用户的双创能力与素养，为高校图书馆创新学习空间搭建与服务实施提供了优质的业务借鉴。

高效图书馆创新学习空间搭建和资源设施配置工作中可从以下几个角度着眼。

1. 优化资源设施

在上述高校图书馆自身条件盘点以及用户需求调研基础上，高校图书馆创新学习空间的建设与资源设施配置应结合本馆与用户实际情况，在能够满足用户需求的基础上量力而行，通过多渠道调研方式，明确用户在空间类型、资源类型、设备工具等资源方面的实际需要，同时可借鉴国内、国外创新学习空间成功案例中的资源设备配置情况，优化改善本馆空间以及资源设备环境。

2. 利用共享化资源

衡量现代图书馆信息服务质量的指标除了实体馆藏拥有量和电子资源的购买数量以外，还包括图书馆的文献提供能力。建设信息资源共享不仅能提高图书馆信息服务的质量，还能提高其资源的利用率，因此资源共享已经成为图书馆发展的趋势。目前，我国高校图书馆资源的共享建设服务主要体现在文献传递和馆际互借两个方面，使馆藏信息资源类型更丰富，有效拓展了虚拟馆藏资源，是提高信息服务质量的有效举措。虚拟馆藏不仅能为科研人员提供更全面的课堂发展状况和最新的研究动态，还能有效增强科研人员获得信息的能力，使文献调研工作更加得心应手。

3. 扩大宣传范围

高校图书馆创新学习空间建设完成并投入使用过程中，要加强创新学习空间的服务宣传工作，可通过多种方式、渠道进行有效宣传，如传单、网站新闻发布、馆、院（系）协同宣传、公众号推送等方式使广大学生了解并参与到创新学习空间中，使空间有所用、有所值、有所知，避免空间及资源闲置，造成资源浪费，通过强烈的营销意识、宣传手段扩大创新学习空间影响范围，发挥创新学习空间助力高校用户科研与创新体验作用。

4. 建设特色化资源

高校图书馆应建设属于自己的特色数据库，即根据学校学科建设的特点，开发有专业特色的资源。高校图书馆通过文献收集的实际情况，重点选择一两个学科进行有针对性的研究，通过系统分析和科学的设计，建设专题文献信息数据库，并充分利用网络资源对高校图书馆的信息资源进行有效的开发和利用，使其成为本校教学和科研的支撑。

特色资源建设是高校图书馆实现资源的共建、共享，以及信息服务的网络化、社会化的关键。最大限度地满足用户需求，更好地发挥特色化信息资源功能是特色资源建设的根本目的，因此在选题时应优先选择具有本馆特色、用户需求大、利用率比较高的馆藏信息资源进行数字化建设。特色数据库的开发建设是一项长期的系统工程，应该有计划、有组织地进行调研、设计和验收。在图书馆建设过程中，需要大量财力、物力和人力的支持，只有对特色馆藏进行有系统、有组织的开发整理，进而实现文献类型转换，才能将特色资源以数字化的形式展现给广大用户。图书馆只有形成具有自身鲜明特色的信息服务系统，发挥自身特点和优势，为学校和社会提供高层次、高效率的信息服务，才能在竞争激烈的信息社会中得以生存和发展。

5. 整合体系化资源

资源整合体系是各种优势资源的集中与互补，也是各种创新的集成。其作为一种创造信息价值的重要手段，是高校图书馆创新理念和战略的重要推动力。在图书馆界，文献的整合是将分散的文献信息资源包括文献信息服务，按一定的知识管理规则和服务组织在一起，使图书馆可利用的文献信息资源成为一个有机的整体，使文献信息服务成为一个体系，从而更加便于读者利用，提高图书馆服务效率。

6. 提供资源增值化

网络环境下高校图书馆信息服务的主要目的之一就是提高知识创新的效率，用科学的方法组织信息，使之有序化，成为便于读者利用的形式。

①从学生的角度看。高质量的信息服务能使学生在学习的各个阶段及时、准确地获得相关学科的信息资料，有利于学生拓宽视野、积累知识，从而提高学习效率和效果。

②从教学科研人员的角度看。高质量的信息服务使其有更多的时间和精力进行创造性的教学研究。

③从决策管理者的角度看。高质量的信息服务能使其在繁忙的事务性工作中，更加准确地把握高等教育发展的最新脉搏，提高管理效率。高校图书馆应根据读者群体的不同需求，对各种文献信息进行深层次研究，如综合归纳、评价比较、过滤筛选、相互关联、内容萃取等，为用户提供更好的服务或适用的工具等。

（三）创新服务模式

1. 构建立体化服务模式

为用户提供信息咨询、馆藏文献查询、到馆借阅等服务是传统图书馆的主要工作，由于其服务范围有限、服务规模较小，导致服务质量很难有所提高。随着网络时代的到来，用户需求日益多元化、深层次化，并且对信息的需求量与日俱增，传统的馆藏文献和服务已经无法满足用户的需求，以信息技术为基础的新兴信息服务模式也开始走向深层次化、合作化、综合化、优质化、多元化，用户只需要掌握一定的计算机技术，足不出户也能够获取所需信息资源，方便快捷，大大提高了时效性。用户可以通过多种渠道获取所需，自助服务网络服务的开通使信息的交流传递与反馈更加便捷自如。

2. 打造虚拟化服务空间

由于传统的图书馆信息资源主要以实体馆藏文献为主，导致图书馆的信息服务受时间、空间的限制，用户需要到馆借阅相关图书资料来满足其信息需求。与之相比，新媒体的出现打破了传统图书馆的时空限制，除了丰富的馆藏、印刷出版物之外，大量引进不同类型的数字资源，服务空间也由实体空间扩大到了虚拟空间，如电子期刊、网络在线数据库等，并且为用户提供资源共享、馆际互借、文献传递等方面的服务。目前，大多数图书馆陆续开始提供24小时自助服务，用户可以随时获取信息。

3. 采用主动化服务方式

传统的图书馆普遍采取用户主动上门的被动服务模式。全媒体时代改变了其服务模式，以用户为中心的宗旨要求图书馆充分开展用户信息需求调研，变被动服务为主动服务，更好地满足用户需求。

（四）增强服务质量

伴随学科交叉、学科融合的科研发展现状，单一类型图书馆服务馆员已不能很好地适应高校用户多元化服务需求，因此多学科、多领域创新服务团队的组建应运而生，可根据不同专业背景用户、用户不同服务要求，创新服务团队可灵活安排相应专业技术知识领域的馆员参与。创新服务团队既参与用户服务，也承担高校图书馆各部门的协作与管理，贯穿于服务模式的整体过程。为了保证服务质量以及服务模式的有效运转，应定期对馆员进行业绩评测，建立内部奖励机制，调动工作人员的积极性；定期对用户进行培训，加强馆员间共享协作，以提高整个服务队伍的工作效率与工作质量。

（五）健全服务机制

高校图书馆应制定专门的创新服务管理机制，激活创新学习空间服务内部动力，有效的服务管理制度可提高创新学习空间服务运行效率与质量，高校图书馆要激活服务管理动力，增强服务质量可从以下方面注意。

①建立健全高校图书馆创新学习空间管理制度。当前高校图书馆关于创新学习空间的管理层面建设仍处于落后状态，不利于引导创新学习空间及服务进一步发展，可通过借鉴国内外先进管理经验，咨询专家学者，在结合本馆创新学习空间实际的基础上，建立形成指导本馆创新学习空间服务与发展的管理制度。

②加强内部馆员管理与培训工作。通过对本馆馆员进行相应有效的管理与培训工作，能够提升馆员业务能力，转变服务态度与观念，可通过定期展开馆员工作管理会议，推动内部管理工作精神落实，还可通过举办文化活动、培训讲座等增强馆员内部凝聚力。

③注重服务质量评估工作。对自身服务效果与质量进行相应评估工作，能够知晓本身服务贡献程度，通过弥补不足之处，发扬优秀环节，不断增强服务质量。

第四节　大数据时代高校图书馆数据素养教育提升策略

一、高校图书馆数据素养教学目标

（一）数据素养教育是信息素养教育的延伸

信息素养一般指的是信息收集、利用和评价的素养。数据素养是数据挖掘、访问、处理和分析的能力。数据素养可以说是信息素养的基础，也是信息素养的最新延伸。

（二）数据素养教育应以科学、热情和创新为重点

数据不仅是科学研究成果之一，也是许多学科领域的研究资源，可以催生许多跨学科的研究理念和思想。在数据生成和处理过程中，科学家们开始在后面的步骤中检查数据。然而，第四种科学范式的到来带来了巨大的变化。数据密集型的技术和方法完全不同，因此，科学第四范式对科学数据的探索具有重要意义。

大数据时代对数据分析的相关技术能力提出更高的要求，信息素养教育是关键。当前由于缺乏相关教育，大学生通常还不能同时具有优秀的统计分析与管理才能。在科研工作中，学生们能够有效运用大数据资源开展创新实验，有着不能忽略的现实意义。另外，在大数据分析时代背景下，对于创新型人才的培育也同样必不可少。尽管当下社会对数据分析人才的需求量巨大，但数据分析人才的培育能力相对落后。所以，应当确立大学数据分析核心素养教学的总体目标，即培育学生科研精神与创造力。这一方面顺应了信息时代的发展要求，另一方面也符合高等教育培养模式的可行性。总体而言，它对于信息时代大学图书馆数据素养教学意义不凡。

（三）数据素养教育应以培养科学的数据意识和理性的批判精神为核心

大数据需要既科学又理性的处理方法。大数据里记录的是人们的行为和思想，会对人产生直接影响。因此，数据素养教育的力度应该加强，防止一些不良现象的出现。

首先，数据素养的培养是关键。为此，我们必须正确认识和把握数据质量，培养大学生对科学数据的理性的批判精神。其次，要善于使用科学可行的教学方法，促进大数据和社会主义核心价值观教育的一体化。最后，努力提高学生使用数据读写的能力，为教育提供一个良好的平台，通过培训使大学生能够正确理解数据，使用科学的数据。要达到大数据素养教育的课程目标，数字平台的建设也

是至关重要的。现阶段,根据不同的学科建立不同的大数据处理实验室已经成为保证数据素养教育实训课程质量的主要技术手段。究其原因,大数据实验室既可以为广大高校教师提供实训平台,让其全面地学习和了解数据处理的技术,同时也可以让他们将数据运用于课程研究中。

二、高校图书馆数据素养教学的目标受众

高校图书馆的教学对象大多数是本科生以及研究生。数据素养教育需要设定明确的教学对象,对不同年级、不同专业以及不同需求的对象采用不同的教学形式,开展不同的教学内容。

在大数据时代,数据素养能力将成为整个社会的共同需求,这意味着数据素养教学也将注重全民教育,其教育对象不但涵盖于整个高校教育,而且还必须按照社会各个层次的需求来进行。另外,社会专业人士和教育网络用户也将融入教学系统。扩大后的教育对象群体较以往有了更高的数据素养。同时,以往高等教育的目标受众群大多为老师、学生和科研人员,教育质量也一般是比较统一的,对教学主体也有清晰的划分,学习时间和空间也有着更加弹性和可管理的特征。但是,若要更恰当地对待普通公民,就需要更全面地考虑到各个学习人群甚至是弱势群体的接受程度。与此同时,数据素养的培养方法与最终目标也因课程而异。在教育中,普通公民的主体需求一般是比较明确的,而普通公民的各种语言,尤其是网络使用熟练程度,在教学过程中也是可以有意识区分的。此外,学生的认知心理状态也多种多样,有些人渴望认真学习,有明确的人生目标;有些人偏向于被动接受;一些人持可有可无的心态。在大学里面的教学设施配备比较完善,教师能够面对面教学,而大学之外的社会情况非常复杂。普及教育也需要充分考虑某些人群远程学习的障碍,这就要求采用有针对性的教育形式来保证数据素养教育效果的最优化实现。

三、高校图书馆数据素养教学形式

高校图书馆可以通过各种具体途径,借鉴外地的一些先进案例,结合本校的实际状况,寻找自身适合的路径,达到预期的教育目标。目前而言,还不能发现

一个适应于所有对象的全系统教学模式。所以，一方面针对数字素养教学，我们必须接受不同的教学模式，尤其要重视传统教学和课外"MOOC"课程的结合；而另一方面，数字素养教学要注重学科融合，包括与相关专业课程的整合以及科研工作过程的嵌入，并通过协同创新场景建设和教师参与课程研发，推动数字素养教学的可持续发展。在实践中，我们需要抓住核心优势，共同学习，彼此互补。因为学科背景的差异，实际的数据素养教学必须采取差异化的方式，从而建立多元化的课程系统。基于不同人群的数据素质能力不同，在课程中应实施能力测评，并针对实际需求设置适当的教学方法。

数据素养教学模型建立并实施后，还应形成一种较为完备的评价模式。评价包含两方面——教学水平和学习成效。在教学水平方面，可使用问卷调查、面谈学习结果等方法予以评价。而在学习成效方面，可利用"MOOC"平台在教学环境中的自主评价与互评功能，也可通过实验、测试等各种科学的手段对教学结果作出评价。此外，有关人员还应当通过各种方法参与评价，避免评价结果不准确。

因数据素养教育的课堂设置涵盖的内容比较多，所以为了满足当代人才培养的教育需要，还必须遵循现代课堂教育的原则，更重要的是要形成优势互补的体系。首先，要围绕着数据素养课程中的基本内涵展开设置，从数据意识、数据技能、数据应用以及数据的道德规范等内容来展开设计。同时，要按照各个学科的内容任务以及知识方向来设计，并由此来满足中国大学生对数据素养教育的需要，使之得以全方位发展。对此较为有效的方式就是把关于大数据分析、数据素养教育的专业知识和学科进行融合，以有序扩展大数据分析素养教育的内容。

四、高校图书馆数据素养教学的合作路径

数据素养教育的跨学科特点决定了其教师来源广泛。高校图书馆不足以单独胜任数据素养教育的重任。所以，在多机构协同中，协调数字素养教学的各部分的工作是十分关键的。高校要建立相应管理体系，以明确各岗位的分工，为高校图书馆构建合理的数据素养教育协作体系。各高校图书馆都应该针对各自具体情况，确立符合自身的协作方向，并进行协调合作。根据《数据素养教育专项导

则》，可知图书馆应积极建设数据素养教育体系，通过引进更多的人才来助推数据素养教育的发展。

图书馆可以与教学学院、职能部门、网络信息中心、研究生院建立合作关系，实现真正意义上的跨部门合作。在此期间，图书馆一直是组织和开展数据素养教育活动的主体，但仅仅提高用户的数据读写能力远远不够，还需要与数理统计系、图书馆信息系、图书馆服务设施等多个教育学科进行沟通，形成互补优势，提高图书馆的数据教育能力。

图书馆与其他机构之间的合作有以下五个形式：与教师、与科研部门、与技术专家、与数据库提供者、与学术部门。多学科的用户教学，无穷无尽的课程数据资源以及丰富多样的应用需求，也向课程建设者们提出了巨大的挑战，因此，课程开发者需要及时更新自身的知识库，同时也可以寻求知识与技术的支撑，从而掌握更多的专业术语，并通过与学科老师的协作获取更多的资讯，加深教学理解。与学院进行合作的主要目的，就是将信息素养教学的内容融入学校课程设计和教育实施的过程中，从而引导学校完成教学论文，并参与指导老师的科研活动。在教育过程中，学校图书馆将协助老师根据学生具体需要设计与数据素质教学相关的课题，并把相应的大数据分析知识嵌入课程中，让学习者对数据分析有更深刻的认识，从而做好应对信息时代变革的准备。与科研部门合作，要求学生积极参加国家研究工程项目。随着研究项目的发展，学校学生的数据科学素养能力也日益增强，学校的数据素质教育训练、研发创新和学术交流等活动都是在实施科研项目的基础上开展的。与技术专家协作，通过对数据分析计算工具、信息管理和规范工具以及数据处理存储工具等的专门指导，培养学生正确运用数据分析工具的能力。与数据库提供者合作最根本的原因就是利用学校所熟悉的特定数据库系统资源，进一步提升学生的学习能力，并培养其统计伦理意识，再综合对数据库系统的应用反馈，有针对性地完善数据库系统生产。教育资源服务管理系统主要是经过学校和教务主管部门的合作与开发，让使用者可以透过自助服务和网络途径体验数据服务，从而提高大数据对教育资源的收集与利用能力。

图书馆科学数据服务与数据专业人员之间有着非常密切的关系。作为一名合格的数据馆员，应该具备图书馆学、情报学等相关的基础知识，甚至是不同学科的知识和研究技能，尤其是数据相关技能。这些技能可以通过开放课程和在线专家培训来学习。图书馆应在对数据馆员进行数据素养培训的基础上，制订科学的数据素养教育专业队伍建设规划，引进国内外数据管理人才，为图书馆数据管理和服务提供人才支持。

  高校应致力于培养具有较高专业知识水平的专业团队，要充分发挥社会资源的价值，实现对团队成员的准确筛选。关键人才的选拔是人才队伍建设的关键环节。学校不仅要提高自身能力，创造良好的人才引进环境，还要制定相关政策吸引人才。高校图书馆应为人才引进提供充足的数据资源和数据支持，使数据人才不断进入校园，为数据教育的发展作出贡献。由于数据素养教育涉及多个学科，在学校人才匮乏的情况下，可以根据教学和科研的不同需要，适当引进不同学科的高素质人才，建立合理、完整的科学数据素养教育人才结构。此外，有必要制定人才培养体系，并为数据素养教育拨出专项资金，以吸引更多教师参与。

参考文献

[1] 朱建军. 高校图书馆服务与育人职能研究 [M]. 长春：吉林文史出版社，2023.

[2] 李继萍. 理论与实践结合下的高校图书馆服务研究 [M]. 天津：天津科学技术出版社，2023.

[3] 叶昊. 高校图书馆建设与服务创新研究 [M]. 北京：原子能出版社，2023.

[4] 秦慧. 新时期高校图书馆学科服务研究 [M]. 北京：新华出版社，2023.

[5] 谢硕研. 高校图书馆智慧化管理与服务创新 [M]. 吉林出版集团股份有限公司，2023.

[6] 汤文亮，项峻求，桂玉杰. 基于大数据分析的高校图书馆信息服务创新研究 [M]. 吉林出版集团股份有限公司，2023.

[7] 韦仕江. 高校图书馆档案馆数字资源融合服务研究 [M]. 长春：吉林人民出版社，2023.

[8] 姚丹，张琴. 高校图书馆新媒体服务模式与创新研究 [M]. 汕头：汕头大学出版社，2023.

[9] 陈雪. 知识服务理念下的高校图书馆创新与发展探究 [M]. 北京：新华出版社，2023.

[10] 黎香秀. 大数据环境下高校图书馆信息服务创新研究 [M]. 长春：吉林大学出版社，2023.

[11] 申彦舒. 数字技术时代的高校图书馆服务 [M]. 湘潭：湘潭大学出版社，2023.

[12] 胡廷俊. 高校图书馆的服务创新研究 [M]. 应急管理出版社，2023.

[13] 陈芳璇. 高校图书馆社会化服务的创新研究 [M]. 湘潭：湘潭大学出版社，2023.

[14] 王金玲. 高校图书馆信息建设与创新服务 [M]. 长春：吉林出版集团股份有限公司，2023.

[15] 明海. 高校智慧图书馆服务创新发展研究 [M]. 长春：吉林出版集团股份有限公司, 2023.

[16] 许慧, 梅振荣, 范睿琦. 高校智慧图书馆建设及服务深化研究 [M]. 北京：中国戏剧出版社, 2023.

[17] 王爱玲. 高校图书馆资源与服务体系建设研究 [M]. 北京：原子能出版社, 2023.

[18] 鞠晶. 高校智慧图书馆服务创新 [M]. 长春：吉林出版集团股份有限公司, 2022.

[19] 李红霞, 冀颖, 王金英. 高校图书馆微服务体系概论 [M]. 北京：新华出版社, 2022.

[20] 周静. 高校图书馆读者服务工作拓展与创新 [M]. 延吉：延边大学出版社, 2022.

[21] 熊金权. 现代高校图书馆创新与服务研究 [M]. 汕头：汕头大学出版社, 2022.

[22] 赵丽琴. 高校阅读与图书馆信息服务研究 [M]. 长春：吉林人民出版社, 2022.

[23] 李铭. 高校图书馆科研支持服务模式研究 [M]. 北京：经济日报出版社, 2022.

[24] 胡红平. 大数据时代高校图书馆信息服务创新研究 [M]. 哈尔滨：北方文艺出版社, 2022.

[25] 郭静. 高校图书馆阅读推广理论与服务创新实践 [M]. 汕头：汕头大学出版社, 2022.

[26] 蓝开强. 高校图书馆建设发展与智慧服务创新研究 [M]. 汕头：汕头大学出版社, 2022.

[27] 李颖. 高校图书馆信息服务与大数据思维研究 [M]. 吉林出版集团股份有限公司, 2022.

[28] 杜坤. 大数据时代高校图书馆服务创新与发展研究 [M]. 哈尔滨：北方文艺出版社, 2022.

[29] 王瑞霞. 高校图书馆读者服务工作拓展与创新 [M]. 延吉：延边大学出版社，2022.

[30] 李晓玲，王一丹，赵勇宏. 高校图书馆智慧化管理与服务体系构建 [M]. 长春：吉林大学出版社，2022.

[31] 王葳. 互联网视域下高校图书馆知识生态系统服务模式研究 [M]. 吉林出版集团股份有限公司，2022.

[32] 赖晓云，赖晓涛. 大数据背景下教师数据素养构成与培养路径 [M]. 南昌：江西高校出版社，2021.

[33] 王宁. 信息素养 [M]. 昆明：云南大学出版社，2020.

[34] 彭立伟. 信息素养研究 [M]. 天津：南开大学出版社，2023.